세상을 바꾼 문장들

Bruno Preisendörfer

Sätze, die

세상을 바꾼 문장들

브루노 프라이젠되르퍼 지음 · 이은미 옮김

die Welt

verändern

FOREST BOOKS

어떤 문장들은 이 세상에 관해
이야기하는 방식을 바꿔놓는다

어떤 문장들은 세상을 변화시키고 어떤 문장들은 이 세상에 관해 이야기하는 방식을 바꿔놓는다. 또 어떤 문장들은 세상에 관한 언급 방식을 바꾸면서 세상을 변화시킨다. 대개 이런 일들은 동시다발적으로 서로 뒤섞인 채 일어난다. 압축적으로 간결하게 쓰인 문장 속에 들어 있으나 엄청난 파급력을 지닌 생각들은 마치 유명한 문학작품 속 주인공과 비슷한 행태를 보이기도 한다. 원작과 다르게 그 모습이 변형된 영웅들처럼, 그러한 생각들 역시 제일 처음 언급된 문맥들에서 벗어나 저만의 '독자적인 삶'을 시작해 나간다. 풍차와 싸운 것으로 유명한 바보 돈키호테가 실상 세르반테스가 쓴 소설 속 주인공의 본모습과는 크게 상관없듯이 명언들도 대부분 오랜 시간 여러 사람의 머릿속을 지나오면서 본래의 의미와 완전히 멀어져버린다. 또는 그다지 중요하지 않았던 말들이 엄청나게 중요해질 때도 있고, 반대로 의미 있던 말이 모든 의미를 상실해버릴 때도 있다. 예전에는 중요했던 의미가 시간이 지나면서 사라지기도 한다.

그런데 어떤 생각이 처음 발단됐던 사고 체계에서 벗어나 계속해서 전달되고 영향을 미치게 되면, 그에 합당한 결과가 뒤따르기 마련이다. 취향에는 옳고 그름이 없다는 말처럼 아무런 폐해를 주지 않는 생각들도 있고, 신의 죽음처럼 그 누구도 크게 신경 쓰지 않는 생각들도 있다. 하지만 '보이지 않는 손'처럼 얼핏 언급됐던 말이 전 세계에서 경제적 관점의 핵심으로 자리매김할 때도 있다. 반면 '자연으로 돌아가라'처럼 본인은 자신의 작품에서 그런 말을 한 적이 전혀 없는 데도 이와 관련된 책임이나 공을 돌려받는 경우도 있다. '강한 자가 살아남는다'는 생존 원칙의 경우, 돌연변이처럼 그 의미가 완전히 바뀌면서 아우슈비츠 수용소 징집에 이르기까지 엄청난 말살 행위를 초래하기도 했다.

이 책에 소개된 문구와 격언들은 영원불변의 진실이나 가르침을 옹호하기 위함이 아니라, 바로 그러한 시대적 무상함을 보여주고자 선별된 것들이다. 여기에는 카이사르의 "내 아들 브루투스, 너 역시"와 같이 널리 알려진 일화들은 포함되지 않는다. "제가 여기에 서 있습니다. 저는 달리 행동할 수 없습니다"처럼 독일 보름스의회 앞에서 루터가 말한 적이 없는데도 추후 그의 변론 내용을 정리하던 인쇄공이 그냥 집어넣었던 역사적 거짓말들도 다루지 않는다. '패러다임 변화'나 '비약적 발전'처럼 지금도 여전히 계속 사용하고 있지만 진부해진 관용구들 혹은 1980년대에는 신문이나 삽지 등에 자주 쓰였으나 어느새 거의 찾아보기 힘들어진 '이상형' 같은 표현들도 마찬가지다.

이 책에서 중점적으로 다루는 건 일종의 교육 도구로 거듭 반복해서 사용되던 속담들이 아니라 예나 지금이나 철학적, 사상적 그리고 정치적으로 막강한 영향력을 발휘하는 격언들이다. 더욱이 생각이라는 건 그저 자유로이 떠다니는 게 아니라 (한동안은) 사람들의 입과 머리에 의존하여 존재하는 것이기에, 이러한 생각들을 떠올리고 언어로 표현해낸 사람들 역시 이 책에서는 중요하게 다룰 것이다. 이는 토론을 즐겼던, 어떤 이들은 수다스럽다고까지 말했던 소크라테스나 사람은 곧 자신이 먹는 것이라 말했던 루트비히 포이어바흐에게만 해당하는 바는 아니다.

대표적 사례들이 선별되긴 했으나 모든 내용을 이 책에 다 담을 수는 없다. 말 그대로 '시간은 금'이니까.

1748년 『젊은 상인에게 보내는 편지』에 처음 언급된 이래 거의 속담처럼 쓰이고 있는 벤저민 프랭클린의 명언도 다루지 못했다. 벤저민 프랭클린이라 하면 가장 먼저 떠오르는 게 피뢰침이고, 그다음은 흔히들 말하는 미국 민주주의의 '건국의 아버지' 가운데 한 명인 정치 지도자로서의 이미지다. 더욱이 이 다재다능한 천재는 경제 철학 면에서도 막강한 영향력을 발휘한 사상가였다. 그런 그의 명언이 이 책에서 불가피하게 선택되지 못했던 것은,

18세기를 살아가면서 경제적 문제들을 집중적으로 파고들었던 애덤 스미스의 '보이지 않는 손' 이론이 우선으로 결정되었기 때문이라고 설명해두겠다.

살아생전에는 많은 이가 귀 기울였고 사후에는 그보다 더 많은 이가 찾았던 로마의 철학가 키케로의 명언 '역사는 인생의 스승이다' 역시 이 책에서 불가피하게 거를 수밖에 없었던 희생양 중 하나였다. 키케로는 삶의 스승으로서 역사를 굉장히 깊게 신뢰했다. 그러나 이 문구는 이 세상이 지금보다 훨씬 더 천천히 변해갔던, 키케로의 시대 때 이미 큰 의미를 가졌고, 역사의 흐름에 따라 그 의미를 크게 상실했다. 물론 그럼에도 이 구절은 여전히 계속해서 인용되고 있다. 역사가 스승이라면 예전의 낡은 시선으로 새로운 것은 점점 더 알아보지 못하는, 소위 말하는 가장 신뢰할 수 없는 스승이 아닐까.

역사의 흐름에 발맞추던 키케로는 이후 (약 2000년 뒤) 공교롭게도 독일의 역사가 테오도어 몸젠에게 정치적 줏대는 하나도 없는 기회주의자이자 외지의 사상들을 피상적으로 수집해대는 작자라는 비난을 듣게 된다. 이는 키케로의 편에서 다시금 반박되었다. 적어도 키케로는 카이사르가 암살당한 뒤 새로이 등장한 독재 정치에 반대하는 연설을 훌륭하게 마치고선 죽음을 맞이했다. 목이 베어 죽은 키케로의 혀에 키케로의 숙적 중 한 명과 결혼했던 못된 풀비아가 머리핀으로 찔러 구멍을 뚫었다는 이야기도 있다. 그렇지만 이는 훗날 역사가 만들어낸 이야기다.

더욱이 이 책에 언급된 것들은 대개 남자들이 한 말들이다. 적어도 이 책에서 중점적으로 다룬 유명한 인용구들은 그렇다. 역사라는 스승이 맹복적으로 전승했기 때문이다. 그러나 상황은 20세기가 되면서 비로소 달라지기 시작했다. 그 예로 예루살렘의 아이히만 사건을 보고하는 과정에서 한나 아렌트가 기존에 언급되던 관점들과는 다른 시각에서 각인시킨 개념 '악의 평범성'을 생각해볼 수 있다.

어떤 이야기가 어떻게 전달되느냐는 이 이야기를 한 사람과 들은 사람이 각각 누구인가에 따라 매번 달라진다. 어떤 때는 '옮겨 말하기' 게임과 같다. 이는 한 사람이 다른 사람에게 귓속말로 어떤 말을 속삭이고, 이를 들은 사람이 다음 사람에게 전달해주며, 또다시 다음 사람이 그다음 사람에게 전달하는 식이다. 한 바퀴가 다 돌아가면, 첫 번째 사람이 말했던 것과 제일 끝에 있던 사람이 들었던 말을 비교해본다. 대개 이 둘은 다르기 마련이다. 철학사도 이와 매우 비슷하다. 예를 들어 디오티마에게 받은 가르침에 관해 소크라테스가 아리스토데모스에게 이야기해준 걸 아리스토데모스가 아폴로도로스에게 이야기해줬고, 이에 관해 아폴로도로스가 플라톤에게 이야기해준 내용을 플라톤이 『심포지엄』에서 이야기하고 있다. 또 키케로는 "나는 내가 아무것도 모른다는 걸 안다"라고 소크라테스가 말했다고, 그렇게 플라톤이 써놨다고 이야기하고 있다. 하지만 이는 실상 훨씬 더 복잡한 이야기였다.

자, 지금부터 복잡하지만 때로는 단순한, 직접적이면서도 함

축적인, 이 세상에서 오래도록 살아 숨 쉬는 의미 있는 것들을 발
견하러 갈 시간이다.

브루노 프라이젠되르퍼

Sätze, die die Welt verändern

제1장

"무지의 지,
하지만 다른 이들보다는
내가 조금 더 안다"

소크라테스

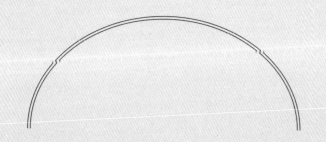

> "단도직입적으로
> 말하자면 나는 적어도
> 내가 아무것도
> 모른다는 사실은
> 알고 있다."
>
> ―『소크라테스의 변론』

아테네 광장에서 이리저리 배회하며 사람들이 일도 못하게 끊임없이 이야기하고 있는 소크라테스와 마주쳤다면 우리는 그를 알아볼 수 있었을까? 머리부터 발끝까지 죄다 이상한, 뭐 이런 사람이 다 있나 싶지 않았을까. 툭 튀어나온 눈에, 마치 나이 든 호색가처럼 호감이 가지 않는 인상이고, 신발도 없이 온종일 맨발로 돌아다녀 티눈까지 박힌 더러운 발을 가진 배불뚝이 영감. 아테네 광장과 작업장에 있던 사람들 가운데 소크라테스를 모르는 사람은 없었다. 적어도 그들은 그를 안다고 생각했다. 그들은 소크라테스가 이 세상 모든 사람을 가르치려드는 잔소리꾼이라며 욕했고 자신을 비아냥대는 사람들 사이로 악처로 유명한 아내 크산티페가 온갖 욕설과 주먹세례를 퍼부어야 비로소 아내 손에 이끌려 집으로 돌아가는 수다쟁이라 비웃어댔다.

일상생활의 고단함에 매우 지쳐 있던 노동자들은, 애들이 하는 놀이를 즐기자니 너무 유치하고 나랏일을 하자니 나이가 아직 어렸던 귀족 젊은이들이 소크라테스 주변으로 모여든다는 사실을 알지 못했다. 페리클레스의 조카 알키비아데스처럼 소크라테스에게 치근덕거리는 이들도 몇몇 있었다. 플라톤의 『심포지엄』을 보면 술에 잔뜩 취한 채 향연 자리에 나타난 알키비아데스 이야기가 나온다. 그는 소크라테스도 있던 그 자리에서 자신이 소크라테스를 어떻게 유혹했으며, 그날 밤 소크라테스가 자신의 털끝 하나 건들지 않고 침대에서 어떻게 빠져나갔는지와 같은 이야기를 해 댔다.

많은 상류층 젊은이는 깨달음에 대한 가르침을 갈망하고 있었고, 이러한 깨우침을 소크라테스가 알려줄 거라 기대했다. 한때 석공으로 모상模像 몇 개를 만들긴 했지만 (그의 부인에겐 유감이나) 일찌감치 일을 때려치웠던 이 이상한 남자에게서 말이다. 소크라테스는 자유로운 시민 신분이었다. 아티카에 살던 약 11만 5000명의 노예도 아니었고, 여자와 아이 다 합쳐 근 3만 명에 달했던 메토이코스(인구 약 10만 명 규모의 외국인 거주 지역. 주로 무역에 종사하는 이들이 대부분이었는데 시민권과 토지 소유권은 주어지지 않음)도 아니었다.

소크라테스는 사람들이 더는 물러설 곳이 없을 때까지 계속해서 질문을 던졌다. 본인의 이런 질문 방식을 설명할 때마다 소크라테스는 자신의 어머니가 '마이아Maia', 즉 산파였다는 이야기도 함께 자주 했다. 아기가 자궁 밖으로 나오는 걸 산파들이 도와주듯이, 소크라테스는 자신도 여러 질문을 통해 사람들의 머릿속에서 깨우침이 세상 밖으로 나오게끔 도와준다고 보았다. 소크라테스는 이를 '산파술Maieutik'이라 명명했다.

그런데 아테네 광장에서 실제 진행되었던 '소크라테스식 대화법'은 이 '대화법'을 알린 플라톤의 글들과는 분명 사뭇 다른 모습이었을 것이다. 플라톤의 글들을 보면 대부분 기나긴 독백 위주로 기록되어 있다. 소크라테스의 가르침을 받던 학생들의 상투적인 대답들만 중간중간 잠깐씩 나올 뿐이다. 그 학생들 가운데 한 명이 『파이돈』에서 소크라테스의 임종을 함께했다고 알려진 심미아스였다. 소크라테스가 그에게 질문했다. "다른 그 어떤 사람들보다 철학자들이 사람들의 영혼을 육체와 분리하고 싶어 하는가?" 심미아스가 대답했다. "네, 틀림없습니다." 소크라테스가 계속해서 말을 이어나가면 심미아스는 이렇게 대답한다. "선생님 말씀이 모두 옳습니다." 모든 설명이 끝난 후 소크라테스가 질문한다. "자네도 그렇게 생각하지 않는가?" 심미아스가 대답한다. "물론입니다." 소크라테스의 다음 발언이 끝나면 심미아스가 말한다. "선생님이 옳습니다." 그러면 소크라테스가 질문 하나를 던진다. 이 경우는 어떤 구체적인 대답이 아닌 상대방의 동의를 요구하고 있기에 우리는 이를 대개 '수사학적' 질문이라 부른다. 심미아스가 대답한다. "네." 소크라테스가 말을 덧붙이면 심미아스는 또다시 동의한다. "맞습니다, 그렇지요." 실상 독백에 가까운 '소크라테스식 대화'는 심미아스가 상당히 지쳐 모든 걸 인정할 때까지 이런 식으로 계속된다. "네, 맞아요, 소크라테스 선생님. 선생님이 말씀하시는 건 말이 안 될 정도로 모두 다 옳아요." 이걸 대화라 할 수 있는가? 그 대답은 칸트가 남긴 한 쪽지에 나와 있다. "소크라테스식 대화법은 대화가 아니다. 한 사람이 언제나 가르치는 역할이기 때문이다. 이 대화에는 가르치는 자도, 배우는 자도 없다."

소크라테스는 자신이 가장 지혜로운 사람이라고 말했고 델

포이의 신탁을 받아 전하던 여사제 피티아를 그 증인으로 삼았다. 살아 있는 사람들 가운데 소크라테스가 제일 현명하다고 여사제가 섬시했다는 것이다. 다른 사람들은 본인이 모든 걸 다 잘 알고 있다고 자부하나 이들은 앎이 아닌 자신들의 견해들일 뿐이며, 더욱이 관련 근거들이 불충분하거나 아예 뒷받침되지 못하는 생각들에 불과하다는 것이다. 이에 반해 소크라테스는 적어도 '자신이 아무것도 모른다'는 사실만큼은 안다는 것이다. 그렇다고 학문과 예술에 관해 루소가 쓴 논문에서처럼 "무지한 […] 사람들 가운데 제일 똑똑한 사람이 찬사를 받는다"와 같은 의미는 아니었다. 무지에 관한 소크라테스의 고무적 깨달음은 소크라테스 반대론자들의 무지함을 그들 자신의 자만함과 직면시켰다.

소크라테스는 전문가들에게도 그들의 직업에 관한 설법을 이어나갔다. 구두장이는 신발을 만들지만, 소크라테스는 그 일을 하는 것에 어떤 의미가 있는지 하나하나 설명해주었다. 가수는 노래를 부르고, 시인은 시를 쓰며, 권력자는 군림한다. 그렇지만 소크라테스는 그들이 노래를 하거나, 시를 쓰고, 군림하는 데 있어 정작 중요한 게 무엇인지 모르고 있다는 걸 가르쳐주고자 했다. 심지어 창녀에게까지 소크라테스는 그녀가 더 많은 손님을 만들기 위해 무엇을 해야만 하는지 자신이 알고 있다며 어필해댔다. 소크라테스는 자신이 아무것도 모른다는 사실을 알고 있었다. 하지만 무엇이 됐든 다른 사람들보다는 그래도 자신이 조금 더 많이 알고 있다고 생각했다.

소크라테스의 이런 면을 광장과 일터 사람들은 즐기고 있었다. 일이 너무 버겁다 싶으면 소크라테스에게 말을 걸며 지친 몸과 머리를 식혔다. 그들은 유창한 말솜씨로 돈을 받으며 변론문이나 집회 연설문을 대신 써주는 소피스트 이야기를 들었다. 이때 중요한 건 기교와 설득력이지 진실이나 권리, 정당성이 아니었다. 어떤 사전 허가나 대가 없이 그저 다른 사람들을 혼란스럽게 만드는 데 재미를 느끼던, 그런 궤변가들 가운데 한 명쯤으로 소크라테스를 생각하는 사람들도 있었다. 소크라테스는 자신의 우월함을 드러내면서 느끼는 유별난 쾌감 이외의 다른 일에는 무심했다. 소크라테스의 행색을 보면 그렇게 많은 돈을 벌지 못했던 건 확실하다. 크산티페 역시 소크라테스가 입을 다물고 다시 끌을 손에 쥐길 바랐다. 몇 년간 아크로폴리스에 계속해서 세워졌던 석상들을 보면 소크라테스가 할 수 있는 일은 충분했을 것이다.

이후 크산티페와 소크라테스가 공개적으로 싸우는 일은 없었다. 소크라테스는 대화의 희생자들을 찾아 광장 너머로 나왔다. 폴리스의 상황은 좋지 않았다. 스파르타는 아테네 함대를 쳐부수었고 아테네에서 그리스 도시들의 지배권을 박탈했다. 폴리스 체계는 무너졌고, 시민들은 혼란에 빠졌으며, 과두 정치가 등장했다. 독재자들은 권력을 잡기 무섭게 잃어버렸다. 민주주의가 시작됐지만 질서도 권리 보장도 없었다. 훗날 학자들이 표현하는 것처럼 '고대 그리스인들의 전형적인 시대'가 막을 내렸다. 수십 년 동안 군중 사이를 배회하며 젊은 귀족들에게까지 가르침을 주었던, 하지만 끝내 법정 판결을 받아야만 했던 한 늙은 철학자의 삶도 같이 끝났다.

아테네가 휜히 내려다보이는 암석 고지대 위에 파르테논 신전이 화려하게 빛나고 있었다. 이는 '고전적'인 모습이 결단코 아니었다. 480년 아테네가 페르시아에 의해 참패한 후 몇십 년에 걸쳐 지어졌던 이 파르테논 신전은 여전히 새 건물 같았다. 곧 일흔이 되는 소크라테스보다 더 어렸으며 빛깔도 선명했다. 건물은 사람보다 천천히 늙는다. 하지만 건축물보다 사람의 생각이 좀 더 천천히 늙어갈 때도 있다. 소크라테스의 생각이 그렇다. 그의 생각은 근 2500년 동안 철학자들의 머릿속을 맴돌고 있다. 그러나 소크라테스가 글로 남긴 건 하나도 없다. 소크라테스는 언제나 말만 했다. 우리가 소크라테스에 관해 알고 있는 건 고대 철학자들 가운데 가장 거만했던 플라톤, 장군이자 회고록 저자였던 크세노폰, 『구름』이란 희곡에서 소크라테스를 벼룩의 점프 거리나 탐구했던 자라 조롱해댔던 비방꾼 아리스토파네스, 그리고 본인도 풍문들을 통해서만 소크라테스를 접해봤던 플라톤의 제자 아리스토텔레스 등을 통해서다.

플라톤은 자신의 스승 소크라테스에게 사형 선고가 내려지도록 원인 제공을 한 법정 변론들을 『소크라테스의 변론』이라는 책으로 정리했다. 플라톤은 소크라테스의 사고방식을 설명하고, 인위적으로 구성해낸 대화들을 통해 이들을 풀어나갔다. 이때 플라톤 본인의 생각들과 소크라테스의 생각들이 마구 섞여졌기에 이 둘을 명확하게 구분하는 건 어렵다. 천재적이고 이성적인 수학자 버트런드 러셀은 플라톤의 저서에 나오는 소크라테스에 대해 이렇게 말한다. "입증 자료들을 보면 소크라테스는 불성실하고 궤변적이며, 깨달음을 향한 사욕 없는 갈망보다는 본인에게 편한 결론들을 도출하기 위해 개인적 생각들에 제 지성을 끼워 맞춘다. 소크라테스는 다소 자기 만족적이고 엄숙한 편이다."

한편 모든 시대를 아우르는 4대 성인으로 예수, 부처, 공자 그리고 소크라테스를 손꼽았던 철학자 칼 야스퍼스는 고대의 목격자들에 관해 다음과 같이 평했다. "크세노폰은 소크라테스를 실용적인 면을 생각하는 꽤 꼼꼼한 합리주의자로 묘사하며, 그런가 하면 플라톤은 머릿속에서 에로스Eros의 지배를 받는 자이자 언제나 절대 선善의 빛을 생각하기에 이에 다가설 수 있었던 자로 기술하고 있다." 이 빛을 이 '절대 선'의 빛에 접근할 방법을 소크라테스에게 질문하고 있는 야스퍼스의 모습을 상상해보는 건 꽤 흥미로운 일이다.

그러나 이보다는 소크라테스와 칸트와의 만남을 가상으로 그려보는 것이 좀 더 흥미로울 것이다. 쾨니히스베르크 출신 교수의 논리학 강의에 부랑자 소크라테스가 앉아 있는 모습을 상상해보자. 사람들은 종종 칸트와 소크라테스를 비교한다. 소크라테스는 이를 어떻게 생각했을까? 두 사람 모두 자연과 신들보다는 자기 자신과 그 동시대 사람들, 궁지와 어둠에 내몰린 사람들 그리고 이러한 어둠을 꿰뚫을 이성의 빛과 그 '접근' 여부에 관해 더 많이 생각했다. 플라톤의 『소크라테스의 변론』을 보면 법정에 선 소크라테스가 이렇게 말한다. "내게 숨이 붙어 있고 그럭 힘이 남아 있는 한, 나는 진실을 찾아 헤매고 당신들에게 경고하며 깨달음을 주는 걸 그만두지 않을 것이다." 이는 도발적이고 다소 위험한 발언이었다. 더욱이 이는 유일하게 자기만 '자신이 아무것도 알지 못한다'는 사실을 알고 있다고 말한 사람이 한 말이었다. 그런데 '깨닫다aufklären'라는 단어는 소크라테스가 사용할 수가 없다. 이 것은 독일어 번역가 프리드리히 슐라이어마허와 그 시대 탓이다. 슐라이어마허는 낭만주의 신학자였으나 계몽주의의 영향 역시 많이 받아왔다. 또한 그는 다른 철학자들보다, 또 그들을 능가하던 철학자 칸트보다 더 훌륭하게 생각하고 더 훌륭한 믿음을 만들어 보고자 애썼다.

근대 철학에서 중요한 한 획을 그었던 칸트는 강의 중에 이렇게 말했다. "그리스 철학에서 가장 중요한 시대는 소크라테스와 함께 시작된다. 철학적 정신과 모든 사변적인 생각들에 완전히 새로운 실용적인 방향을 제시한 사람이 소크라테스였기 때문이다. 또한 모든 사람 가운데 자신의 행동이 현자의 이념과 거의 맞아떨어졌던 유일한 사람이기도 했다." 델포이 신탁이 이렇게 공포했었다고 소크라테스 본인이 직접 말하지 않았던가? 자기가 아무것도 모른다는 사실을 아는 사람이 유일하게 소크라테스밖에 없었으니까. 그렇지만 어쩌면 소크라테스가 거짓말을 했을지도 모른다. 아니면 진실을 말한 건 소크라테스이고 거짓말한 건 신탁일까?

2000년이 지난 지금, 이는 하나도 중요하지 않다. 근대 최초의 철학적 방법론자 데카르트는 관습적인 것들에 대한 의문과 의심이야말로 앎과 무지를 개괄적으로 구분할 수 있는 능력의 표현이라 말했다. 만약 "소크라테스가 자신은 모든 걸 의심한다고 말한다면, 이에는 필연적으로 다음과 같은 결론이 뒤따른다. 그렇다면 그는 적어도 자신이 의심한다는 사실을 알고 있다. 또 마찬가지로 이런 결론이 나온다. 그렇다면 그는 어떤 무언가가 진실 또는 거짓일 수 있다는 사실을 알고 있다."

데카르트 이후 약 150년 뒤, 이성의 자기 지각이야말로 '이성이 행하는 가장 까다로운 작업'이라 말했던 칸트는 무지에 대한 깨달음이 결코 평범한 게 아니라는 것을 다시 한번 상기시켰다. "소크라테스는 여러 연구를 통해 자신이 여전히 아무것도 모른다는 사실을 깨닫게 되었다고 말한다. 이 심오한 표현의 정확한 뜻도 모른 채 함부로 쓰는 사람들이 많다. 무지에 대한 자각에는 두 가지 유형이 있다. 첫째, 해당 대상들을 측정하고 평가해봄으로써 이들이 알지 못한다는 사실을 알게 되면서, 둘째, 그 대상들 자체를 알지 못하기에 실질적으로, 그런데 우리의 앎은 아무것도 아니라는 걸 이해하는 것, 이는 과학적이다. 자신의 깨달음의 한계, 그 범위를 인식하고 이로써 자신이 아무것도 알지 못한다는 걸 깨닫는 것, 이는 굉장히 깊은 철학이다." 한편 에른스트 블로흐의 견해를 따르면 궤변적인 게 된다. "어쨌건 '나는 내가 아무것도 모른다는 걸 안다'라는 소크라테스의 말은 그 자체의 의미만 있는 건 아니기에 실로 궤변적이다. 이 말 속에 담긴 모순은 그 풀이를 찾아 계속 표류한다." 장 폴 사르트르는 이보다 한층 더 상세하게 표현했다. "나는 알지 못한다*라고 이야기하는 건 내가 깨달을 수 있다는 사실[…]을 나는 알고 있다는 소리다. 소크라테스는 자신이 아무것도 모른다는 걸 알고 있다고 말했다. 그렇게 되면 이 겸손함은 인간이 내세우는 가장 극단적인 주장이 되기도 한다. 어떤 것이든 모두 알 수 있다라는 걸 전제로 두고 있기 때문이다."

무지에 관한 깨달음은 질문을 던지는 동력이 된다. 해석학적 철학가 한스 게오르그 가다머의 말을 빌리자면 이렇다. "(흔히 사람들이 생각하는 것과는 완전히 다르게) 질문하는 게 대답하는 것보다 더 힘들다는 건 소크라테스에 대한 플라톤식 묘사가 우리에게 주는 가장 큰 가르침 중 하나다. 소크라테스식 대화 속 상대가 소크라테스가 던지는 성가신 질문들에 대답하는 게 곤란해지고 형세를 역전시켜보고 싶은 마음에 유리하게 보이는 질문자의 역할을 취하고자 하면, 그 사람은 이로 인해 완전히 실패하고 만다." 정말로 질문할 수 있으려면 (과장되게 표현해서) 생각이 있으면 안 된다. "이게 생각의 위력이다. 생각에 맞서 제 무지함을 인정하는 건 거의 불가능하다."

현 학문적 지식의 한계를 이해하고 이를 극복하려는 노력은

---

* 그리스 원문으로 볼 때 '알지 못한다nicht wissen'라는 표현이 '아무것도 모른다nichts wissen'라는 표현보다 더 정확하다.

필요하다. 하지만 인간의 앎에 대한 근본적 의구심을 자기 비판적으로 받아들이는 태도가 훨씬 더 필요하다. 더욱이 실용적이거나 학문적으로 해결 가능한 문제보다는 무리, 가족, 조직, 종족, 국가 등의 틀 안에서 함께 살아가는 과정에서 마주하는 윤리적 문제들에서 이러한 자세가 더 많이 요구된다. 이러한 태도는 우리 자신에 대한 앎이 일시적이고 제한적이라는 사실을 인정하는 행위이기도 하다. 그렇기에 무지에 대한 소크라테스의 깨달음이 철학적으로는 매혹적으로 다가올지언정 일상적이고 인간적인 측면에서는 받아들이기 힘든 것이다.

아리스토파네스는 그의 냉소적 희극 「구름」에서 소크라테스를 조롱하며 그가 자연에 대한 경험적 지식을 탐구한다고 묘사했다. 하지만 실제로 소크라테스는 자연에 대한 경험적 지식보다는 '덕'과 '지혜'를 추구하며 인간과 사회에 관심을 집중했다. 플라톤의 대화편 『파이드로스』를 보면 이렇게 나온다. "나에게 가르침을 주고자 하는 건 들판과 나무들이 아닌 도시 속 사람들뿐이다." 요즘 많은 이가 들판과 나무들의 속삭임, 자연의 소리에 귀를 기울이고 중요히 여기지만 소크라테스는 그런 자연보다는 우리 인간을 사회적 존재로 만드는 요인들에 더 깊은 관심을 가졌다. 우리는 혼자가 아니라면 누구인가? 우리는 어떻게 살아가야 하며, 어떻게 죽음을 맞이해야 할까?

이런 것들을 처음으로 증명한 자가 소크라테스였기에 그는 오늘날까지도 하나의 인격화된 표현으로써 '철학의 시작'이라 여겨진다. 낭만주의 이후 인문학 역사학자들은 소크라테스보다 먼저 나온 사람들을 '소크라테스 이전 철학자들'이라 불렀디. 그러면서 소크라테스 이후에 등장한 이들은 그의 그늘에 모두 가려지고 말았다. 니체 같은 철학자가 "최고로 수상한 고대 유물의 등장" "자기 자신을 중요시했던 광대" 등의 표현으로 소크라테스의 그늘을 깨부수려 했지만 소용없었다. 그 당시 아주 어렸던 마르크스만이 전혀 동요하지 않았고, 에피쿠로스와 데모크리스토에 관한 박사 논문을 준비하던 노트에 소크라테스를 '아주 상냥한 남자'라고 메모했다. 어쨌건 이는 소크라테스가 사람들과 함께할 때 정말로 행복해했다는 사실과 맞아떨어진다.

반면 사람들은 소크라테스를 환영하지 않았다. 수공업자들과 상인들은 그의 이야기가 너무 지나치다 싶으면 고개를 절레절레 흔들며 등을 돌렸다. 하지만 수사학적 교육을 받았던 교양 있는 소피스트들은 그들의 지식이 전문적으로 시험당하고 있다는 느낌을 받았고 실존적 의문들을 품게 되었다. 어쩌면 그들은 소크라테스 본인이 알고자 했던 것보다 그를 더 잘 이해하고 있었는지도 모른다. 물론 부정적인 의미에서. 크세노폰에 따르면 어떤 소피스트 한 명이 이렇게 말했다고 한다. "당신은 언제나 꼬치꼬치 질문하여 다른 사람들을 궁지로 몰아넣고는 그 누구도 반박하지 못한 채 당신의 의견을 끝내 받아들이길 바라죠."

'그저 제 일만 했었던' 직업적 연설가와 대필가였던 소피스트들이 보기엔 저만의 사고방식을 지녔던 소크라테스는 한마디로 영업 방해꾼이었다. 그렇게 보자면 소크라테스를 '위험한 지성인' 이라 불러도 괜찮겠다. 비록 이러한 유형과 용어는 19세기 말 무렵이 되어서야 프랑스에서 처음 등장했지만 말이다. 이런 사회적 유형을 어떻게 하면 가장 적절하게 정의할 수 있을지, 또 이 용어의 (과거 혹은 앞으로의) 정확한 의미는 무엇일지에 관해서 의견이 분분했다. '지성인들'의 연설이 유럽 전역으로 퍼져나가면 나갈수록 더해졌다. 원래는 욕설이었던 말이 그런 모욕을 당한 사람들에 의해 하나의 경칭으로 바뀌듯이, 가치를 평가하는 사람들과 가치 평가를 받는 사람들 사이의 관계가 어떠하냐에 따라 그 가치도 바뀌는 법이다. 지성인들이 자기 자신 그리고 다른 지성인들에 대해 가질 수 있는 태도는 지적인 자기 경멸에서부터 정신적인 자기 거만에 이르기까지 아주 다양하다. 가치 평가는 또 다른 가치 평가들의 영향을 받을뿐더러 형언할 수 없을 정도의 엄청난 예찬과 온갖 잡다한 경멸 사이에서 왔다 갔다 한다. 그렇기에 '지성'은 주제넘게 정신적으로 과도한 상태로 여겨지는 동시에 이론가들이 다른 이론가들에게 던지는 하나의 모욕이 될 수도 있었다.

하지만 이러한 혼란스러움은 이미 오래전에 다 사라졌다. '지성인'이 더는 그렇게 영향력을 미치지 못할뿐더러 그들의 명성 역시 더는 나빠질 게 없어졌기 때문일 것이다. "책임의식이 있는 지성과 본질도 신조도 없는 시시한 주지주의 사이"를 구분하라는 비판에 낙담한 독일의 정치가이자 경제학자인 루트비히 에르하르트는 1965년에 수상 자리에서 물러났지만 사실상 아무런 힘도 없는 이런 비판에 분노하며 제 몸을 사릴 권력자들은 이제 없을 것이다.

이렇듯 온갖 방법을 동원했지만 그의 지적 매력이 널리 알려지지는 않았다. 학생들 앞에서는 교수 신분으로, 카메라 앞에서는 전문가로서 비판을 일삼거나 혹은 사람들에게 인생의 지혜를 알려주는 자문가로서 성공한, 그런 관료적 철학자들과 별반 다르지 않았다. 끊임없이 질문을 던지는 사색적인 부랑자가 어떻게 학술적인 해답과 중간 매개적인 조언을 건네는 인물이 되었을까?

지혜를 사랑한 철학자는 사람들을 짜증 나게 만들고, 그들이 가진 생각의 재미만 망쳐놨던 게 아니었다. 그는 일상생활 속 확신을 무너뜨리고 사회적 절차 역시 분산시켰다. 1970년대 중반, '반反사회학자' 헬무트 셸스키가 베스트셀러『일은 다른 사람들이 다 하고 Die Arbeit tun die anderen』를 발표했다. 여기서 셸스키는 논평만 하고 제 손은 전혀 더럽히지 않는 이들의 '신권정치'를 공개적으로 비난했다. 그 이후 기능적 통합 과정에서 별로 중요하지 않은 위치의 비평가 유형은 대중 매체 운영 체계 속에서 점차 사라져갔다. 대가성 '대세 역행'은 하나의 참여 방식이 되었다. 소크라테스식 논쟁으로 사람들을 들볶던 이들과 그 주변부에서 수천 년 동안 계속됐던 역할 분쟁이 역사적으로 완전히 불필요해졌다는 것을 모르는 이는 없을 것이다. 반어적으로 근대적인 ('탈근대' 또는 '포스트모더니즘'이라 불렸던) 1980년대와 1990년대 유행처럼 퍼진 지적 표현인 '성찰적 협력'은 이런 철학적 불씨를 사그라들게 했는지도 모른다.

'소크라테스식 반어법'의 핵심은 어쩌면 그 세련된 무효함에 있을지도 모른다. 한때 상대방에게 거리를 두는 방식(또는 소피스트들의 비난처럼 상대방 앞에서 바보처럼 행동하는 방식)으로 발전되었던 이 반어법은 낭만주의 이후부터는 하나의 내적 태도로 주관적으로 해석되었다. 그러면서 정말로 모든 게 의심할 수도, 그 가치를 완전히 상실해버릴 수도 있게 됐다. 한 세대 앞서 탈근대적 부조화론으로 치부되던 것과 관련하여 게오르크 빌헬름과 프리드리히 헤겔은 '낭만적 아이러니'를 비난했다. "이 반어법은 모든 걸 갖고 노는 게임이다. 이러한 주관성에 진정성이란 없다. 진지하게 이루어지지만 이를 다시금 부정하고 모든 걸 공허하게 바꿔버릴 수 있다."

헤겔의 말은 비록 부차적이고 설득력도 다소 부족했지만 그래도 소크라테스식 반어법을 낭만적 아이러니에서 보호하려 했다. 반면 니체는 소크라테스 이후 그 어느 것도 당연하게 받아들이지 않고 하나하나 다 설명하게 됐다면, 그 책임을 소크라테스에게 전가했다. 니체는 어떤 행위 자체에 대한 이해가 지금껏 전혀 필요하지 않았던, 그런 행위에 대한 본능적 확신들이 이성의 끈질긴 질문들 때문에 모두 엉망이 되었고, 소크라테스와 함께 '사변적인 인간 유형'이 세상에 등장했다고 보았다.

확신에 대한 상실을 개탄한 게 니체만은 아니다. '철학적 인간학'에 온 힘을 쏟아부었던 막스 셸러 역시 1928년, 인간은 지금 "인간이 완전히 철저하게 불확실한 존재가 된 첫 번째 시대임을, 인간이 무엇인지 더는 알지 못하지만 이와 동시에 이를 알지 못한다는 사실은 알고 있는 시대"를 경험하고 있다고 말했다. 니체는 그 당시의 합리주의와 과학주의를 반대하며, 학문적 상식과 기술적 위력에 지배받고 있는 시대 경향을 비판하는 글을 썼다. 역사 속 소크라테스는 경험론자가 아닌 윤리학자였음에도 니체가 보기에는 이러한 시대 경향의 첫 번째 의인화가 바로 이 '소크라테스 유형'이었다. 이에 대해서도 니체는 소크라테스를 비난했다. 인간에게는 이성에 의한 인간화 같은 게 전혀 필요하지 않는데도 18세기 계몽주의자들과 19세기 합리주의자들처럼 소크라테스가 이런 인간화를 신뢰했다는 것이다.

그런데 '고대 그리스인들'은 인본주의자들이 아니었다. 그들의 민주주의는 우리가 생각하는 것과는 거리가 멀었다. 노예제도가 있던 사회의 일상생활은 김나지움 고학년의 그리스어 수업 내용과는 매우 달랐다. 하지만 폴리스의 민주주의와 현대 미디어 사회의 민주주의 간에도 공통점은 있다. 바로 과도한 의견 주입과 대중 선동에 의한 민주주의 위협이다. 민주주의적 참여의 정당성은 의사 표현의 자유에 의한 것이지, 지식이나 능력과는 아무런 관계가 없다. 비판적인 사람들은 이로 인한 위험성을 이미 주목해왔었고, 엘리트주의 추종자들뿐만 아니라 민주주의를 확신하던 자들까지도 불안케 만들었다. 객관적 사실이나 윤리적 정당성은 다수로 인해 좌지우지되지 않지만 정치적 의사결정은 다르다. 훨씬 더 큰 마찰 손실을 일으킬 수 있을뿐더러 좋지 않은 상황에서는 해결되지 않을 듯한, 혹은 정말로 해결 불가능한 갈등을 초래할 수 있다.

어떤 생각과 사실이 서로 맞아떨어질 경우, 지식보다는 우연에 의한 게 더 많다. 아테네 광장에서든 요즘의 미디어 매체에서든 이 말을 흔쾌히 인정할 사람은 없다. 소크라테스처럼 전문가가 되길 본인 스스로 꺼리기에 전문가가 되지 않은 사람들에게도 마찬가지다. 소크라테스는 자기에 관해 "이미 여러 사람이 비난했던" 내용을 스스로 인정했다. "다른 사람들에게 질문을 던졌지만 정작 나는 그 어떤 것에 대한 대답도 내놓지 않았다. 대답할 만한 현명한 것들을 나는 알지 못했기 때문이다. 그러한 점에서 그들이 옳다." 그렇다면 결정은 어떻게 내려져야 할까? 더욱이 누구에게? 자기인지 부족에 상식이 흔들리면, 인간은 어떤 방향으로 나아가야 할까? 플라톤의 『심포지엄』에서 디오티마는 "지혜와 무지 사이에 중간의 것"이 있다고 말했다. "그게 무엇입니까?"라고 소크라테스가 묻자 디오티마는 "옳은 자의 생각이지만 이에 대해 아무런 근거도 대지 못하는 것"이라고 대답했다.

생각 없는 진실은 타인과 그들의 동의 여부를 전혀 고려하지 않을 때 통찰력이 지극히 협소해지면서 전체주의로 변질한다. 진실이 그저 전문 지식의 하나로 사람들 앞에 서면 기술만능주의에 빠질 위험이 있다. 사상적인 방향으로 빠지면 공론적으로 바뀌고, 종교적인 모티브에서는 교조적으로 변한다. 어찌 됐든 생각 없는 진실은 각각의 지식별 관심도에 따라 완전히 휘둘린다. 그런데 관심과 목적이 없으면 행동 욕구도 없다. 이러한 의욕이 사라지면 지식에 대한 갈망은 관조 상태로 가라앉아버린다.

역으로, 진실 없는 (좀 더 정확히 하자면 진실에 대한 의구심 없는) 생각들은 모두 동등해진다. 생각은 욕구에서 비롯되고, 제 의사를 표현하는 데 사실 확인에 따른 객관적 정당화 절차는 필요하지 않게 되었다. 누구나 저만의 생각이 있고, 어떠한 생각이건 모두 똑같이 정당하다. 진실 없는 생각, 그리고 생각 없는 진실, 이 둘 다 흉악해질 수 있다. 진실, 생각, 그리고 다수 사이의 합의 관계만 존재할 뿐 인과관계는 없다.

소크라테스와 그의 운명이 지금까지도 계속해서 매혹적으로 다가오는 것은 그 판결 과정과 소크라테스의 죽음 때문이기도 하다. 한나 아렌트가 『활동적인 삶』에서 표현했듯이 소크라테스에 대한 판결은 '철학자와 폴리스 간의 갈등'에 관한 일종의 원초적 장면으로 해석되고 있다. 한나 아렌트는 칼 야스퍼스에게 이런 글을 썼다. "소크라테스의 판결 이후부터, 그러니까 폴리스가 이 철학자에게 그런 판결을 내린 이후부터 정치와 철학 사이에 갈등이 생겼습니다."

개인적인 생각과 정치적인 힘은 민주주의 내에서도 충돌한다. 소크라테스는 민주주의적 합의 방식인 다수결에 따라 유죄 판결을 받았고, 유죄로 기소된 피고인의 신분으로 수사학적 변론들을 펼친 후 이전보다 더 많은 찬성표를 받으면서 독주를 마시는 사형 선고를 받았다.

절차는 지극히 정상적이었고 오히려 그렇게 했어야만 했다고 헤겔은 『철학사 강의』에서 말했다. 이를 들은 청중들은 적지 않게 당황스러워했다. 당시 헤겔 교수가 강의했던 프로이센 왕국과는 달리, 그리스 폴리스는 소크라테스라는 단 한 사람에게 마음대로 놀아날 수 없는 환경이었다.

헤겔은 철학적으로 자기 생각을 표현하며 소크라테스가 기소된 원인을 두 가지로 설명했다. 소크라테스는 신을 부정했고 청년들을 잘못된 방향으로 인도했다는 이유로 기소당했다. 헤겔은 이두 가지 기소 원인이 옳다고 봤다. 관습적인 생각들에 소크라테스가 의문을 던지면서 부모와 자녀 사이에 불화가 생겼고 '내적 양심'을 향한 소명 의식으로 신들을 헐뜯었기 때문이다. "소크라테스는 법정 선고에 대해 자신의 양심으로 대항했고, 자기 양심의 법정에서는 무죄라고 주장했다. 하지만 그 어떤 민족도, 자유로운 민족조차 […] 양심의 법정을 인정하지 않는다." 모든 사람이 제 개인적인 양심에 따라 법에 반하는 생각들을 마구 드러낸다면, 우리는 어디로 향하게 될까? 이러한 생각에 헤겔은 아주 격노했다. "각자가 바라는 것을 생각하고 드러내기만 하는, 그런 불행한 자유는 일어나지 않습니다."

그런데 소크라테스는 그저 그런 불평꾼이나 별난 사람이 아니었다. '역사적으로 아주 중요한 인물'인 그가 맞이한 비극은 "하나의 권리가 또 다른 권리와 출동했고(어느 하나가 옳고 다른 하나가 그릇된 게 아니라 둘 다 옳은), 그중 하나가 다른 하나에 의해 부서짐으로써" 발생했다고 봤다. 그리스 폴리스 시절, 아직 덜 성숙한 시대 정신에서는 갈등 해결이 불가능했다는 것이다. 헤겔은 이렇게 결론짓는다. "자, 소크라테스 이야기는 이렇게 끝이 났습니다. 여기서 저는 좀 더 자세하게 이야기해보고자 합니다. 왜냐하면 이때 모든 추세가 한데 어우러졌고 역사적으로 엄청난 변환점이 되었기 때문입니다. 소크라테스는 […] 기원전 399~400년에 69세의 나이로 죽었습니다. 펠로폰네소스 전쟁이 끝난 다음의 올림피아기이자 페리클레스가 죽은 지 29년째 되던 해, 그리고 알렉산더 대왕이 태어나기 44년 전이었습니다. 소크라테스는 아테네의 영광과 몰락의 시작을 경험했습니다. 아테네가 최고로 만개하던 때와 불행의 시작을 함께 누렸습니다."

소크라테스의 '내면의 소리' 즉, 다이모니온Daimonion(인간의 내면에 있는 양심의 소리 혹은 영혼의 소리)은 엄청난 호기심을 불러일으켰다. 시대 정신의 궤변가, 헤겔뿐만 아니라 여러 다양한 사상들의 철학자들을 투사케 했으며, 이와 동시에 웃음거리가 되기도 했다. 애덤 스미스는 "눈에 보이지 않는 신적 존재가 보내는 신호들을 은근히 자주 받았다고 말하는 걸 보니, 소크라테스의 엄청난 지혜는 그의 공상 능력을 저지할 만큼은 엄청나지 않았던" 듯하다고 비꼬듯 말했다.

소크라테스의 '내면의 소리'가 요즘 우리가 말하는 소위 '양심의 소리'라면, 이는 양심의 가책일 수밖에 없다. 플라톤의 『소크라테스의 변론』을 보면, 법정에 선 소크라테스가 이렇게 말한다. "하지만 이런 일은 내가 어렸을 때부터 계속 일어났었네. 자신이 원할 때면 내게 속삭여대던 그 목소리는 내가 행하고 싶어 하는 것을 하지 말라고 충고했지만 무언가를 하라고 북돋아준 적은 결코 없었다네." 더욱이 이 내면의 경고자는 사소한 문제들에서만 제 목소리를 낼 뿐 중요한 문제들의 경우에는 침묵을 지킨다. 그런 때에는 오로지 '이성의 소리'에만 의탁하는 것일까? 전반적으로 봤을 때 소크라테스의 다이모니온은 우리가 말하는 양심이나 칸트의 '내면의 도덕 법칙', 혹은 프로이트의 초자아보다는 훨씬 더 소소하고 미미한 것이었다.

판결 과정 동안이나 그 이후에 드러난 소크라테스의 확고함은 오로지 이 '다이모니온' 하나에서만 비롯된 것은 아니었다. 적어도 형식상으로는 올바르게 행해진 판결을 인정하는 것 말고도 소크라테스는 이러한 판결 집행을 피해 도망치라는 권유를 거절했던 실질적 이유에 대해서도 직접 언급했다. 삶의 끝자락에 놓인 늙은이가 망명 중에 할 수 있는 선택은 많지 않았을 것이다.

죽음 앞에서 보인 그의 태연함에 많은 이가, 특히 철학자들이 깊은 인상을 받았다. 근 450년 후 세네카는 네로 황제에게 스스로 목숨을 끊으라는 명령을 받게 되는데 자살 전 그는 『파이돈』을 읽었다. 이에 반해 『파이돈』의 죽음 관련 구절에 대한 헤겔 교수의 소견은 되레 교만스럽기까지 하다. "훌륭할 게 하나도 없는데도 플라톤이 들려주는 소크라테스의 마지막 순간들에 관한 아름다운 장면들은 장엄한 그림이 되고, 고귀한 행동을 보여주는 명장면으로 길이길이 남을 것입니다." 여기에 경멸스러운 부가 설명까지 덧붙인다. "소크라테스의 마지막 말은 통속철학입니다." 수탉 관련 농담에 헤겔이 화가 났던 걸까? 소크라테스는 독배를 마셨고, 그의 상기들은 싸늘해졌으며 심장이 멈추기 직전 한마디를 남겼다. "우리는 아스클레피오스에게 수탉 한 마리를 빚지고 있습니다."

뱀으로 감긴 지팡이를 들고 있는 아스클레피오스는 그리스신화에 나오는 의술의 신이다. 소포클레스가 420년 아테네에서 그를 숭배했던 것으로 추측되며, 소크라테스의 또 다른 동시대인이자 『파이드로스』에서 소크라테스를 칭찬했던 의사 히포크라테스가 신격화된 아스클레피오스의 후예로 간주되고 있다. 아스클레피오스의 제식 중에는 오랜 질병을 앓고 난 뒤 신에게 수탉을 바치는 관습이 있었다. 소크라테스가 아스클레피오스에게 수탉을 빚졌다는 걸 죽기 전 마지막 말로 상기시켰다면, 어쩌면 이제는 이 치명적인 질병에서 다 나았다는 말을 하고 싶었던 걸까? 니체는 이런 식으로 해석했다. "들을 줄 아는 자에게 이 유치하고도 끔찍한 '마지막 말'은 이런 뜻이다. […] 삶은 고통이야! 가능한 말이지! […] 소크라테스는 삶에 고통스러워했다!" 어쨌든 소크라테스는 사후의 삶을, 또 현세에서 만날 수 있는 이들보다 더 나은 사람들과 신들을 만나볼 수 있다는 게 기대된다는 말을 자주 했다. 무엇보다 생각하는 걸 즐기고 그 생각에 관해 이야기 나누는 걸 좋아하지만 현세에서 살아가야 하는 자들에게는 최고의 경지에서 영원히 계속될 대화를 상상해보는 일은 하나의 위로가 된다. 1957년 한나 아렌트는 칼 야스퍼스에게 이런 글을 보냈다. "당신이 언젠가 하늘나라에 간다면, 그리고 그곳은 소크라테스가 상상했던 것처럼 온 시대를 통틀어 최고였던 사람들과 함께 그저 계속해서 이야기 나눌 수 있는 곳이라면, 칸트 노인이 경의를 표하며 자리에서 일어나 당신을 안아줄 거예요." 아렌트는 51세임에도 다소 짓궂은 소녀처럼 표현했지만 분명 진지했다.

몽테뉴의 『수상록』 중에는 "철학을 한다는 건 죽음을 배우는 것이다"라는 제목의 글이 있다. 이처럼 소크라테스의 말은 그의 사후 명성에 힘입어 플라톤, 키케로, 몽테뉴에 의해 계속해서 전파되었다. 죽음은 철학에서 "실상 영감을 주는 정령"이라 보았던 쇼펜하우어는 이렇게 기록했다. "죽음 없이는 철학을 하는 것조차 거의 불가능하다." 플라톤 역시 이 말을 조금 완화해서 『파이돈』에 적어두었다. "다른 사람들은 알지 못하겠지만 철학에 제대로 전념하고 있는 사람들은 실상 죽는 것과 죽음 이외의 다른 것들은 전혀 신경 쓰지 않는다."

이러한 노력은 영혼과 육체를 최대한 멀리 떨어뜨리고자 함이다. 이는 데카르트 이래 계속 인용되는 '육체-정신-이분법'으로, 바울 성인과 그를 따르던 그리스도 신학자들의 '육체에 대한 적대성'과 플라톤주의를 연결했다. 플라톤의 『파이돈』을 보면 소크라테스가 이렇게 말한다. "모든 쾌락과 모든 고통에는 말하자면 못이란 게 있어. 이걸로 영혼을 육체에 못질하고 고정하며 육체적인 것으로 만들고, 그럼으로써 육체가 진실이라 입증하는 것을 영혼 역시 진실로 받아들이게 만든다네. 하지만 영혼이 육체에 동의하고 육체와 똑같은 것을 추구하는 순간 육체와 똑같아진다네. 영혼이 육체를 떠나더라도 언제나 육체에 완전히 사로잡혀 있기에 너는 깨끗한 상태로 하데스 신에게 나아갈 수 없게 되지."

바울이 플라톤 사상에 얼마나 많은 영향을 받았는지는 의견이 분분하다. 하지만 헬레니즘 문화에 꽂혀 있었던 건 확실했다. 적어도 그는 그리스어로 글을 썼고, 그리스 세계의 도시들을 돌며 전교했다. 서기 50년경, 바울은 소크라테스가 대략 450년 전에 독배를 마셨던 그곳, 아테네에 들어왔다. 본인은 아무것도 모른다는 걸 안다는 것에 (이렇게 말해도 된다면) '크레도Credo(라틴어로 '나는 믿는다'는 뜻 -옮긴이 주)'가 있었던 소크라테스와는 달리 바울은 그의 믿음이 이 모든 걸 설명해줄 거라 말했다. 물론 아테네에서는 소용없는 일이었다. 아크로폴리스는 여전히 아테네를 내리비추고 있었지만 아테네는 엄청나게 몰락한 상태였다. 그리스가 전반적으로 그러했던 것처럼 아테네 역시 약 3세대 이후부터 로마제국에 속하게 됐고, 인구수는 근 5,000명까지 감소했다. 이는 소크라테스 시대에 비하자면 20분의 1만큼 감소한 숫자였다.

한때 소크라테스가 그랬던 것처럼 바울 역시 광장을 돌아다니며 사람들과 즐겨 토론했다. 『사도행전』에 따르면 "그때 에피쿠로스학파와 스토아학파의 몇몇 철학지들이 바울과 논쟁을 벌이고 있었다. 어떤 이들은 '저 떠버리는 도대체 무슨 말을 하려는 것인가?'라고 말하기도 했다." 예전에 소피스트들이 소크라테스에게 반응했던 것처럼 에피쿠로스학파와 스토아학파들 역시 바울에게 반응했다. 하지만 이런 일이 정말로 실제로 있었는지는 확인하기 힘들다. 『사도행전』은 루카 사도의 작품으로 바울 사도가 죽은 후에 쓰였다. 소크라테스와 플라톤 간의 관계와 비슷하다고 말할 수도 있겠지만, 적어도 바울 사도는 고린도인들에게 보낸 두 편지처럼 서신은 남겼다. "[그리스의] 지혜로운 자는 어디에 있습니까, [유대인] 율법 학자는 어디에 있습니까, 이 세상의 논객은 어디에 있습니까? 하느님께서 세상의 지혜를 어리석은 것으로 만들어버리지 않으셨습니까? [···] 유다인들이 표징을 요구하고 그리스인들은 지혜를 찾는 동안, 우리는 십자가에 못 박히신 그리스도를 선포합니다." 바울 사도가 전한 메시지, 그리스도에 대한 믿음은 유대인들의 종교와 그리스인들의 철학까지 모두 능가하는 것이었다. 그런데 바울은 구세주의 재림을 기다리고 있었고 그와 초대 교회들은 가까운 시일 내에 이루어질 것이라고 생각했다. 이후 교회 관련 단체들은 임박한 종말 기대에 대한 실망에도 이 시대의 종말에 대한 믿음이 세대에 세대를 거쳐 계속해서 전해질 수 있게 노력해왔다.

교리 내용, 문헌 자료 및 전해져 내려오는 이야기 등을 처음으로 비판적으로 분석하고 역사적으로 분류해내기 시작한 건 계몽주의자들이었다. 이들의 의문과 의구심들은 신학자들의 학술적인 학문체계뿐만 아니라 평신도들의 일상적인 신앙 습관들까지 파고들었다. 비유적으로 표현하자면 소크라테스가 다시금 제 목소리를 높여가고 있었다. 칸트의 목소리라고 말하는 이들도 있다.

1784년 칸트가 계몽주의에 대해 정의한 논문, 「질문에 대한 답변: 계몽주의란 무엇인가?」를 보면 이런 구절이 나온다. "만약 내게 나 대신 지성을 가진 책, 나 대신 양심을 가진 목회자, 나 대신 건강식을 준비할 의사 등이 있다면, 나 스스로 노력할 필요가 전혀 없다. 돈만 낼 수 있다면 생각할 필요도 없다. 이 짜증스러운 일을 다른 사람들이 나를 위해 대신해줄 것이다." 이는 연설문이나 글, 생각 등을 돈을 받고 임시변통으로 만들어대던 소피스트들과 그 추종자들을 겨냥한 말이었다.

그런데 칸트의 풍자적 문구들은 계몽주의자들로 이어진다. 계몽주의가 무엇이냐는 질문에 답해줄 철학자들이 있다면, 이 질문에 관해 더는 생각해보지 않아도 된다. 그런데 스스로 생각하는 일에는 실수가 뒤따를 위험이 언제나 도사린다. 전문적 지식이 특별하면 특별할수록 비전문가들이 이를 판단하기란 더더욱 어려워진다. 믿음에 관한 질문에서는 평신도들이 오늘날 더는 그들의 '목회자들'을 그렇게 쉽게 따르지 않지만, 건강에 관한 질문에서는 병자들이 설령 '다른 제2차 소견'을 묻더라도 대개 주치의의 의견을 따르는 편이다. 어딘가가 불편한데 그 이유를 내가 모른다면 좀 더 많이 아는 의사가, 설령 그가 히포크라테스는 아닐지라도, 아는 게 아무것도 없다는 사실만 아는 그 어떤 사람보다 내게는 더 낫다.

물론 소크라테스도 이 사실을 알고 있었다. 소크라테스가 그 당시 전문가들에게 아쉬워했던 건 요즘에 우리가 이야기하는 '자기 반영'이었다. 더욱이 소크라테스는 어떤 한 분야에 정통한 자들이 다른 분야들에도 제 지식을 끼워 맞추려는 태도를 비판했다. "시인들은 자신의 시 짓는 능력 때문에 다른 모든 분야에서도 아주 지혜로운 사람이라고 믿었다." 수공예 장인들도 "시인들과 똑같은 실수"를 저지르고 있었다. 모두가 각자 "제 기술을 철저하게 습득해왔기" 때문에 "다른 중요한 분야들에서도 누구나 다 아주 현명해지길 바랐다."

전문적이고 지적인 침략 행위는 그 이후부터 줄어들기는커녕 더 잦아졌다. '진술'의 대중적 중요성은 능력이나 지식 정도보다는 유명세에 더 좌지우지됐다. 예를 들어 작가들은 제 분야를 계속 지켜내고자 대중 매체들의 온갖 '사회 주제들'에 인터뷰한다. 하지만 전문가들 역시 토크쇼 같은 데서 그들의 전문 지식 그 이상으로 논쟁을 벌인다. 전문적 지식과 일반적인 생각 간의 경계들이 끊임없이 허물어진다. 어떤 사안이든 제 목소리를 낼 기회가 있으면 의견을 제시하고 누구에게든 질문을 받으면 대답을 내놓는다. 이와 함께 사회 매체들에서는 엄청나게 다양한 생각과 의견들이 물밀듯 쏟아져 나오고 연이어 경악하게 만든다. 많은 것에 관해 우리는 전혀 알지 못하면서도 '확고한 생각'을 가지고 있다. 이를 우리 모두 잘 알고 있다.

표현의 자유는 지식 검증이 필요 없는 권리다. 자유롭지만 잘못된 생각들과 강요됐지만 올바른 진실 사이에서 현대 민주주의의 '논쟁 판'이 벌어지고 있다. 이곳에서 우리는 이리저리 배회하며 방황 중이다.

소크라테스

Socrates

기원전 470~399년

그 당시 정말로 흔했던 이름의 소크라테스는 77번째 올림피아기 네 번째 해에 태어났다. 지금 우리식으로 계산하자면 기원전 470년 또는 기원전 469년이 된다. 페르시아인들이 아테네의 옛 진지들을 비롯하여 도시 전체를 파괴한 이후, 아크로폴리스에 대한 신축공사가 소크라테스가 살아 있을 때 시작됐다. 소크라테스 인생의 절반 동안 아테네는 페리클레스(4년간 아테네 전역을 휩쓴 전염병으로 인해 기원전 429년에 사망함)의 통치 아래 상승세를 보였다. 그리고 소크라테스 인생의 나머지 절반 동안은 아테네가 하강세였다. 시발점은 기원전 431년에 발발한 펠로폰네소스전쟁으로, 아테네 함대가 스파르타에 함락되면서 아테네는 기원전 404년에 결국 항복했다.

석공인 아버지와 산파인 어머니를 두었던 소크라테스는 자유 시민 계층에 속했고, 호플리테스로 세 번의 군사 작전에 투입됐다. 호플리테스는 투구, 갑옷, 방패 등 본인의 군 장비를 직접 구매하고 준비할 수 있는 능력을 가진 보병들이었다. 그럴 능력이 없던 자유 시민들은 일용 근로자로서 배에서 노를 저었다. 소크라테스가 굉장히 가난했었다는 이야기들도 종종 있긴 하지만 이를 보면 그렇지는 않았다는 걸 알 수 있다.

호플리테스였던 소크라테스는 추위, 배고픔, 갈증을 잘 견뎠고, 동료들 가운데 술이 굉장히 셌으며, 적군들에 대해서는 한 치의 두려움도 없었던 용감한 군인으로 알려졌다. 한번은 소크라테스가 말에서 떨어진 부상자를 어깨에 메고 전쟁터에서 빠져나왔다는 이야기도 있다. 그렇지만 전해져 내려오는 문서들의 내용이 모두 일치하는 건 아니다. 플라톤의 『심포지엄』에서는 알키비아데스가 이런 식으로 소크라테스가 제 목숨을 구해줬다고 이야기했다. 그런데 크세노폰 역시 소크라테스가 자신을 둘러업고 혼란한 전쟁통에서 빠져나왔다고 말했다.

아테네의 자유 시민으로서 소크라테스는 선거를 통해 합법적으로 한 번, 운으로 한 번, 최소 두 차례에 걸쳐 관직 생활을 했다. 소크라테스는 '은둔' 생활도, 무정하게 제 개인적인 삶만 즐기지도 않았다. 폴리스에 무관심했던 여느 시민들과는 달랐다. 페리클레스는 이들을 무지한 사람들이라 불렀었다. 페리클레스가 죽은 뒤, 플라톤은 아테네 시민들의 삶이 그로 인해 더 나아진 건 없었다며 비난해댔다. 그렇다면 공적인 업무들을 마다하고 제 사람들만 챙겨댔던 이 '바보들'이 옳았던 것일까? 소크라테스가 그런 사람늘은 아니었지만 그렇다고 폴리스에서 출세하고자 애써댔던 인물도 아니었다. 게다가 그는 걸핏하면 도시의 권력자들과 부딪혔다. 기원전 406년, 해전 지휘관들 열 명에 대한 아테네 민회 판결 과정에서 소크라테스는 이런 식의 집회 판결은 아테네 법에 어긋난다며 사형 선고를 유일하게 반대했다. 기원전 404~403년 독재 정치하에서도 소크라테스는 한 시민에 대한 독단적인 체포 행위를 막아섰다.

민주정치가 끝내 새롭게 자리 잡던 기원전 399년, 소크라테스는 아테네 신들을 부정했다는 이유로, 또 젊은이들이 제 아버지들을 적대시하도록 만들었다는 이유로 고발당했다. 소크라테스에게는 끝내 사형 선고가 내려졌다. 무엇보다 그가 법정에서 했던 도발적인 변론들 때문이었다. 하나는 사람들이 자신을 고발한 이유에 대한 변론이었고, 다른 하나는 형량 할당에 관한 연설이었다. 이때 소크라테스가 보인 냉소적인 어투는 사형 집행을 되레 더 자극해댔다. 소크라테스 추종자들이 그의 도망을 돕고자 했고 그를 반대하던 이들조차 그렇게 되길 조용히 바랐었으나 소크라테스가 거부했다. 그 대신 소크라테스는 친구들이 함께한 자리에서 법원 사람이 건넨 독배를 비워냈다.

Sätze, die die Welt verändern

Sätze, die die Welt verändern

제2장

"아는 것이 힘이다.
인간이 모든 것을 알면
어디까지 갈 수 있을까"

프랜시스 베이컨

탑

뇌물

왕실 vs 의회

힘과 폭력

무역 특허

새로운 아틀란티스

솔로몬의 집

앎에 대한 의지

복제 양 돌리

상식

배기 펌프

환상

르네상스와 계몽주의

연역법 대신 귀납법

늙은이와 젊은이

근대

도구적 이성

부패한 버섯

"힘이 없다면 지식도 없다!"

학문에 대한 욕구, 활용에 대한 욕구, 권력에 대한 욕구

"인간의 지식이 곧 인간의 힘이다. 원인을 알지 못하면 아무런 효과도 낼 수 없다."

—『신기관』

철학자들은 서로에 관해 이야기하는 걸 좋아한다. 헤겔은 강의 중 이렇게 말했다. "베이컨은 키케로가 소크라테스에 관해 말한 내용을 적용해볼 수 있겠다. 그는 철학을 이 세상 속으로, 사람들의 집 안으로 끌어들였다." 철학사적으로 소크라테스에게 입혀진 이미지는 서양철학의 훌륭한 고대인, 사상과 삶이 일치하였기에 권력의 희생자가 될 수밖에 없었던 현자 등이다. 이에 반해 베이컨에게는 확실히 부정적인 이미지가 꼬리표처럼 붙어 다녔다. 베이컨은 그 당시 영국 최고의 정치 계급을 차지하고 있었다. 권력의 희생자가 되기도 했지만 본인이 자초한 일이었다. 심지어 며칠 동안 탑에 감금된 적도 있었다. 그렇지만 1535년에 교수형에 처해진 대법관 토머스 모어처럼 어떤 양심의 가책을 받아 왕의 권력에 대항했던 게 아니라 대법관의 신분으로 뇌물은 받아먹고 그 청은 들어주지 않은 잘못을 저질렀기 때문이었다. 선물들은 실컷 받아놓고 이를 준 사람 편은 들지 않았으니, 이로 인해 좌절당한 자가 복수를 꾀한 건 당연했을 것이다.

비록 그가 연루된 뇌물 청탁 사건들이 거의 몇십 건에 달할 정도로 많았을지언정 그 무렵 비일비재하게 일어났던 뇌물 수수, 단지 그것 하나 때문에 대법관 베이컨이 몰락한 건 아닐 것이다. 베이컨의 추락, 그 배경에는 왕실과 의회 간의 권력 싸움이 있었다. 두 세력 간의 싸움은 의회가 존재한 이래 는 계속됐고, 몇 년이 지나지 않아 내전으로까지 번지게 됐다. 그 결과 왕은 문자 그대로 목이 잘렸다. 홉스는 『리바이어던』에서 절대왕정의 정당성을 거론하며 이에 대한 제 입장을 내비쳤다.

그저 '보여주기'식 권력이 아니라면 이는 힘을 얼마나 행사할 수 있는가로 드러난다. 그런 위력을 펼치려면 무기를 갖춘 왕실 사람들이 필요했다. 무장한 사람들에게는 돈이 지급되어야 한다. 그렇기에 왕실의 경제력을 뒷받침할 방법에 관한 문제는 기본적으로 권력·정치적으로 중요했다. 왕실은 의회의 동의 없이 물건을 수입할 방법이 필요했다. 그런 돈이 나올 구멍 중 하나가 이른바 무역 특허품이었다. 그 덕분에 부유한 귀족들은 굳이 이름 붙이자면 수수료를 내지 않고 적포도주 수입 및 양조업 분야에서 독점권을 유지해나갔다. 의회는 특허품을 반대했고, 왕실은 수수료 때문에 특허품을 찬성했고 이들을 사들이면서 독점권 수입으로 이득을 취하는 명문 귀족 편에 섰다. 특허품들을 인증하는 일은 법적으로 대법관, 즉 베이컨의 책임이었다. 베이컨도 개인적으로는 특허품에 대한 온건한 개혁이 이루어지길 바랐다. 하지만 그가 맡은 정치적 역할 때문에 베이컨은 의회와 갈등을 빚을 수밖에 없었다. 이러한 갈등 관계 속에서 의회가 특허품 인증 과정을 점검하게 됐고 부패 행위들을 찾아내게 된다. 그리고 이는 대법관의 몰락으로 이어졌다.

『에세이』에 수록된 11번째 글, '높은 지위에 관하여'에서 베이컨은 이렇게 말했다. "뇌물 수수에 관한 한, 당신뿐만 아니라 당신 아랫사람들의 손에도 선물이 건네지지 않도록 해라. 또한 선물을 건넬 청탁자의 손도 아예 펴지지 못하도록 해라." 몰락한 이후 집필했던 새로운 아틀란티스(베이컨이 그린 이상사회)에 관한 유토피아적 초안에서는 주민들을 "사례를 받는 공직자, 이중 소득자"로 표현했다. 그리고 새로운 아틀란티스에서는 (유토피아니까) 그 누구도 이중 소득자가 아니길 바랐다.

베이컨은 자신의 아틀란티스를 '새로운' 아틀란티스라 불렀다. 물 밑으로 가라앉은 이상 국가, 아틀란티스에 관한 옛이야기가 되살아나는 것으로 받아들였기에 때문이었다. 이는 플라톤의 대담록 『크리티아스』에 보면 나와 있다. 그런데 이 『크리티아스』에서는 베이컨이 줄기차게 비방했던 것처럼 "떠들 준비는 되었지만 논증 능력은 없는" 소크라테스가 이례적으로 입을 다물고 있다.

새로운 아틀란티스에 베이컨은 정치적 영향을 전혀 받지 않는 자연과학 연구센터, 일명 '솔로몬의 전당'을 고안했다. 정치 판에서 사람은 똑똑해야 하지만 베이컨은 『에세이』 중 "교활함에 관하여"에 써놨듯이 "교활한 사람들이 똑똑하게 여겨지는 것보다 한 나라에 더한 피해를 주는 일도 없다"라고 보았다. 이는 철학자가 정상 자리에 있을 때 그 나라가 최고로 잘 통치된다고 보았던 플라톤의 생각과 맞물리는 내용이었다. 하지만 유토피아에 대한 상상이었기에 '솔로몬의 전당'은 정치적인 사안들과는 거리가 멀어야 했다. "우리의 설립 목적은 자연의 숨겨진 힘들과 원인, 움직임 등을 파악해내고 인간의 활동 영역을 가능한 한 최대로 넓혀나가는 데 있다."

이는 미셸 푸코가 확언했던 것처럼 "앎에 대한 새로운 형태의 의지"였다. 이와 동시에 조작에 대한 의지이기도 했다. 자연을 지배하고 싶다면 자연의 법칙을 따라야 하고, 이러한 법칙은 실험을 통해 깨닫게 된다. 예를 들어, 새로운 아틀란티스의 실험실에서는 "바닷물에서 담수를 걸러내지만 다른 실험실들에서는 담수를 바닷물로 인위적으로 변화시킨다." 식물들은 "자연적으로 맺히는 시기보다" 더 일찍 혹은 더 늦게 꽃과 열매를 맺도록 조작된다. 동물들은 "본래 그러한 것보다 인위적으로 더 크고 더 길게" 만들어졌고, "어떤 것들은 역으로 난쟁이처럼 작아졌다." 이처럼 인간이 알 만한 것들, 다룰 만한 것들의 영역은 점차 넓어져갔다. 1996년, "인위적으로 더 커지고 더 길어진 게" 아니라 완전히 '인위적으로' 만들어진 '복제 양' 돌리를 보면 베이컨은 어떤 생각을 했을까?

아는 걸 언제나 증명해낼 수 있는 건 아니다. 또한 우리가 자연으로 무엇을 시도할 때, 혹은 자연에 어떤 짓을 저지를 때 정확하게 무엇을 하고 있고 그게 왜 그렇게 되는지를 항상 다 이해할 수 있는 것도 아니다. 귄터 안더스는 "우리의 지식과 이해력은 우리가 할 수 있는 것을 결코 따라가지 못하기 때문"에 '아는 것이 힘'이란 문장을 경고조로 뒤집었다. 이 말은 개개인에게만 해당하는 게 아니다. 무엇이 선이고 무엇이 후인지 기술할 정도로는 알고 있으나 그 이유를 하나도 빠짐없이 다 설명해내지는 못하는 전문가들도 마찬가지다. 상식은 어떤 일을 더는 꼬치꼬치 캐묻지 않고 전문가들을 따르는 실천 이성을 소집해낸다. 개개인들은 자신의 지식보다는 권위적 인물들의 지식을 부득이하게 더 많이 신뢰하며, 일상생활에서 이들을 인류의 진보 같은 존재로 받아들인다. 이에 반해 데카르트는 환자가 의사의 조언보다는 자신이 생각하는 식이요법을 따라야 한다고 생각했다. 그를 예찬하던 라이프니츠가 이렇게 하소연할 정도였다. "물리학과 의학의 엄청난 불운으로 데카르트 선생님은 돌아가셨습니다. 스웨덴에서 아팠을 때 그는 자신이 의학에 굉장히 능통하다고 생각했고 다른 사람들의 말을 듣지 않으며 의료적 처치를 미루었기(지체했기) 때문입니다."

　일상생활 속에서는 생각이나 확신들을 어떻게 금할 수 없지만 학문 세계에서는 (항상 가능하진 않지만) 실험을 통해 이들을 반드시 증명해내야 한다. 한 예로, 베이컨의 시대 때는 깃펜과 총알이 진공상태에서는 똑같은 속도로 떨어진다는 사실을 증명해낼 수 없었다. 진공상태를 만들어낼 배기 펌프는 베이컨이 죽고 난 다음 25년이 지나서야 발명되었다. 하지만 적어도 갈릴레오 갈릴레이는 1590년대 초반 피사대학교에서 잠시 강의했던 시절, 기울어진 피사탑 위에서 다양한 무게의 납탄들을 떨어뜨리고 떨어지는 모습을 탑 밑에서 관찰했다고 한다. 이는 갈릴레이가 죽은 뒤 한 전기작가에 의해 주장된 내용이다. 갈릴레이가 쓴 글에서는 이와 관련된 내용을 찾아볼 수 없었다. 그런데도 이 엄청나게 매혹적인 이야기는 끊임없이 계속해서 전해 내려오고 있다. 그런데 갈릴레이가 받은 어떤 편지에 한 학생이 시도한 탑 실험 이야기가 들어있었다. "상이한 재질의, 무게가 서로 다른 두 개의 물체로 실험해볼 기회가 […] 저희에게 있었습니다. 하나는 나무로, 하나는 납으로 만들어졌지만 크기는 똑같았고 똑같은 높이에서 떨어뜨렸죠. […] 교회 종탑 높이에서 바닥까지 납탄과 목구는 서로 3엘레(독일의 옛 길이 단위로 약 66센티미터 ―옮긴이 주) 정도의 차이를 보이며 떨어졌습니다. 납탄 두 개로도 시도해보았는데, 하나는 보통의 대포탄알 정도의 크기였고 다른 하나는 소총탄 크기였습니다. 큰 공과 작은 공을 똑같은 종탑 높이에서 떨어뜨렸을 때, 큰 공이 작은 공보다 손바닥 한 뼘 정도 앞서 떨어지는 걸 확인할 수 있었습니다."

두 공은 진공상태에서만 서로 동시에 땅에 닿을 수 있었을 것이다. 하지만 데카르트와 라이프니츠는 진공상태 같은 게 존재할수 있는지에 반론을 제기했다. 실험이 건강한 상식, 일반적 경험, 기대치에 반증된다면 우선은 이를 직접 실험해볼 기회가 주어져야 한다.

우상들(오류와 편견들)에게서 인간의 의식을 정화하는 베이컨의 주장은 점점 더 정교해졌다. 베이컨은 『신기관』에서 이러한 우상을 네 가지로 구분해서 명명했다*. 종족의 우상은 인간적인 본성에 의해 발생한다. 개개인의 우상, 이른바 동굴의 우상은 동굴속에 들어앉은 인간은 불이 벽에 비쳐 생긴 그림자를 진짜라고 믿는다는 플라톤의 동굴 비유를 기반으로 베이컨이 상징적으로 표현한 것이다. 시장의 우상은 관습적으로 널리 퍼져 있는 생각들 때문에 생겨난다. 극장의 우상은 교리, 교습, 전승 등에 의해 발생한다. 베이컨은 아리스토텔레스의 글들에 대한 고루한 해석들에 사로잡혀 있는 관습적인 대학교를 멸시했다. 학생들은 "그곳에서 믿는 것 이외에 배우는 게 없다. 그들이 알지 못하는 것을 다른 사람들은 알고 있다는 것부터 우선 믿게 된다. 그런 다음 그들이 알지 못하는 것을 그들 스스로 알고 있다는 것을 믿게 된다."

여기서 제대로 된 결론을 도출한다면, 비록 모두가 모든 걸 직접 다 시도해볼 수는 없어도, 우선은 경험주의로 되돌아갔다가 계몽주의로 훨씬 더 멀리 나아가게 된다. 디드로와 달랑베르의『백과사전』은 실증적인 기본 자세에서 그 기반을 베이컨으로 삼았다. 임마누엘 칸트는 1781년『순수이성비판』에 라틴어로 된 베이컨의 말을 하나의 모토로 언급했으며 "제2판 머리말"에서 "독창적인 베이컨, 베룰람 남작"을 한 번 더 상기시켰다.

르네상스 시대의 철학자들은 중세시대의 암흑 속에 빛을 가져다주고 '늙은이들'에게 미래를 조망할 혜안을 선사할 새로운 시대가 조만간 다가올 것이라 확신했고, 이러한 그들의 생각을 계몽주의 철학자들에게도 알려주었다.『신기관』의 함축적인 접근 방식은 베이컨이 보기에 '최악의 소피스트'인 아리스토텔레스의 진

*   버트런드 러셀은『서양철학사』에서 베이컨에 관해 이야기하면서 다섯 가지 망상을 언급했었다. 이 위대한 수학가가 이렇게 셈을 못 할 수 있다니, 참 희한하다.

부한 생각에 의도적으로 맞선 것이었다. 스콜라 철학의 끊임없는 연역법과 정의 결정 논쟁들은 경험주의를 깨달음으로 이끌어줄 신선한 귀납법으로 대체되어야만 했다. 낡디 낡은 교의들 때문에 경험들이 더는 억눌려져서는 안 됐다.

사실 여기서 말하는 '늙은이들'은 실상 젊은이들이다. 그러므로 초기 철학자들이 보내는 존경을 과장되게 받아들여서는 안 된다. "인간은 고대 시대에 대한 존경심으로 가득 채워져 있어 학문의 진보에서는 저 멀리 뒤떨어진 채 멈춰 있다. 소위 마법에 붙잡혀 있다[…]. 그렇지만 마음속에 품어놓은 고대 시대에 관한 생각은 지독한 태만이다[…]. 이 세상의 할아버지뻘 고령 시대는, 초기 그 어느 젊은 시대가 아닌 지금의 우리 시대를 만든다. 우리만 생각하자면 그 어느 시대든 모두 멀리 떨어져 있고 오래됐지만, 이 세상과 관련하자면 그보다는 좀 더 새롭고 좀 더 어리다. 노련한 노인이 더 많은 경험을 해봤고 이것저것 많은 걸 보고 듣고 생각해봤기에 애송이보다는 사실 그런 자에게 인간 행동에 관한 더 큰 깨달음과 성숙한 판단을 기대하는 것처럼, 우리 시대가 제힘을 알고 이를 시도해보고 노력해보고자 한다면, 그 어느 옛 시대보다도 우리 시대 때 훨씬 더 많은 걸 기대해볼 수 있다. 이 세상에 있어 우리 시대는 좀 더 나이 든 시대이고, 수많은 시도와 관찰들을 통해 더 성숙하고 풍성해졌기 때문이다."

그러므로 베이컨이 공포한 '근대'는 성숙의 시대다. 요즘의 시각으로 보자면 베이컨 시대의 자연과학은 여전히 시작점에 불과했다. 미래의 사람들이 지금 우리의 앎에 관해 어떻게 생각할지 그 누가 알겠는가?

베이컨은 우리의 관점에서, 하물며 19세기의 관점에서도 벗어난 채 종교의 영역에 사로잡혀 있었다. 유물론 철학자, 루트비히 포이어바흐에 따르면 베이컨은 "독실한 신앙심에서 그 당시 및 그 후손 시대들의 비종교적 물리학에 대한 자기 생각들을 성경 구절들과 비교해" 놓았고 "그럼으로써 자신의 물리학에도 후광이 널리 비추게끔" 했다. 이는 꼭 필요한 것이기도 했다. 정치적 힘을 가진 베이컨은 자연에 대한 영향력을 확대해나가야 한다는 자신의 주장이 신앙의 힘과 뒤섞이지 않게 굉장한 주의를 기울였다. 엥겔스와 마르크스는 1845년에 둘이 함께 쓴 초기 작품 『신성가족』에서 베이컨을 "모든 '근대 경험론적' 학문의 […] 진정한 시조"라 인정했지만 젊고 부주의했을 때는 베이컨을 비웃어대기도 했다. "물질은 시적-감각적인 광채 속에 그에게 미소 짓는다. 이에 반해 금언적 교리들은 신학적 모순들로 가득하다." 홉스의 글에서는 "베이컨식 유물론의 조직자"로 그려졌다. "감각은 제 꽃잎들을 다 잃어버리고 기하학자의 추상적인 감각으로 변해간다. […] 유물론은 염세적이 되어간다."

베이컨에게 있어 과학의 목적은 무엇일까? 포이어바흐는 다음과 같이 요약했다. "자연과학은 자연에 대한 인간의 힘과 영향력을 넓히고 좀 더 확고하게 만드는 것 말고는 다른 목적이 없다. 그런데 자연에 대한 인간의 영향력은 오로지 기교와 과학에 입각해서 이루어진다. 인간은 그저 아는 만큼만 해낼 수 있다. 인간의 앎과 능력은 하나로 똑같아진다. 자연에 복종한 (자신이 이해력을 자연에 맡긴) 자만이 자연을 정복하고 지배할 수 있기 때문이다. 원인에 대한 깨달음 없이는 아무런 효과도 가져올 수 없다."

인간은 자연을 관찰할 게 아니라 분석해야 한다. 인간은 자연을 감상할 게 아니라 적극적으로 변화시켜야 한다. 베이컨은 "인간의 삶이란 연극은 신과 천사들에게만 보인다는 것을, 그들이 관객이라는 것을 인간은 꼭 알고 있어야 한다"라고 말했다. 인간은 자연을 지배한다고 생각하지만 "자연은 제 필요에 따라 우리를 제압해버릴 수 있다. 그러나 우리가 자연의 안내를 받으며 창제해나간다면, 그 행위들로 자연을 지배해나갈 수 있다."

하지만 자연에 적극적인 영향력을 행사하고자 했던 이 유쾌하지 않은 욕구는 먼 훗날 니체가 "존재들에 대한 통제"라 기술했고, 이보다 좀 더 후엔 호르크하이머와 아도르노가 '도구적 이성'이라 낙인찍었던 상황을 초래하게 된다. '계몽주의 변증가들'에게는 되레 선호받지 못했던 '비판 이론'의 계승자, 위르겐 하버마스는 니체의 수도 없이 많은 '비판적' 문구들 가운데 하나를 『인식과 관심』에 인용했으며("모든 인식 기관은 추상화 및 단순화 기관으로, 존재들에 대한 깨달음이 아닌 '통제'를 목적으로 한다. '목적'과 '수단'은 '관념들'처럼 실재와는 거리가 멀다.") 다음과 같이 요약했다. "니체는 우리가 '자연'을 이해하고 지배할 목적으로 이용하는 수단이 과학이라고 보았다."

한편 호르크하이머와 아도르노는『계몽의 변증법』의 도입부에서 베이컨의 위대한 꿈들을 크게 비판하며, 자연에 대한 영향력 행사는 창조물은 물론 인간에 대한 영향력을 행사하는 것과 똑같은 의미라고 이야기했다. "수학을 잘 모를지라도 베이컨은 제게 영향을 주던 과학의 의미는 잘 알고 있었다. [⋯] 힘인 앎은 창조물의 노예화에 있어서나 권력자들에 대한 순응 자세에 있어서나 절제란 걸 모른다. [⋯] 기술은 이러한 앎의 행위다. 목적은 용어와 그림, 이해의 행복이 아니라 방법, 타인의 노동 착취, 자본이다. 베이컨 이후 계속해서 지켜온 많은 것이 다시금 그저 도구에 불과해진다 [⋯]. 인간이 자연에서 배우고자 하는 건 자연과 인간을 완전하게 지배하기 위해 자연을 이용하는 것이다."

프랑크푸르트학파의 '비판 이론'에 관한 에세이 성격의 대작은 2차 세계대전이 끝난 후 2년이 지난 다음에야 출간됐다. 2차 세계대전 동안 기술의 생산력은 여태껏 한 번도 경험해보지 못했던 파괴력을 증명해 보였다. 1차 세계대전 때도 기술은 그때까지 전혀 경험해보지 못했던 파괴력을 드러냈다. 1차 세계대전이 끝나고 2년 뒤 오스발트 슈펭글러의『서구의 몰락』초판이 출간됐다. 이 책에서는 이데올로기 스펙트럼에서 프랑크푸르트학파의 '마르크스주의자들'에 상당히 상반된 태도를 고수했던 보수파의 지나친 앎을 지탄했다. "경험을 얻고자 하는 우리의 방식은 그리스인에겐 경험을 잃는 방식이다. 그렇기에 그는 실험의 강압적인 방식을 멀리한다. 따라서 그는 감각적으로 주어지는 것은 억누르고 억압해버리는, 인위적이고 추상적인 법칙들과 공식들의 거대한 체계 대신(오직 이 앎만이 힘이다!), 물리학이란 이름으로 자연이 제 안에 고누 완성된 존재로 아무것도 건드리지 않은 채 그대로 놔둔 인상들을 잘 정돈되고, 그림들을 통해 감각적으로 더욱 명확해지며, 일부 지워져버린 것 하나 없는 상태로 모두 얻게 된다. 우리의 정확한 자연과학은 필수적이지만, 고대의 것은 […] 수동적인 평정함의 결과다."

슈펭글러 작품이 나오기 15년 전, 베를린 일간지는 "찬도스 경이 […] 문학 활동을 완전히 포기하는 것을 사과하고자 […] 프랜시스 베이컨에게 보낸 편지"를 발표했다. 가명으로 작성된 이 편지는 휴고 폰 호프만슈탈이 쓴 것이었다. 이 글에서 28세 시인은 "어떤 존재의 내면 속으로 들어가는 게" 말로는 더는 불가능하며, 자신은 "어떤 무언가를 일관되게 생각하거나 말할 능력을 완전히 상실"했다고 탄식했다(투덜거렸다고 말할 수도 있겠다). "그날 어떤 판단을 내리기 위해 입 밖으로 자연스럽게 나올 수밖에 없는 함축적인 말들이 부패한 버섯처럼 내 입안에서 썩어갑니다." 여기에 대고 어떤 말을 더할 수 있겠는가? 말로는 앎을 다 담아내지 못하고 존재하는 것들에 대해 앎이 더는 그 어떤 힘도 발휘하지 못하는 것처럼 보인다면, 어떤 행동을 더 취해볼 수 있겠는가?

한편 발언이 금지된 사람들에게는 다른 걱정거리들이 있었다. 찬도스 경의 편지가 출간되기 30년 전, 빌헬름 리프크네히트가 드레스덴과 라이프치히 근로자 협의회 모임에서 강연을 했다.

말의 의미와 힘을 잃어버렸다던 이 아주 예민한 시인의 말은 그 당시 아주 강력한 가치를 내포하고 있었었기에 이를 입 밖으로 내뱉은 자들은 감옥에 갈 정도였다. 리프크네히트가 다른 일에 연루되어 내란죄로 체포되기 몇 주 전에 했었던 이 강연의 제목은 '앎이 힘이다. 힘이 앎이다'였다. 이때 그는 올바른 순서를 그 주제로 삼았다. 노동자들이 정치적 영향력을 발휘할 수 있으려면 우선 교육부터 받아야 하는가? 이는 비정치적 근로자 협의회에 관여하던 유지들이 보이던 태도였다. 아니면 힘이 있어야만 교육을 받을 수 있었던 건가? 이는 사회민주주의적 지도자들이 보이던 태도로, 리프크네히트도 그중 한 명이었다.

"아는 것이 힘이다! 이는 전적으로 맞는 소리입니다. 앎은 힘입니다. 앎은 힘을 줍니다. 앎에는 힘이 있기에, 그렇기에 오래전부터 지식인들과 권력자들은 그들의 위치, 그들의 계층을 독점적으로 소유하고 무지한 자들, 무력한 자들(대중들)을 억압하고자 지식을 찾아 헤맸습니다." 강연 마지막에 리프크네히트는 다음과 같이 정리한다. "시민들이 정치적인 힘을 쟁취해내야만 앎을 향한 문도 열립니다. 적들에게 지식은 힘이며, 우리에게 힘은 지식입니다! 힘이 없으면 지식도 없습니다!" 이렇게 문구를 전환함으로써 리프크네히트는 그 당시 교육을 받은 시민계급이 그저 빈말이 되어버린 베이컨의 말을 들먹이며 일삼아왔던 정치적 힘의 오용을 반박했다.

그런데 이 세속적인 근로자 모임에 베룰람 경이 있다고 생각해보자. 아니면 1889년 1월 정신적으로 완전히 무너지기 직전 뒤죽박죽으로 써놨던 메모장에 베이컨을 부처, 디오니소스, 볼테르와 너불어 화신들 가운데 한 명이라 말했던 니체가 있다고 상상해보자. 니체는 노동자 무리를 싫어했고 멸시했다. 그의 지독히 인위적인 지식인 귀족 정치주의(또는 정신적 귀족주의)에서 니체는 한쪽은 굉장히 방대한 잡다한 지식, 그리고 다른 한쪽은 아주 제한되게 파고드는 전문 지식이 자리한 양극들 사이에서 진정한 교육의 자리는 점차 협소해져가는 것을 보았다. 막스 베버의 생각도 이와 비슷했다. 1904년경 처음으로 출간된 논문집 『프로테스탄트 윤리와 자본주의 정신』에서 그는 판단을 회피하는 학자라는 비난을 다시금 회피하고자 니체를 그렇게 높이 추앙하지는 않되 암묵적으로 언급하면서 "영혼 없는 전문가"와 "가슴 없는 향락주의자들"의 등장을 단언했다. "하지만 이로써 우리는 이 순수히 역사적인 표현에 해를 입히지 않을 가치 및 믿음 판단의 영역에 도달하게 된다."

베이컨이 '아는 것이 힘이다'란 이 집약적인 표현을 정치적, 경제적 혹은 과학적인 맥락에서 사용한 적은 단 한 번도 없었다. 공교롭게도 이는 그가 모든 지식과 모든 힘은 신에게로 통한다는 내용의 종교적인 글에서 썼던 말이었다. 하지만 앎이 가진 엄청난 영향력은 강조했다. "인간의 본성을 완전하게 파악해낸 자는 자신의 운명을 거의 마음대로 구축해낼 수 있으며 통치하기 위해 태어났다."

이 구절은 자연과 관련된 앎과 힘은 인간과 관련된 앎과 힘과 상통한다고 보았던 호르크하이머와 아도르노의 말과 맞아떨어진다. 지식 욕구는 활용 욕구를 수반한다. 베이컨의 새로운 아틀란티스 연구소 '솔로몬 전당'은 통치학을 홍보한 반면, 호르크하이머와 아도르노의 '사회연구소'는 통치학을 비판했다.

하지만 베이컨의 연구소는 문서로 그쳤다. 베이컨의 영향력은 그 자체로 엄청났지만 자신의 과학·정치적 생각들을 과학·실천적 현실로 바꿀 만큼 충분하지는 않았다. 17세기 후반이 되어서야 비로소 왕실 아카데미가 설립되기 시작했고, 18세기가 되어서야 대학들이 신학의 속박에서 벗어나기 시작했다.

베이컨은 「높은 지위에 관하여」에서 힘 있는 자들에게 힘을 행사하는 힘에 관해 글을 썼다. "높은 지위에 있는 사람들은 삼중으로 시중을 드는 자다. 지도자나 국가에 대한 시중, 제 명성에 대한 시중 그리고 제 본분에 대한 시중. 그렇기에 제 사람, 제 행동, 제 시간까지 저 자유로이 마음대로 처리할 수 없다." 다른 한편으로는 긍정적인 영향력을 행사할 수 있기 위해 힘이 필요하다. "좋은 신념이 행동으로 옮겨지지 않는 한, 그 하나만으로는 설사 신의 마음에 들지언정, 일반인들에게는 좋은 꿈들과 별반 다르지 않다. 한편 이는 적절한 기회와 필연적인 세력권을 포기하는 태도와 노력 없이는 일어날 수 없다." 이에 반해 젊은 시절 베이컨의 개인 비서로 잠깐 일했었던 토머스 홉스는 1651년에 발간된 『리바이어던』에서 앎에 그렇게 많은 힘을 부여하지는 않았다. "앎은 눈에 띄지 않고 따라서 모두가 높이 평가하는 건 아니기에 얼마 되지 않는 힘에 불과하다." 이는 극적으로 엄청나게 달라졌다. 학문과 학자들은 미디어 매체의 주목을 계속해서 받고 있고, 어떤 결정들에 대한 책임 면제를 위해 전문가들을 그 기반으로 삼는 '정치'나 방향 제시가 필요한 대중 등 여러 방면에서 인정받고 있다. 그렇기에 학문과 학자들은 엄청난 힘, 어떤 때는 막대한 힘이 되기도 한다. 이는 코로나로 위기를 겪을 때 한 번 더 확실해졌다. 상황이 불명확하면 불명확할수록 학문을 찾는 호소 소리는 더더욱 커진다. 가치 판단에 대한 문제이기에 학술적으로는 절대 '객관적'으로 대답할 수 없는 윤리적 본성에 관한 질문들일 때도 마찬가지다. '학문'이라 해도 이는 여전히 인간들이 하는 일이며 학자들도 그저 인간에 불과하기에 문제는 더욱 악화할 뿐이다. 자칭 '중립적인' 전문가들 중에서 오로지 '그 일'과만 관련된(하지만 어떤 일?) 기술전문가가 나올 위험이 있고, '냉철한 기술전문가들'에게 중립적인 자세를 취하겠다고 스스로 마음먹으며 민중들의 고초와 열정을 노래하는 대중음악가가 나올 수도 있다. 학문에서 이데올로기로 빠지는 길은 많은 사람이 생각하는 것보다 훨씬 더 짧다. 하지만 이데올로기에서 학문으로 되돌아올 길은 없다. 철학이 '사변적'이라는 좋지 않은 평판을 받고 있지만, 어쩌면 앎의 실질적인 향상을 무시하거나 전혀 방해하지 않고도 '자연과학들'의 자기 역력 강화를 지연시키는 데 도움이 될지도 모른다.

철학자들은 서로에 관해 이야기하는 걸 좋아한다. 서로 논평하고, 수정해주며, 서로의 자극제가 된다. 그리고 어떤 유명한 사람이 다른 어떤 유명한 사람에게 보낸 편지를 보면 알 수 있듯이 서로를 의심한다. "제가 공식적으로 발표하지 않은 생각들에 관해 당신이 아시는 것들을 최대한 홉스에게는 이야기하지 말아주시기 바랍니다. 제가 아주 많이 틀린 게 아니라면, 이 사람은 제힘을 빌려 자기 명성을 얻으려고 애쓰는 자이기 때문입니다." 이 편지의 수신인은 수학자 마랭 메르센이었고, 발송인은 근대과학 형성 단계에서 베이컨 다음으로 가장 큰 영향력을 발휘한 철학가 르네 데카르트였다.

프랜시스 베이컨

Francis Bacon

1561~1626년

베이컨의 삶은 상징적이고 기하학적인 의미에서 따져보자면 포물선 모양과 같다. 즉 가파르게 올라가다가 훅 떨어진다. 이 상승 곡선은 엘리자베스 여왕 시절, 굉장히 명망 높은 집안 출신에서부터 시작된다. 상승세는 엘리자베스 여왕이 죽기 몇 해 전부터 잠시 주춤거리다 1603년 여왕이 죽고 그 뒤를 물려받은 제임스(1587년에 참수당한 메리 스튜어트 여왕의 아들) 시대 때 다시금 상승하여 1621년까지 계속됐다. 엘리자베스 여왕이 살아 있던 때, 베이컨의 후원자였던 에식스 경은 엘리자베스 여왕에 대한 반역 계획의 실패로 1601년에 참수당했다. 매년 영국에서는 여러 사람의 목이 잘려나갔다. 런던 타워브리지 중 하나에는 대역죄인들의 잘려나간 목들 30개가 말뚝에 박혀 걸려 있었다.

베이컨은 그의 후원자가 세운 반역 계획에 연루되지는 않았지만 엘리자베스 여왕은 베이컨에게 에식스 경에 대한 기소문과 참수형에 대한 판결문을 작성하라고 명했다. 한편 에식스 경과 공모했던 제임스가 즉위하자 베이컨은 자신의 처지를 변명하고 제 행동을 정당화하는 편지를 왕에게 보냈다. 후원자인 에식스 경에 대한 베이컨의 '배은망덕함'에 많은 이가 그를 비난했다. 하지만 고마움 때문에 함께 단두대에 오르는 것보다는 그러한 선택을 하는 게 차라리 더 나았던 베이컨의 입장은 충분히 이해된다. 베이컨은 1618년에 참수당한 월터 롤리 판결 과정에도 참여했다. 심지어 법정 참고인으로 그의 심문 과정에도 함께했다고 한다. 같은 해 대법관이라는 최고 관직에 올랐던 베이컨은 1621년 뇌물 수수 사건에 연루되면서 그 자리에서 내려오게 된다.

이는 메이플라워호가 네덜란드 항해 중 '순례자들'을 케이프 코드라는 북아메리카 해안에 데려다준 다음 영국으로 되돌아왔던 해이기도 했다. 메이플라워호의 원래 계획은 1584년 롤리가 개척했던 식민지, 버지니아 해안이었지만 현실은 달랐다.

1588년 스페인의 무적함대를 무찌른 후 영국은 일종의 해적들 섬에서 정치적 대국으로 거듭났다. 전설적인 프랜시스 드레이크가 식민지들의 재물들을 싣고 가던 스페인 함대들을 왕실의 명과 사적 투자자들의 지원으로 나포하게 됐다. 이는 세계적인 해안 대국, 스페인과 대륙 강국, 프랑스 사이에서 영국이 대국으로서의 입지를 당당하게 선포하는 것이었다. 그렇게 성공적이지는 못했던 롤리의 식민지 개척과 전설적인 엘도라도 탐색 역시 같은 맥락이었다. 이 상승세 싸움이 어떤 차원으로 이루어졌는가는 인구수를 비교해보면 더욱 분명해진다. 1600년 자주 국가 스코틀랜드를 제외하고 웨일스만 포함한 영국의 인구수는 400만 명이 채 안 됐다. 오래된 해안의 적, 프랑스의 인구는 그 4배에 달했다.

몰락 이후 5년간 베이컨은 오로지 글만 쓰며 모든 시간을 보냈다. 이미 그전에도 그는 놀라우리만큼 창의적이었다. 베이컨의 과학·정치적 노력은 수년간 계속됐고, 베이컨이 곳곳에 미치는 영향력 역시 상당했으나 다만 그가 구체적인 결과물은 내놓지는 못했다. 모든 게 계획하고, 포괄적이며, 미래 지향적이었지만 그 당시에는 이게 앞으로 어떤 결과를 가져올지 전혀 알아채지 못했다. 인류사에 새로운 과학 시대를 추구했던 위대한 도전자가 그 주창자는 되지 못한 것이다. 그 당시 획득해낸 다양한 성과물에서 베이컨은 미래와의 연관성을 찾아내지 못했다. 요하네스 케플러가 니콜라우스 코페르니쿠스의 세계상을 수정하고 발전시켰음에도 베이컨은 지구 중심적인 생각들에 사로잡혀 있었다. 동시대에 살던 갈릴레이에 반해 베이컨은 인간의 직접 경험을 더 신뢰했다.

소크라테스만큼 베이컨도 행성들, 태양, 별들의 움직임에 관심이 없었는지도 모른다. 그런데 베이컨은 인체 내 혈액의 움직임도 놓쳐버린 듯하다. 그때 공교롭게도 베이컨의 의학적 자문가, 오늘날 혈액 순환의 발견자로 일컬어지는 윌리엄 하비가 있었다. 하비는 자신이 깨달은 바를 베이컨이 죽은 다음 해에 발표했다.

그렇지만 이에 관해 두 사람은 분명 이야기를 나눴을 것이다. 어쨌건 하비는 나이로 보나 권력으로 보나 저보다 더 위였던 베이컨을 이렇게 비난했다. "그는 대법관처럼 철학한다." 아마도 하비의 말이 맞았을 거다.

대가들은 큰 그림을 그리지만 모든 걸 바꿔놓을 수 있는 세부 사항들은 하나하나 신경 쓰지 않는다. 또 실험들에도 그렇게 큰 주의를 기울이지 않는다. 그러면서 실험들에 엄청난 성과가 나오지 않으면 실망한다. 한때 베이컨의 비서이자 라틴어 번역가였던 토머스 홉스가 이에 관해 이야기했던 걸 들었던 자가 있었다. "홉스 선생님은 대법관 님의 사망 원인이 실험 때문이라고 말씀하셨습니다. 한번은 숨을 좀 돌리고자 하이게이트로 […] 마차를 타고 가고 계셨는데, 그때 땅은 눈으로 뒤덮여 있었고 대법관님은 고기가 소금에서와 마찬가지로 눈 속에서도 상하지 않는 이유를 생각하시게 됐다고 합니다." 베이컨은 가까운 오두막에 마차를 세우도록 했고, 닭 한 마리를 사서는 직접 배를 갈라 그 속을 눈으로 가득 채웠다.

두 손은 꽁꽁 얼 정도로 차가워졌고 결국 지독한 오한에 걸려더는 집으로 되돌아가지 못했다. 하이게이트의 어느 백작 저택으로 몸을 피했던 베이컨은 "근 1년 동안 아무도 사용하지 않았던 축축한 침대에 몸을 뉘었습니다. 이 때문에 심한 감기에 걸리셨고 2~3일 사이에 호흡곤란으로 숨을 거두셨습니다."

Sätze, die die Welt verändern

제3장

"'나는 존재하지 않는다'라는 생각은 결코 존재할 수 없다"

르네 데카르트

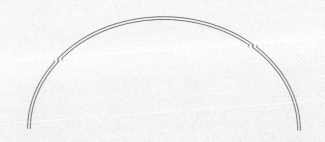

"나는 생각한다,
고로 나는 존재한다라는
이 진리는 너무도
확고하고 너무도 확실하여
회의론자들이 제기했던
온갖 이상한 비방들로도
이 진리를 뒤흔들 수
없다는 것을 깨달았다."

―『방법서설』

우리의 세상은 양쪽 귀 사이에서 생겨난다. 그곳에 존재하는 기관은 무게가 1.4킬로그램이 채 안 되고, 약 1,400세제곱미터* 안에 대략 1,000억 개의 세포를 가지고 있다. 인간의 몸에서 2퍼센트를 차지하며 에너지의 20퍼센트를 소모한다. 반구 두 개로 이루어져 있고 이 둘은 뇌량으로 연결된다. 기능 영역들은 모두 두 개씩 있지만 송과선(또는 솔방울샘. 좌우 대뇌 반구 사이 셋째 뇌실의 뒷부분에 있는 솔방울 모양의 내분비 기관)만 오직 하나다. 데카르트의 말을 믿는다면, 또 영혼이 우리 몸 안에 자리할 수 있다면, 이곳이 바로 그곳이다. 하지만 영혼이란 건 아직 확실하지 않은 존재다.

데카르트는 뇌를 포함한 인간의 육체를 하나의 기계처럼, 아주 특별히 정교하게 만들어진 시계처럼 묘사했고, 그 안에서 영혼이 돌아다니고 있다고 보았다. 또한 이 영혼 안에서 인간의 생각들이 이리저리 떠돌아다닌다고 보았다. 데카르트는 죽기 얼마 전 집필했던 『정념론』에서 이렇게 말했다. "육체가 어떤 식으로든 사

---

* 1880년 두개골 측정에 따르면 임마누엘 칸트의 뇌만 약 400세제곱센티미터 더 컸으며, 키는 157센티미터였다. 네안데르탈인의 뇌는 현대인의 평균 뇌 크기보다 더 컸기 때문에, 이러한 측면에서 보자면 칸트는 우리보다는 네안데르탈인에 더 가까웠다.

고할 거라고는 생각할 수 없기에, 당연히 우리는 우리 안에 존재하는 모든 종류의 생각들이 영혼의 것으로 생각해볼 수 있다." 어쨌건 인간은 "영혼이 정말로 모든 육체와 연결되어 있고, 육체는 하나일뿐더러 어떤 점에서 보자면 분리할 수 없기에 […] 영혼이 육체의 한 부분에서 다른 부분들과 연결된 채로 존재할 거라고는 말할 수 없음을 알아야"만 한다. "영혼이 육체 전체와 연결되어 있을지라도, 육체 안에는 영혼이 그 어떤 부분들보다도 제 기능을 더욱 많이 발휘하는 부분이 있다." 이 부분은 "뇌의 중앙에 자리한 송과선"이다. 그리고 "영혼이 그 어떤 다른 부분들보다 이 송과선에서 효과적인 건, 그 밖의 뇌의 다른 부분들은 눈, 손, 귀 및 기타 외부 감각기관들처럼 모두 두 개이기 때문이다. 하지만 우리는 한 가지 것에 대해 특정 순간 그저 단 하나의 단순한 생각밖에 하지 못하기에, 두 눈에서 전해지는 두 개의 이미지와 다른 감각기관들에서 받아들이는 두 개의 인상들을 하나로 통합해낼 장소가 꼭 필요하다. 그것도 이들이 영혼에 도착하기 전이어야 하며, 그래야 이들이 한 개가 아닌 두 개의 대상으로 나타나지 않는다. 그리고 이 송과선은 뇌의 구멍들을 메우는 생명력 전달을 통해 이러한 이미지들과 다른 인상들을 통합해낼 적합한 장소로 보인다. 무엇보다 이 송과선 안에서처럼 이들이 달리 손쉽게 통합할 수 있는 곳은 우리 몸 그 어디에도 없기 때문이다."

그런데 육체, 뇌, 송과선, 영혼이 존재하는지를 우리는 어떻게 알고 있는 건지 궁금하지 않은가? 어쩌면 우리가 이 모든 걸 그저 꿈꾸고 있는지도 모른다. 그리고 꿈에서 깨어나는 게 죽음일지도 모른다. 우리를 데리고 악의적인 게임을 해대는, 못되고 삐뚤어진 어느 신의 산물이 우리인지도 모른다. 아니면 뇌에서 일어나는 생각들과 그곳에서 조작된 감각들을 포함한 우리의 뇌 전체가 컴퓨터 시뮬레이션일지도.

컴퓨터는 파스칼과 라이프니츠가 최초로 고안했던 계산기처럼 데카르트에게는 낯설 것이다. 뇌파를 포함한 전류에 관해 데카르트와 그의 동시대 사람들은 화학 요소들이나 세포 생물학만큼 아는 게 거의 없었다. 펌프처럼 작동하는 심장이나 하비의 혈액순환 이론을 이제 막 받아들이는 중이었다. 하지만 데카르트는 "엄청난 집요함으로 자신을 계속해서 기만하는, 전능하면서도 심히 간사한 사기꾼"을 그려볼 수 있었다.

그런데 존재에 관한 질문에서 이는 어떤 의미인 걸까? 내가 속고 있다면, 적어도 나는 존재해야만 한다. 또 내가 존재한다고 생각하고 있다면, 존재하지 않고는 생각할 수 없기에 이미 그 자체로 내가 존재한다는 것은 입증된 것이다. 설령 내가 어떻게든 존재해야만 한다는 것에 대해 그 어떤 증거를 제시하지 못할지라도 상관없다. 칸트가 『인류학』에서 설명했던 것처럼, 내가 존재하지 않는다면 내가 존재하지 않는다는 걸 생각할 수가 없다. "나는 존재하지 않는다라는 생각은 결코 존재할 수 없다. 왜냐하면, 내가 존재하지 않으면 내가 존재하지 않는 걸 의식할 수 없기 때문이다."

그 어느 것도 예외가 되지 않는 이 급진적인 의심 역시 결국엔 존재 문제로 되돌아간다. 왜냐하면, 존재하지 않고는 존재하는 것을 의심할 수 없기 때문이다. 『성찰』에서 데카르트는 "내가 보는 일체의 것이 거짓"이라고 가정했다. "기만적인 기억이 나에게 보여주는 것 가운데 그 어느 것도 존재한 적은 없었다고 나는 생각한다. 나에게는 감각이란 것 자체가 없으며, 몸, 형체, 규모, 운동, 장소 모두 내 망상이다. 그렇다면 참된 것은 무엇일 수 있겠는가?" 존재한다는 사실 말고는 없다. 존재하지 않는 자는 생각할 수도, 속일 수도, 속을 수도 없다. 이는 아우구스티누스가 데카르트보다 훨씬 더 앞서 언급한 내용이다.

데카르트가 말한 '코기토cogito'는 우리가 협의적인 의미로 이해하는 지적 과정보다 훨씬 더 넓은 의미였다. "나는 생각하는 존재다. 즉 의심하고, 주장하고, 싸우고, […] 이걸 원하고, 이걸 원하지 않고, 이걸 상상하고, 이를 감각적으로 받아들이는 존재다." 그리고 내가 생각하고, 의심하고, 주장하고, 싸우고, 원하고, 원하지 않는다는 것에 대한 의식은 늘 모든 것에 속한다. "생각하는 것을 나는 우리 자신에게서 곧장 나오는 우리 자신을 인식하는, 그처럼 우리 안에서 일어나는 모든 것으로 이해한다. 그러므로 인식, 바람, 공상뿐만 아니라 인지 역시 생각에 속한다."

데카르트는 예전 아우구스티누스식 사고방식을 그저 그대로 반복했던 게 아니었다. 왜냐하면, "보통 영혼은 보이지 않는 무형인 존재인 동시에 또 눈에 보이는 사람이나 몸과 비슷한 것, 육체를 통해 확장되는, 유령 같은 존재로 그려졌던 반면 데카르트식 철학은 영혼의 존재를 인식 행위, 생각의 행위에 대입했다는 점에서 참된 진전을 이루었기" 때문이라며 루트비히 포이어바흐는 칭찬했다. "나는 생각한다. 이게 다다. 생각 행위는 먹는 행위, 마시는 행위, 맛보는 행위, 냄새 맡는 행위, 듣는 행위, 보는 행위와 같은 생식 행위가 아니다. 이는 우리가 감각의 존재를 제한하는 모든 행위 가운데 차별화되고, 탁월하며, 근본적이고, 자기 자신을 통해서만 파악되는 행위다." 그런데도 이 유물론 철학자는 데카르트에게 만족하지 못했고 데카르트 표현 방식의 '너저분함, 부정확성, 미숙함, 심지어 천진난만함까지'*비난했다.

쇼펜하우어의 판단도 두 갈래로 나뉜다. "카르테시우스(데카르트의 라틴어 이름 -옮긴이)는 굉장히 뛰어난 정신의 소유자였고 그 시대 상황을 고려한다면 정말로 많은 것을 해냈다. 하지만 이를 참작하지 않고 모든 속박에서 생각을 자유롭게 한 기여도에 따라 그를 평가하면 […], 제대로 된 진지함은 없는 […] 회의적인 눈빛으로 예전에 주입됐던 […] 견해들의 모든 속박을 한순간 다 날려버리고 싶어 하는 듯 보이지만, 이들을 곧장 다시금 받아들이고 좀 더 꽉 붙들기 위해 잠시 잠깐 그렇게 보이게끔 행동했다는 걸

---

*　이 비판은 포이어바흐의 『근세철학사』에서 나왔다. 이 책이 인쇄될 무렵, 포이어바흐는 막 29세가 되었고, 데카르트에 대한 이러한 '유치한' 비난은 그 시대 몇몇 독자들에게 엄청난 반향을 일으켰다. 루트비히의 아버지, 그 당시 유명했던 법학자 안젤름 포이어바흐는 그의 아들에게 "철학적 배짱의 한 부분"이라며 이미 앞서 (호의적으로) 증언했다. 하지만 카를 마르크스는 27세 때 포이어바흐를 맹렬하게 비난했다.

모를 수가 없다."

　데카르트처럼 육체만 기계로 본 게 아니라 인가 전체른 기게로 파악하려 했던 18세기 유물론자들처럼, 이 두 19세기 철학자들 역시 프랑스 합리주의자(데카르트)가 영혼의 불멸성과 신의 존재만 믿었던 게 아니라 이를 증명하기까지 하려 했다는 사실에 분개했다. 증거라기보다는 오히려 논리적인 결함과 잘못된 판단들로 가득했던 이 확신은 '나는 생각한다, 고로 나는 존재한다'를 기반으로 이루어졌다. 데카르트에 따르자면, 신은 허구로 만들어질 수 없기에 이미 그것만으로도 신이 존재한다는 결론이 나온다. "전체적으로 보자면, 내가 존재한다는 사실과 지극히 완전한 존재에 대한 단호한 관념, 단지 그것만으로도 이렇게 결론지을 수 있다. 내 안의 신에 대한 관념은 신 역시 존재한다는 걸 아주 명백하게 증명한다." 또한 "신이 정말로 존재하지 않는다면, 신이 내 안의 관념, 말하자면, 나 스스로 어떻게 이해할 수 없는, 그저 생각으로밖에 접근하지 못하는, 그런 모든 것들을 다 가진 완벽한 존재이고 어떤 결함으로도 가려지지 않는다면, 내가 존재하는 이 모습, 즉 신에 대한 관념을 제 안에 갖춘 한 사람으로서 내가 존재하기란 불가능하다는 걸 나는 알고 있다. 그러면서 신은 허구일 수 없다는 것 역시 확실해진다. 모든 기만과 속임수는 어떤 부족함 때문에 발생한다는 건 아주 명백한 사실이기 때문이다."

　요즘에 이와 같은 말들을 보면 신을 잃지 않기 위해 엄청나게 설득하려는 듯한 인상을 받는다. 가톨릭 신자였던 데카르트는 자신의 신앙을 굳게 지켜나갔고 교회와 갈등 관계에 놓이지 않고자 굉장한 주의를 기울였다. 1633년 갈릴레이에 대한 종교 재판 이후엔 특히 더했다. 정확하게 30년 뒤(그가 죽고 난 다음 13년 후),그의 글들을 찾아낸 것은 다름 아닌 교회였다.

데카르트는 1641년 『성찰』을 소르본대학교 신학생들에게 헌사와 함께 보냈다. 전략적으로 그런 것도 있지만 단지 그것 때문만은 아니었다. "신의 존재를 믿어야만 하는 건 전적으로 참된 것입니다. 성서에 그렇게 나와 있고, 성서는 신이 우리에게 주신 것이기에 성서 말씀은 믿어야만 하는 것이기 때문입니다. 믿음은 신이 주신 선물이기에, 다른 모든 걸 믿는 은총을 베풀어주시는 그분은 우리가 그분의 존재를 믿게도 해주실 것입니다. 그렇지만 믿지 않는 자들은 이를 순환 논법으로 판단할 것이기에 이걸로 다가설 수 없습니다."

그런데 '믿지 않는 자들'은 그의 생각은 데카르트의 지극히 개인적인 확신임에도 이를 철학에서 신을 배제하는 데 이용했다. 모든 만물의 조물주는 자신이 만든 피조물의 생각에서 불필요해져 버렸다. 믿음에 대한 의심으로 시달리면서 신의 존재에 관해 자기 자신과 내기를 걸었던 블레즈 파스칼이 이를 알아챘다. "나는 데카르트를 용서할 수 없다. 데카르트 철학 전체에서 신을 배제할 수 있었더라면 가장 좋았을 것이다. 하지만 자신의 철학을 제대로 실행해 나가고자 신[을 통해] 이 세상에 핀잔을 주는 것 말고 그가 할 수 있는 건 없었다. 그 이후 데카르트는 신의 필요성을 더는 느끼지 못했다." 데카르트는 그가 사랑하던 신에게 버림받고 싶지 않았지만, 신에게 돌아갈 방법을 알지 못했다. 신은 계속해서 창조주이자 최초의 주동자로서 작용하고 있지만, 시계 형태를 만들고 태엽을 감고 사람들에게 판매하는 시계 제조공처럼 이 세상을 창조한 이래 이 세상에서 일어나는 일들에 관해서는 아무것도 하지 않는다. "신의 완벽함 가운데 하나로 우리는 신이 그 자체로 달라지지 않을뿐더러 최고로 확고하고 불변하는 방식으로 영향을 미친다는 사실을 알고 있다." 그렇지 않다면, 자연법칙들도 있을 수 없다.

그런데 신의 존재를 증명하고 싶었던 데카르트의 노력은 그럴 만한 가치가 있었던 것일까? 계몽주의자들을 위해서 말고. 이에 대한 칸트의 대답은 명확하다. "지극히 높으신 존재에 대한, 그 유명한 존재론적 (데카르트식) 증명으로, 개념상 모든 노력과 노고가 물거품이 되었고, 그러한 단순한 생각들로 인간은 상인이 제 형편을 좀 좋게 하고자 현금자산에 0을 몇 개 더 덧붙이고자 했을 때 제 재산을 생각하는 것만큼 그렇게 자신의 통찰력을 넓히고 싶어 하지 않는다."

세상은 신에 대한 믿음 없이도 이해할 수 있다. 설령 데카르트가 이를 공개적으로 인정하고 싶지 않고 본인 자신에게나 그저 우물쭈물 자백하고 싶어 할지언정, 이는 데카르트의 철학적 결론들 가운데 하나다. 생각의 이유와 근거는 어떤 대뇌 선과 연결하든 말든 상관없이 우리 자신, 우리의 인지 속에 있다. "일반적으로 베이컨을 새로운 철학의 아버지로 가르치지만, 오히려 르네 데카르트[…]"로 여겼던 하인리히 하이네는 다음과 같이 표현했다. 데카르트는 "생각의 심연 속으로 깊이 빠져 듦으로써 자의식의 마지막 기반들에서 이를 깨달을 수 있었고, 바로 이 생각을 통해 이 세상에서 가장 유명한 문장, 나는 생각한다, 고로 나는 존재한다로 자의식을 확언해낼 수 있었다." 그러므로 데카르트는 "철학의 자율성을 일으켜 세운 데에 대한 존경"을 충분히 받을 만하다. "철학은 더는 생각에 대한 허가를 신학에 구걸하지 않아도 되게 됐으며 자주적인 학문으로서 신학과 나란히 할 수 있게 됐다."

철학은 중세시대 스콜라 철학 안에서 수백 년간 신학의 몸종이라 여겨졌고 무시당해왔다. 철학은 이제 그런 신학의 몸종을 그만두게 됐다. 방법론적 생각을 통해 철학은 새로운 시대적 학문에 그들에 대한 인지도를 넓혀갔다. 하지만 장기적인 결과로 보자면, 철학은 비교적 짧은 기간 동안 우위를 점령하다가 기술이 진보해나감에 따라 과학의 조교로 전락하게 됐다. 철학의 영웅적인 시작들은 철학을 스콜라철학의 독단적인 가르침으로부터 끄집어냈고, 공교롭게도 이들의 이러한 성공은 철학을 기술적인 합리성 옆 부차적인 학문으로 밀어내버렸다. 인생에 대한 조언 상담이라는 그저 퇴화한 형태에서 철학은 이 모진 풍파를 피해갈 수 있었다.

철학이 이러한 운명을 맞이한 데에 데카르트 잘못이 없는 건 아니었다. 데카르트는 지나치게 수학적으로 생각했다. 그는 "철학적 문장들을 수학적으로 다뤄야 하고 증명해내야만 할뿐더러, 수

학처럼 바로 그러한 증거를 가져야만 한다고 보았다". 이는 헤겔이 강의 중에 언급했던 말이었다. 그런데 이와 마찬가지로 헤겐은 데카르트를 "어떤 문제를 또다시 완전 처음부터 시작해서 철학의 기반을 근본적으로 새롭게 구성해낸 영웅[…]"으로 칭찬하기도 했다. "카르테시우스가 그의 시대와 철학 교육에 미친 엄청난 영향의 원인은 무엇보다 자유롭고 간단하면서도," (이때 헤겔은 포이어바흐보다 더 정중했다) "이와 동시에 대중적인 생각과 아주 간단한 문장들이 지닌 전제조건들을 모두 무시한 대중적인 방식으로 시작했다는 데에" 있다. 하지만 수학적 공식들 속으로 비합리적으로 다시 빠져든 점에 대한 비난이 이어졌다. "주체적으로 다시 깨어나는 지식이 우선 이러한 공식에 빠져들어 굉장히 빛나는 예시를 접했던 건 당연하다. 오직 그 점에 있어서만도 이 지식의 성격과 대상은 완전히 오인되었다. 수학적 지식과 방법은 공식을 활용한 깨달음이며 철학에 전혀 안 맞다. 수학적 지식은 존재하는 대상들에 그러한 [존재하는 것들]로 증거를 제시한다. 파악되는 것들이 전혀 아니다. 관념이란 게 전적으로 빠져 있다. 그런데 철학의 내용이야말로 관념이고 이해되는 것이다."

이는 관념들에 대한 저만의 생각을 철학사 전체의 잠정적인 정점과 종결점으로 해석했던 어느 철학 전문가의 그저 그런 악담이 아니었다. 과학적 혹은 수학적 입증에 한정된 진실은 그 이후에도 계속해서 데카르트와 연결되었다. 1969년, 이사야 벌린은 이렇게 기록했다. "데카르트를 따르던 몇몇 추종자들은 진실이란 것은 (적어도 원칙적으로) 과학적인(다시 말해, 최소한 수학적인 것에 가깝거나 완전히 수학적인) 일반화에 부합해야 한다고 생각한다."

한편, 한나 아렌트는 진실과 생각으로 도출된 결과 간의 차이를 주장했다. 이러한 아렌트의 비판은 철학사 전체를 넘어 소크라테스에까지 이어졌다. "주된 잘못은 진실이 사고과정의 마지막에 나타나는 결과라고 믿는 것입니다. 그 반대로 진실은 언제나 생각의 시작입니다. 생각은 언제나 결말 없음입니다. [원본에는 분리] 이것이 '철학'과 과학의 차이입니다. 과학에는 결말들이 있지만, 철학은 전혀 그렇지 않습니다. [⋯] 진실이 생각의 결과란 의견은 굉장히 고리타분하며, 고대 철학, 어쩌면 소크라테스로까지 퇴보한 것입니다."

철학적 생각의 무의함에 대한 아렌트의 비난을 데카르트가 알았더라면 아연실색했을 것이다. 그녀의 비난은 단지 '행함'과 지식의 힘으로 획득된 도구적 합리성의 우세함에 대한 반응이었다. 하지만 데카르트는 학술적 사고의 신학적-스콜라 철학적 규칙성에 처음으로 대립하면서 인간의 삶을 위한 실천적 실용성 지향을 쟁취해야 했던, 그런 정신적 상황에 놓여 있었다. 데카르트는 항상 신중을 기하면서도 거듭 반복해서 '학교'에 선을 그었다. 이는 아리스토텔레스식 가르침 속에 마비되어버린 대학교 강의들을 가리키는 것이었다. 한번은 데카르트가 약삭빠른 토머스 홉스를 주의하라고 경고했던 데카르트의 정신적 친구이자 예수회 수도자, 그리고 수학자인 마랭 메르센에게 편지를 보냈다. 데카르트는 자신의 『성찰』에 관한 이야기를 편지에 썼고, 이 둘은 "데카르트 물리학에 관한 모든 기반"을 공유했다. "하지만 이를 다른 사람들에게는 말하지 말아주십시오. 아리스토텔레스 추종자들은 이들을 인정하는 게 어려울 수도 있고, 저는 이들이 아리스토텔레스의 원리를 와해한다는 사실을 스스로 깨닫기 전에, 이들이 읽는 것들이 무의식적으로 제 원칙들에 익숙해지고 이들의 진실을 깨닫길 바라기 때문입니다."

반면 베이컨뿐만 아니라 후기 계몽주의자들에게도 전형적인 낙관주의로 데카르트는 『방법서설』에서 "삶에 굉장히 유용한 깨달음에 도달할 수 있으며, 학교에서 배우는 사변철학과는 다르게 잡부의 다양한 업무들처럼 힘, 물, 공기, 별, 천체물질 및 우리를 둘러싼 모든 물체의 힘과 작용방식을 명확하게 알려주고, 이것과 같은 방법으로 이들에게 가장 적합한 용도에 맞춰 이들을 활용하고 그럼으로써 자연의 주인이자 소유자가 될 수 있도록 해주는 실천철학을 발견할 수 있다"라고 설명했다.

카를 마르크스는 이 구절을 『자본론』의 어느 한 각주[*]에 인용하면서 다음과 같은 설명을 덧붙였다. "데카르트는 베이컨과 마찬가지로 창작물의 변화된 형태와 인간이 자연에 미치는 실질적 영

---

[*] 어쨌건 이 엄청난 회의론자와 급진적인 비평가는 그들의 자아개념들과 관련해서는 서로 관련된 게 있었다. 1865년 3월 마르크스는 자신의 딸 제니의 시집에 "모든 것을 의심해보아야 한다"라는 격언을 남겼다.

향력이 변화된 사고방식의 결과라고 보았다." 마르크스는 인식(철학적 인식을 포함한)이 사회적 존재를 뒤따라오는 것이지, 그 반대는 아니라고 생각했다. 그러므로 데카르트의 말은 참된 역사적 발달 과정을 거꾸로 나열한 것과 마찬가지였다. 동일한 각주에서 마르크스는 "동물을 인간의 조력자로 간주했던 중세시대와는 다르게 동물을 그저 기계로 정의한 데카르트는 공장제 수공업 시대의 눈으로 바라보고 있다"라고 언급했다.

데카르는 동물뿐만 아니라 인간의 몸도 기계로 보았다. 하지만 인간은 영혼, 그것도 불멸의 영혼이 있다는 점에서 차이를 뒀다. 동물에게도 영혼을 부여한다면, 인간과 동물 간에는 그 어떤 차이점도 존재하지 않을 위험이 있다. 동물에게 영혼이 없다는 주장은 요즘으로 보자면 다윈의 진화론에 반대하는 초기전이라 해석할 수 있겠다. 다윈의 진화론에 따라 인간은 천지창조에서 가졌던 특별한 지위를 상실하게 됐고 자연의 발달과정에 따른 결과물 중 하나로 그치게 됐다. 니체가 거듭 반복해서 이야기하는 것처럼, 조물주 역시 이 과정을 견뎌내지 못했다.

진정한 동물애호가들에게는 그들이 매일 함께하는 존재들이 영혼도 감각도 없는 기계장치들로 이해된다는 건 예전이나 지금이나 받아들이기 힘든 소리다. 라이프니츠 역시 데카르트가 죽고 근 50년 후 데카르트의 편지 친구였던 엘리자베스의 여동생 소피 선제후와 소피의 조카이자 오늘날엔 팔츠의 리젤로테로 더 잘 알려진 엘리자베스 샬로테에게 보낸 교육용 편지에서 이를 논박했다. "데카르트파들은 […] 정말로 인간만이 영혼을 가지고 있다고 퍼뜨려댑니다. 하지만 동물은 그 어떤 감각도 없는 […] 인위적인 시계장치나 다름없다는 겁니다. […] 동물에게도 감각이 있으며 동물들이 그저 인형이나 마리오네트가 아니라는 걸 여러 다양한 방식으로 보여주는 자연에 굉장히 어긋난 말입니다." 자신의 반려견들을 아주 사랑했던 엘리자베스는 라이프니츠에게 감사했다. "동물들이 완전히 무감각한 게 아니란 말은 제 사랑하는 개들에 앞서 제게도 엄청난 위로가 되네요. 시계와 비교한 데카르트의 말은 정말로 조야하기 그지없네요."

그 이후에 보낸 편지에서 라이프니츠는 "아우구스티누스는 데카르트 선생처럼 영혼의 존재는 생각 속에 있으며 '나는 생각한다, 고로 나는 존재한다'는 첫 번째 진리들 가운데 하나라고 말했습니다"라고 쓰면서도 확신하지는 못했다.

데카르트가 연장된 실체, '객관'에서부터 생각하는 실체, '주관'을 분리한 이래 정신과 몸(철학을 하는 뇌 연구가와 뇌를 연구하는 철학자들이 그간 말해오던 방식을 따르자면 'mind and body' 또는 'mind and brain'), 이 둘을 다시금 합치는 건 어렵게 됐다. '데카르트식 이분법'은 오늘날까지도 인지 철학자들, 진리 이론가들, 신경학자들, 뇌 연구자들을 한결같이 몰두 중이다. 신경학자 안토니오 다마지오는 이런 질문을 던진다. "데카르트의 잘못은 도대체 어디에 있었는가?" 그러면서 "나는 생각한다, 고로 존재한다"란 문장을, "어쩌면 철학사에서 가장 유명한 문장"을 언급하며 말을 이었다. 이를 문자 그대로 받아들이면 "생각하기와 이에 대한 의식은 존재의 실질적인 기질基質"이란 의미가 된다. "그리고 데카르트는 생각하기를 육체에서 완전히 분리되어 실행되는 하나의 활동으로 간주하기에, 이 표현으로 그는 '생각하는 실체(주관),' 영혼과 기계적 요소들을 갖춘 연장된 실체, 생각하지 않는 육체(객관) 사이의 급진적인 분리를 주장하고 있다. 오늘날 이 급진적인 이분법을 따르는 사람은 몇몇 신경학자들밖에 없다. 이들은 종교 재판 같은 걸 더는 두려워할 필요가 없게 됐고, 요즘에도 그런 급진적인 생각을 추구하고자 한다면 영혼을 신체의 한 기능으로 이해해도 괜찮게 됐다.

그렇지만 이런 의문은 계속 남는다. 생각들은 머릿속으로 어떻게 들어오는가? 그곳에서 생각들은 무엇을 하는가? 그리고 이 생각들은 그곳에서 어떻게 다시 나오게 되는가? 입을 통해서. 언어분석학자들에게는 이게 문제에 대한 해결책이거나 적어도 접근책은 될 것이다. 말하기와 생각하기는 분리할 수 없다. 그런데 그간 기계들이 말할 수 있고 언어를 이해할 수 있게 되면, 이게 '육체-정신-문제' 해결에 정말로 어떤 도움이 되는가? 컴퓨터 음성 인식 개인비서 서비스 코타나Cortana에 이 문장을 쓰면서 질문해보았다. "나를 이해하니?" 코타나는 대답하지 않는다. 코타나는 내가 우선 로그인하길 바란다. 좀 더 구체적으로 표현하자면, 컴퓨터 프로그래머들이 코타나에게 로그인을 요구하라고 가르쳤다. 그런데 로그인이란 코타나가 내 데이터들에 접근하는 걸 내가 허락한다는 것을 전제로 한다. 나는 싫다. 이걸 하지 말라고 누가 나에게 가르쳐줬던가? 경험이? 코타나가 개발자들에 의해 프로그램화된 것처럼 나는 내 경험들에 따라 프로그램화되었는가? 데카르트가 보기에 인간의 몸이 그저 굉장히 복잡한 시계였던 것처럼, 나 역시 그저 굉장히 복잡한 컴퓨터에 불과할지도 모르는 건가? 그리고 내가 늘 그런 존재라고 믿어왔던, 그런 내가 되도록 나를 만들어내는 영혼을 (제발, 맙소사!) 나는 어디에서 얻게 되는가?

본인 역시 컴퓨터인 건 아는지를 컴퓨터에 물어봐야 할지도 모르겠다. 이를 '좀 더 쉬운 언어'로 표현하자면 "연구자들이 더 잘 이해하도록 컴퓨터들이 도와주기도 합니다. 사람의 뇌도 이렇게 작용합니다." 율리히연구소의 홈페이지에 이렇게 나와 있다.

전통에 반한 생각들은 흔히 부수적인 피해를 동반한다. 이게 바람직한 것이기도 하다. 계몽주의의 가장 세련되면서도 가장 독선적인 조롱꾼 볼테르는 "우리의 데카르트는 고대의 실수들을 자신의 것들로 바꿔놓고자 이들을 폭로하려고 이 세상에 태어났다"라고 말했다. 볼테르는 총 27개의 잘못들을 입증하거나 그 책임을 데카르트에게 전가했다. 자기보다 약 100년 전에 태어난 자신의 동포를 도저히 참아내지 못했던 볼테르 역시 항상 옳았던 건 아니기 때문이었다.

데카르트는 그가 발표하는 글들에 굉장한 주의를 기울였다. 특히 신학과 정치, 종교와 권력에 관련된 사안에서는 더욱 조심했다. 데카르트는 어떤 의혹 같은 걸 만들지 않고자 "신이 내게 자비를 베풀어주셨다는 걸 어렸을 때부터 가르쳐주었던 종교를 완강하게 꽉 붙들고 있는 것"을 자신의 원칙 중 하나로 아주 명확하게, 어쩌면 지나치게 단호하게 설명했다. 게다가 데카르트는 "태어나면서부터 혹은 공적인 사안들을 행정적으로 처리하는 사회적 지위를 통해 어떤 소임을 받은 것도 아니면서, 머릿속으로 이러저러한 개혁들을 끊임없이 시도해대는, 이 시끄럽고 논쟁하기 좋아하는 영혼들을 지지한 적이 단 한 번도 없었다"라는 것이다. 오로지 자기 자신에게만 중요하다는 듯이. "제 개인적인 생각들을 개선하고 오로지 저만의 기반 위에 이 생각들을 올리려는 시도, 그 이상의 어떠한 다른 의도도 없었습니다. 제가 감행한 모델을 이곳에서 당신들께 선보인다면, 이게 그저 제 마음에 충분히 들었기 때문인 것이지, 다른 사람들에게 이를 본받으라고 조언하려는 그런 의미는 아닙니다." 권위자들 앞에서 새로운 방법을 알리는 사람으로 보이지 않고자 데카르트는 애초에 『방법서설』을 "하나의 역사" "하나의 전설" 의심에 관한 일종의 개인적인 동화로 완화해 표현했다. 이때는 엄청난 열정 같은 게 없었다. 4년 뒤에 출간된 『성찰』에서는 "일생에 한 번은 근본적으로 모든 걸 다 내던져버린 다음, 처음의 토대들을 바탕으로 새롭게 시작해봐야만 한다"라며 열정적으로 선포했다. 그리고 다시금 3년 뒤인 1644년, 『철학의 원리』에서는 이렇게 말한다. "하지만 이 잠정적 의심은 진실 연구에 한정된다. 바쁜 실생활에서는 의심에서 우리 자신을 자유롭게 하기보다는 이를 다룰 기회를 간과하는 경우가 더 잦고, 그저 그럴 법한 것을 받아들여야 할 때도 많을뿐더러 똑같이 그럴 법한 것들 사이에서 스스로 선택해야 할 때도 종종 있기 때문이다."

인간의 삶은 제한적이기에 인간의 합리성 역시 제한적이다. 이는 개인적인 일상생활에서뿐만 아니라 개개인의 직업 및 연구 생활에서도 마찬가지다. 하지만 인류는 계속 전진해나가고 있고, 이를 기반으로 계몽주의의 낙관주의와 후기 계몽주의적 회의주의 역시 계속해서 전진 중이다. 마치 중단시킬 힘이 없다는 듯이 멈추지 않고 계속. 과학·기술 발달과정에서 가능했고 가능한 모든 것이 이제는 기껏해야 '기술영향평가'의 도움을 받거나 가끔은 윤리위원회의 지속적인 제지를 받으면서 실행되었고 실행 중이다. '에너지 전환'이나 '기후 변화' 같은 대재해 상황일 때만 중단될 뿐이다.

이러한 관점에서 보자면, 데카르트를 흔히 그 '창시자'로 보는 합리주의와 베이컨을 그 '창시자'로 간주하는 경험주의는 서로 각각 어느 정도 개인차는 있을지언정 기술·과학 진보 측면에서는 서로 협력한 셈이다. 말이 되는 소리라 생각한다면, 우리가 어느 지점에 도달하게 됐는지 한번 질문해보자. 이 질문에 대한 대답에 철학자 데카르트가 수학자였으며 좌표를 고안해냈다는 사실을 상기해볼 수 있겠다. 버트런드 러셀은 "데카르트 본인은 이 방법의 완전한 범주를 몰랐었지만, 그의 업적은 계속된 진보 실현에 충분했다"라고 기록했다. 반어적으로 질문하자면, 우리 자신의 위치를 찾으려면 데카르트의 좌표로 되돌아가야만 하는가? 우리가 존재하는가보다는 우리가 어떤 존재인가를 차라리 더 의심해보자. 문제는 존재가 아닌 생각이다. 우리가 우리 것이라 간주하는 생각들은 살, 피, 신경에서부터 어떻게 자연스럽게 생겨나는가? 결과적으로 보자면, 중앙 컴퓨터가 산출해낸 것과 우리가 '인공 지능'이라 부르는 것 간에 어떤 차이가 있는가?

칸트, 마르크스, 다윈처럼 데카르트 역시 자기 생각을 ~주의로 확장하거나 확고하게 정립시켰던 철학자 중 한 명이었다. 어쩌면 데카르트는 자신이 혐오했던 아리스토텔레스주의가 데카르트주의에서 떨어져 나가는 걸 보면서 올라오는 쾌감, 타인의 불행에 대한 반反 스콜라 철학적 쾌감으로 가득했었는지도 모른다. 살아 있을 때 자신이 미친 영향에도 유럽 학자들 사이에서 '학파를 만들고자' 고군분투했던 데카르트에게 17세기 후반의 대학교들에 미친 데카르트주의의 우세함은 심지어 의심스럽기까지 한 건 아니었을까? 살아생전 아리스토텔레스학파를 염려스러워했던 것처럼 미래의 데카르트 학파들에 관해서도 이와 비슷한 걱정을 했었을까? 1646년 11월 데카르트는 자신을 스톡홀름의 크리스티나 여왕에게 가도록 꾀어냈던 친구 헥토르 피에르 샤뉘에게 이런 편지를 보냈다.

"저들이 원했다면, 물오리들은 소위 공상을 하고 원숭이들은 말할 수 있었겠지. 하지만 저들은 억지로 일하는 건 싫어 그런 것들을 포기해버리지. 하지만 글 쓰는 걸 포기할, 그런 영리함이 내게는 없다네. 그렇기에 마치 내가 침묵하도록 배려받았던 것 같은, 그렇게 많은 여유와 평화는 더는 주어지지 않는다네."

르네 데카르트

Rene Descartes

1596~1650년

철학적인 의심의 대가, 그의 삶에는 의심스러웠던 게 참 많았다. 오랜 세월에 걸쳐 우리를 바라보는 회의적인 눈빛, 이와 마찬가지로 엄청난 회의적인 대답을 던지는 것. 그는 그런 걸 잘했다. 자신의 존재를 증명하고 난 다음에서야 비로소 자신이 존재한다는 걸 믿었던 그는 누구였는가? 우리의 모든 존재를 증명할 필요가 있다고 믿었던 이자는 누구였는가? 그는 정말로 존재했는가? 그는 정말로 그런 모습이었던가?

덴마크 코펜하겐 국립미술관에는 작은 목판에 그려진 데카르트의 초상화가 걸려 있다. 겨우 14~19센티미터 정도 크기밖에 안 되는 이 그림의 얼굴은 긁혀져 있다. 데카르트 사상이 제 마음에 들지 않는다는 걸 어떤 누군가가 그렇게 표현했을 수도 있다. 하

093

지만 정말 그런 의도로 그랬던 건지, 또 언제 그림이 그렇게 손상되었는지 우리는 알 수 없다. 구스타브 이들프의 딸이자 후계자인 크리스티나 여왕의 긴급한 요청에 따라 데카르트가 스톡홀름으로 떠나기 얼마 전, 프란스 할스가 이 작은 그림을 완성했다는 이야기는 있다. 완전히 입증된 건 아니지만 그래도 어느 정도 들어맞는 듯하다. 스톡홀름에서 데카르트는 대표적인 행사들에 쓰일 시들을 작성해야 할 뿐만 아니라, 동이 완전히 트기 전 잠에서 반쯤 깬 상태로 반쯤 관심 있던 23세 여왕에게 철학 강의를 들려줘야 했다. 스톡홀름에 머무르는 동안 데카르트는 이곳에서는 "겨울에 인간의 생각들이 물처럼 꽁꽁 얼어붙는다"라고 메모해두었다.

데카르트는 태어날 때부터 허약 체질이었던 데다가 보통 아침 늦게까지 잠을 자는 습관이 있었다. 그런 그가 매일 이른 아침마다 마차를 타고 궁전으로 향했고, 그러다 그만 폐렴에 걸렸다. 의사보다 본인이 의학을 더 잘 안다고 믿었던 그는 제대로 된 치료를 거부했고 9일 만에 죽었다. 그의 시신이 파리로 옮겨지기까지는 17년이 걸렸다. 이때 계획됐던 장례 절차들은 당국에 의해 저지됐다. 4년 뒤인 1671년, 루트비히 14세의 법령으로 프랑스 대학에서는 데카르트 사상을 가르치는 게 금지됐다. 한편, 1667년 그의 시신이 옮겨질 때 두개골이 빠져 있었고, 이는 1821년이 되어서야 비로소 옮겨졌다. 이는 오늘날 라틴어로 된 경구와 함께 파리 인류박물관에서 찾아볼 수 있다.

파리 루브르박물관에는 데카르트의 그림(이후엔 사본)이 걸려 있다. 이는 프란스 할스가 그리지 않았을 가능성이 아주 크며, 그의 목판 그림을 확대한 복사본이라는 게 오랫동안 공공연히 받아들여지고 있는 사실이다. 데카르트의 회의적인 눈빛은 이 그림 속에서 특히 더 강렬하게 보인다. 조금은 거만해 보이기까지 한다. 데카르트는 비판받는 걸 싫어했다. 토머스 홉스처럼 과감하게 자신을 비판해대는 사람들이 있으면, 특히 제 글들에 대한 비판이라면 완전 위압적으로 그들을 깔아뭉겠다. 데카르트가 갖고 있던 자기 자신에 대한 이미지는 교만하게 보일법한 대담한 겸손함, 객기, 신중함, 그사이 어딘가였다. 『방법서설』에서 데카르트는 학교에서 교육받는 사람들에게만 이 책이 읽히질 않길 하는 바람에서 프랑스어로 작성했다고 말했다. 반면 라틴어로 집필된 『성찰』은 "신성한 파리 신학 대학의 학장과 박사들"에게 보내졌으며, "제1철학 전체의 시작들을 논할 것"이라고 서론에서 분명하게 밝히고 있다. 그것도 "일반 사람들의 칭찬"은 전혀 기대하지 않은 채.

데카르트 본인 역시 평범한 생활은 거의 하지 않았다. 살아생전 그는 부단했고 거주지를 자주 옮겨 다녔다. 오랜 거절 끝에 끝내 스웨덴으로 이동하기 전까지 그는 네덜란드에서 약 20년을 살았다. 하지만 그곳에서도 자주 이사했다. 젊었을 때 그는 세상에 관한 많은 경험을 했다. 스무 살 때 그는 나소 왕가의 모리츠 군대에 입대했다. 30년 전쟁이 발발한 지 얼마 되지 않았던 1619년 여름, 데카르트는 프랑크푸르트에서 합스부르크 왕가의 페르디난트가 신성 로마제국의 황제가 되는 모습을 마주하게 됐다. 울름에서

꿈 같은 겨울을 보낸 뒤 그는 바이에른의 막시밀리안 군대에 들어갔다. 프랑스 지방 귀족이었던 데카르트가 그곳에서 어떤 역할을 맡았는지는 명확하지 않지만, 돈을 받지 않았던 것으로 보아 용병은 아니었을 듯하다. 1620년, 가톨릭이었던 막시밀리안이 프로테스탄트인 팔츠의 프리드리히를 상대로 전쟁을 시작하고 패배와 무력화를 통해 전쟁을 끝냈을 때, 데카르트는 더는 군대에 있지 않았다.

1640년대 데카르트와 서신을 주고받던 팔츠의 엘리자베스는 프리드리히의 딸이었다. 프리드리히는 팔츠 선제후로서 겨울 한 계절 동안만 보헤미아 왕으로 군림했기에 겨울왕이라 불렸다. 전쟁 패배 후 선제후 지위까지 박탈당한 그는 가족들과 함께 네덜란드 감옥에 갇혀 지내야만 했다.

실상 더는 공주 신분도 아니었던 이 불운의 공주와의 서신 교환은 그녀에게는 물론, 그녀만큼이나 그렇게 행복하지 않았던 데카르트에게도 굉장히 중요했던 것으로 보인다. 그녀의 아버지가 죽었던 1632년, 데카르트는 자신의 어머니는 자신을 낳고 며칠 뒤에 죽었다는 내용의 편지를 그녀에게 보냈다. 사실관계를 따지자면 틀린 소리이지만, 데카르트가 심적으로 느끼기엔 맞는 말이다. 그의 어머니는 또 다른 자녀를 출산하고 14개월 뒤에 세상을 떠났다. 그리고 데카르트는 소도시 라에(La Haye: 요즘에는 그의 이름을 따서 데카르트로 불림)에서 엄마 없이 할머니의 손에서 자랐다. 열 살 때 예수회가 운영하는 유명한 학교에 입학했다. 아버지는 1600년에 재혼했고, 새 가정에 데카르트가 들어갈 자리는 없었다. 엘리자베스를 위해 쓴 논문『정념론』에서 데카르트가 여섯 가지의 원초적인 정념들로 경이로움, 사랑, 미움, 열망, 기쁨, 그리고 슬픔을 열거했던 건 어쩌면 어린 시절에 경험했던 정신적 상처 때문일 수도 있다. 그녀에게 보낸 편지에서도 데카르트는 분노와 우울함을 언급했고 온천수처럼 기쁨이 주는 치유 효과를 시사했다.

Sätze, die die Welt verändern

제4장

"만인의 만인에 대한 투쟁이 걱정된다"

토머스 홉스

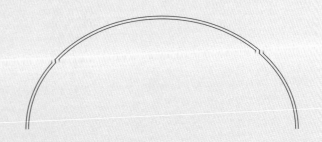

죽음에 대한 두려움, 안전함에 대한 욕구	개량 국가
자기 보존	담비, 여우, 사자
실존적 이기주의	권력분립
공포, 힘, 복종, 역사	신학과 철학, 종교와 정치
안전 없는 자유	전쟁에서 경쟁
저항과 항의	성경 속 고래
믿음과 고백	인간상
빅 브라더	전쟁엔 끝이 없다

"사람들은
그들 모두를 위압하는
공통의 권력이
부재한 채로 생활하는 동안
전쟁이라 불리는 상태,
정확하게 말하자면
만인의 만인에 대한
전쟁 상태에 놓이게 된다."

—『리바이어던』

시작에는 끝에 대한 두려움도 함께 있다. 출생과 함께 죽음도 이 세상에 함께 찾아온다. '철학을 하는 건 죽음을 배우는 것'과도 같다고 소크라테스, 키케로, 몽테뉴 등 많은 철학가들이 설파했지만 사람들은 살고자 애쓴다.

피조물이 체념하는 건 자연스러운 숙명으로, 모든 이가 굴복해야 하고 그럴 수밖에 없는 우세한 힘 또는 문명화에 의해서만 저지될 수 있다. 정치 권력 등장 이전의 자연상태에서는 모두가 똑같으며 모두가 똑같이 위협받는다. 그 누구도 타인에게서 안전을 보장할 수 없으며 타인의 위협에 끊임없이 계속해서 노출된다. 강자역시 약자를 조심해야 한다. 누구나 죽을 수 있고 누구나 다칠 수있다. 타인에 의해 초래되는 죽음의 공포는 안전함에 대한 인간의보편적 욕구를 증폭시키고, 결국엔 모든 사람이 따르게 되는 보편적 권력을 형성해낸다. 이 힘이야말로 모두를 모두에게서 지켜주기 때문이다. 바로 이것이 토머스 홉스가 언급한 국가권력의 등장이유 및 정치·도덕적 정당화의 근거다.

이 힘이 모두를 모두에게서 지켜내려면 군주제 왕의 힘이든민주주의 의회의 힘이든 간에 이는 제약받거나 분리되어선 안 된다. 단, 이 힘이 한 사람의 신체적 안전을 더는 보장해줄 수 없다면, 그때는 이에 저항하며 제힘으로 제 삶을 지켜나가도 좋다. 공동체는 해체되고, 국가는 마비되며, 만인의 만인에 대한 자기 보존 싸움은 다시 시작된다. 『리바이어던』에 따르면, "이러한 상태에서는 그 성과가 불확실하기에 근로의 여지가 없다." 문명화도, 권리도, 경제도, 학문도, 예술도 더는 존재하지 않는다. "가장 끔찍한 것은 폭력에 의한 죽음의 위협과 끊임없는 공포만이 존재하게 된다는 것이다. 인간의 삶은 고독하고, 하찮고, 험악하고, 잔인하고, 짧다."

"누구나 자기 죽음을 세상의 종말로 받아들인다"라는 쇼펜하우어의 말처럼 죽음과 함께 삶은 끝이 나고 세상은 무너져 내린다. 한 개인의 이러한 이른바 생존적 이기주의는 인간 본성 중 하나다. 이는 "어느 군중들 무리가 모든 법칙 및 질서들에서 벗어나는 순간" 바로 나타나며, "홉스가 […] 탁월하게 표현했던 '만인의 만인에 대한 투쟁'은 이때 명확하게 드러난다. 이는 사람들이 자기가 갖고 싶어 하는 것을 다른 사람들에게서 빼앗으려 한다는 것만 의미하지 않는다. 심지어 제 행복을 증가시키고자 별것 아닌 것들을 덧붙임으로써 다른 사람들의 행복이나 삶을 완전히 망가트리려 할 때가 많다는 것도 함께 보여준다. 이는 이기주의의 극치를 드러내준다."

사람들이 무언가를 함께하는 것은 (홉스가 엄청나게 분노하며 반박해댔던) 아리스토텔레스의 주장처럼 인간이 천성적으로 '정치적인 동물'이어서가 아니라, 죽음에 대한 공포로 인해 모두를 아우를 절대적 힘에 다 같이 복종할 수밖에 없기 때문이다. 죽음에 대한 공포가 없으면 사람들은 복종하지 않으며, 그럴 준비가 되어 있지 않으면 힘도 없으며, 힘을 행사하지 못하면 아무런 일도 발생하지 않는다. 정치 생활에서 죽음이 가지는 그 중요성을 홉스는 "굉장히 거리낌 없는 대담한 자세로 과감하게 표명"해냈고, 정치 철학자, 한나 아렌트는 자신의 저서 『전체주의의 기원』에서 이를 높이 평가했다. 아렌트가 보기에 홉스는 "제 철학에서 죽음을 중요하게 다뤘던 유일한 정치적 사상가"였다. "하지만 홉스에게 중요했던 건 죽음 그 자체가 아니라, 폭력에 따른 비자연적인 죽음에 대한 두려움으로, 이는 인간이 자연상태를 버리고 공동체를 만들어나가게끔 만든다."

자연상태, 그리고 이를 극복해나가는 사회계약을 홉스는 역사적 사실로 규명하지 않았다. 그는 이를 (홉스의 경우, 군주제로써 더 선호했던) 국가에 부여된 통치권을 명백하게 해주고 피지배자들이 이러한 통치를 수긍하게 만드는 규제적 관념으로써 단호하게 제시해두었다. 어쨌건 이는 안전성이 전혀 보장되지 않은 무제한 자유를 안전성이 어느 정도 보장된 제한적 자유와 바꾸게 되는 사안이 된다.

자연상태에서의 자유는 올바로 제어될 수 없고, 잠재적 적수로 마주하게 될 타인의 자유에 의해 그 한계점에 부딪히게 된다. "옳고 그름, 정의와 부정의 개념은 이곳에 설 자리가 없다. 보편적인 권력이 없는 곳에는 법이 없고, 법이 없는 곳에는 불의도 없다.

폭력과 기만만이 전쟁 중에" 심지어 만인의 만인에 대한 투쟁 상태에서도 "가장 중요한 두 가지 덕목"이 된다. '허무주의'라 부를 수도 있을 법한 이러한 근본신념은 '무신론적'이라 여겨졌고, 여러 다양한 주류의 신학자들과 윤리철학자들은 이에 이의를 제기했다. 그 중엔 애덤 스미스도 있었다. 그는 『도덕감정론』에서 홉스의 학설은 "옳고 그름 간에 천연적 구별이란 존재하지 않고, 그것은 무상하고 가변적임을 전제로 하고 있기에 불쾌하다"라고 말했다. 스미스는 공감과 관심을 인간의 본성이라고 생각했다. 즉, 이들이 사회화보다 더 앞서는 것이지, 사회화로 인해 나타나는 것들은 아니라는 것이다. 이 점을 스미스는 엄청난 분량의 『도덕감정론』의 첫 문장에서부터 명확하게 짚고 넘어간다. "인간이 아무리 이기적인 존재라 할지라도 그 천성에는 분명히 이와 상반되는 몇 가지가 존재한다. 이 천성으로 인하여 인간은 타인의 운명에 관심을 두게 된다".

　제어되지도 얽매이지도 않는 자연상태의 자유와는 달리 통치자의 지배하에 놓인 자유는 합법적으로 규정되며, 이로 인해 보장되는 안전성은 자연상태 때와는 비교하기 힘들 정도로 엄청나다. 그렇다고 완벽했던 건 또 아니다. 피지배층들은 권력자나 그가 허한 사람들의 개입 행위들에서 자기 자신을 직접 방어할 수 없었다. 아무리 억압될지언정 통치자의 개입에 대한 저항행위는 홉스가 허용하지 않았는데, "무한한 권력이 끔찍한 결과를 초래할 수 있다는 것을 생각해볼 수 있을지라도 그렇지 않을 때 뒤따를 결과들, 즉 이웃과 이웃 간의 끊임없는 투쟁이 훨씬 더 끔찍하기" 때문이었다. 항시 적용되는 사항은 바로 이것이다. "사람들이 외적의 침입이나 서로의 권리 침해에서 제 몸을 지키고 […] 쾌적한 생활을 할 수 있게 하는 것은, 바로 공공의 권력이다. 이 권력을 확립하는 유일한 길은 […] 한 사람의 개인 혹은 합의체에 그들이 지닌 모든 능력과 강인함을 넘겨주는 것이다." 이 '공공의 권력'이 한번 성립되면 군주정, 과두정, 혹은 민주정이건 간에 저항권은 존재하지 않는다. "이 합의 관계에 따라 예속된 자들은 합의된 통치자의 모든 행위와 모든 판단의 본인이 되었기에 통치자가 어떤 행동을 하든 그 누구에게도 부당할 수 없으며 예속된 자들에게 불의를 저질렀다는 비난을 받을 이유도 없다."

'합의된 통치자' 다시 말해 군주정, 국가, 그리고 그 대변인들에 대한 공개적 비난은 원칙적으로 금지되어 있다. 피지배자들에게는 국가권력이 요구하는 것처럼 행동하고 말하되 꼭 그렇게 생각하거나 믿을 필요는 없다는 정도의 양심 조항만 주어질 뿐이다. 계몽주의자 칸트는 통치자에 관한 홉스의 해석을 여태껏 계속 지지했지만, 비난 금지 조항에 끝내 등을 돌렸다. 통치권은 침해할 수 없다, 왜냐하면 "규칙을 정하는 최고 권력에 대한 모든 불복종, 피지배자들의 불만들을 행동으로 옮기게 만드는 모든 선동질, 반란을 일으킬 모든 폭동은 공동체에서 처벌돼야 할 최악의 죄이기 때문이다. 그 기반을 무너뜨리기 때문이다. 그리고 이 금지 사항은 절대적이라 여느 권력, 대리인, 국가 원수, 심지어 본래의 계약까지 훼손시킬 수 있고 그럼으로써 피지배층의 동의에 따른 입법자로서의 정당성조차 상실될 수 있다[…], 그렇다고 해두 부복 폭려으로서 저항은 피지배층들에게 허락되지 않는다."

그런데 항변은 가능하다. 칸트의 설명은 『속설에 대하여: 그것은 이론에서는 옳을지 모르지만, 실천에 대해서는 쓸모없다』라는 논문에 나오는데, 두 번째 부분은 "홉스에 반대된 입장"을 구체적으로 진술해놓고 있다. 여기서 칸트는 "공동체에 부당한 것으로 보이는 것들에 대한 제 생각을 공개적으로 표명할 권한이 통치자의 특혜로 시민들에게 주어져야 한다"라고 주장했다. 『순수이성비판』에서 그는 다시금 홉스의 생각에 대한 자신의 반대 의견을 강조했다. 시민의 "자유에는 불안하고 위험한 시민이란 비난을 듣지 않아도 저 스스로 해결할 수 없는 의심들, 생각들을 공개적으로 표현할 자유까지 포함"된다는 것이다.

칸트는 '계몽주의 시대'의 해결책으로써 늘 '이성의 공적 사용'을 주장했는데, 사람들의 생각들을 경청해야 할뿐더러 크게 드러낼 필요도 있다고 보았다. 이에 반해 홉스는 모든 걸 다 믿어야 할 필요는 없는 거라면 경청과 더불어 침묵해야 한다고 생각했다. 홉스는 사적인 믿음과 개인적인 생각, 그리고 공적인 발언을 각기 구분 지었다. 예속된 자들은 당국이 정해놓은 규칙들을 공개적으로 준수해나가야 하는데, 그렇지 않으면 불화와 싸움, 심지어 내란까지 발생할 수 있기 때문이다. 하지만 제 마음속에서는 혼자이고 자유롭다. "인간의 믿음과 내면의 생각은 이른바 명령들에 예속되지 않고, 오로지 신의 익숙한 또는 특별한 활동에 기반한다." 엘리자베스 여왕은 "인간의 마음과 생각들이 너무 과도해져 공공연하고 구체적인 행동이나 발언들로 이어지지 않는 한, 그들의 마음과 비밀스러운 생각들을 엿볼 마음이 없다"라고 이미 프랜시스 베이컨이 밝힌 바 있었다. 몽테뉴는 이에 대한 좋은 본보기로 소크라테스의 죽음을 언급하며 이 같은 조건을 표명해냈다. "대중은 우리의 사고방식에 관심 둘 필요가 없다. 우리의 행동, 우리의 일, 우리의 행복, 그리고 우리 본인의 삶과 같은 나머지 것들, 제 할 일에 최선을 다하며 공공의 생각들에 순응할 의무가 있다. 위대하고 훌륭한 소크라테스가 제 목숨을 건져내고자 국가에, 그것도 아주 불합리하고 부당한 국가에 불복종하길 거부했던 것처럼."

한편, 국가 사회주의적 헌법학자, 카를 슈미트는 전두골 뒤에 숨어 있는 조용한 생각의 자유조차 과하다고 보았다. 홉스, 그보다 앞서 베이컨과 몽테뉴는 내적 의구심들이 그 어떤 외적 영향들을 초래하지 않는 한 그들을 지지했다. 칸트는 홉스의 절대 국가 모델을 시민의 이성적 판단을 위해 계몽주의적으로 조금 적용해보려고 했다. 이에 반해 슈미트는 홉스의 국가 모델을 변용하여 자유가 조금이라도 엿보이는 틈새들은 죄다 메워내려고 했다. 1938년에 출간된 『홉스 국가론에서의 리바이어던』에서 그는 외적 표현과 내적 확신 간의 차이를 자유주의의 "붕괴지점" "막강한 리바이어던을 안에서부터 파괴해나가는 죽음의 세균 덩어리"로 표현했다.

토머스 홉스의 절대 국가론과 카를 슈미트의 전체주의 국가론 간의 차이점은 한 유토피아 소석에 등장하는 두 명의 시민들 간의 차이로 명확하게 설명해볼 수 있다. 슈미트의 글이 출간되고 10년 뒤, 조지 오웰은 『1984』를 발표했다. 이 책의 배경이 되는 빅 브라더란 나라에서는 체계 비판적 행동들을 모두 처벌하고자 시민들의 일거수일투족을 모두 감시한다. 슈미트의 글이 출간되기 6년 전에는 올더스 헉슬리의 『멋진 신세계』가 발표됐는데, 여기에는 체제 비판적인 생각을 할 능력 자체를 모두 바꿔버리는 개량 국가가 등장한다. 각 개개인의 정치 비판은 너무도 전체주의적이라 통제, 그 자체가 더는 필요하지 않게 된다.

홉스는 시민들의 개인적인 양심에 맡겨두고 싶었지만, 평화를 위해 개인적인 신념들, 특히 종교적인 신념들은 정치적 사안들에 끼어들지 못하게끔 저지했다. 모두가 제 믿음들이나 제 양심들을 들먹이며 제각각 행동한다면, 안전성 절대 보장의 국가권력은 무너지고 내란들은 끝없이 계속해서 벌어질 것이기 때문이다.

죽음을 두려워하던 정치 철학자는 이런 내란들을 평생토록 봐온 증인이었다. 그렇기에 법과 안전함에 대한 욕구는 점점 더 커져만 갔다. 그만 그런 건 아니었다. 엘리자베스 여왕이 통치하던 시절, 교회에서 울려 퍼지던 설교들 가운데엔 이런 경고 문구가 들어 있었다. "왕, 군주, 지배자, 정부, 판관과 같이 신 바로 다음에 존재하는 이들을 없애보라. 그러면 약탈당하지 않고 시골길을 걷거나 말 타고 달릴 수 있는 자는 아무도 없을 것이다, 자기 집이든 침대에서든 죽임을 당하지 않고 무사히 잠을 청할 수 있는 자는 아무도 없을 것이다. 그 누구든 자신의 가족과 재산을 지켜낼 수 있는 이는 아무도 없을 것이다. 모든 게 모두의 것이 되면서 영혼, 신체, 재산, 공동체가 완전히 파괴되는, 온갖 끔찍한 일들을 무조건 경험하게 될 것이다."

그렇기에 안전을 위협하는 무질서가 최악의 것이다. 하지만 "통치자에 대한 시민들의 의무는 통치자의 힘이 시민들을 보호할 수 있을 때까지만 유지될 뿐, 그 이상은 아니다. 자기 이외의 그 누구도 자기 자신을 보호해줄 수 없다면, 자기 자신을 보호할 인간의 선천적 권리는 그 어떤 계약에 의해서도 폐기될 수 없기 때문이다."

홉스는 어떤 통치 질서든, 심지어 이게 독재정치일지라도 자연상태에서의 만인의 만인에 대한 투쟁보다는 더 낫다고 보았다. 하지만 비평가들은 국가에 관한 지나치게 우월적인 홉스의 개념에 대개들 경악스러워하거나 존 로크처럼 조롱해댔다. 로크는 『통치론』2권에서 담비와 여우를 무서워한 인간들이 사자에게 잡아먹히는 것을 안전이라 말한다며 홉스를 비웃었다. 루소 역시 이와 같은 맥락으로 『사회계약론』에서 "홉스의 생각"을 반박했다. "이렇게 인류는 여러 가축 떼로 나뉘고, 각각의 가축 떼에는 주인이 있어서 이 가축들을 잡아먹으려고 보호한다는 것이다." 또한, "독재자가 백성들에게 사회적 안정을 보장해줄지라도[…], 그의 야심 때문에 백성들이 치러야 하는 전쟁과 그의 대신들이 가하는 억압이 백성들 자신들끼리의 불화보다 그들을 더 괴롭힌다면 그들이 얻는 건 도대체 무엇인가?[…] 이미한 평화조차 백성들이 겪는 고통 중 하나라면, 그들이 얻는 건 무엇인가? 지하 감옥에서도 편안하게 살아간다. 이걸로 그곳에서 충분히 행복할 수 있는가?" 또 다른 구절에서는 "홉스의 위험한 몽상"이라 매도하면서 "현존했던 위대한 천재들 가운데 한 명의" 그러니까 루소가 가리키는 건 홉스의 "바람, 아니, 더 정확하게 말해 전제정치와 수동적인 복종을 선택하는 극단적인 결정은 얼마나 강요될 수 있는가"라며 비난했다.

루소도 홉스와 마찬가지로 인간의 두려움에 관해 언급하지만 상반된 결론을 도출해낸다. "인간은 천성적으로 온건하고 겁이 많다. 첫 번째 인간은 위험에서 도망치려 한다. 투쟁을 경험해봐야 투쟁에 익숙해진다." 그렇기에 "홉스의 끔찍한 체제" 내에서 언급되는 것과는 다르게 "투쟁 상태는 인간에게 당연하지 않으며, 투쟁은 평화에서 비롯되거나 적어도 오랫동안 계속되는 평화 보장을 위해 사람들이 고려해낸 대책들에서 발생하게 된다." 더욱이 홉스가 고안해낸 사회계약이 이루어져도 보편적인 투쟁은 끝나지 않는다. 오히려 사익에 대한 일반적인 경쟁 형태로 계속될 뿐이다. 이는 각 개개인의 개별의지와 보편적인 일반의지가 일치하는 사회에서라야 비로소 끝이 난다. 사회 개념에 대한 홉스와 루소의 근본적이고 결정적인 차이를 위르겐 하버마스는 다음과 같이 요약한다. "홉스가 보기에 자기 포기는 본인 스스로 결정했으나 최종적으로는 외적 강요에 의한 피학적 복종이었던 반면 루소가 보기에는" 그냥 쉽게 막 '되돌릴' 수 있는 게 아닌 인간 본성이 타락했으나 그런 "타락한 인간 본성이 국민의 도덕적 인격으로 변화하는 걸 의미했다. 그럼으로써 주권은 피상적으로 강요된 군주 통치에서 벗어나 스스로 내면화될 수 있게 된다."

루소가 종종 이름은 거론하지 않으며 언급했던 몽테스키외는 1748년, 『법의 정신』을 출간했다. 여기에서 그는 홉스의 만인에 대한 만인의 끊임없는 투쟁에 대해 반박했다. 자연상태에서 "인간은 모두 열등한 존재이며 어쨌건 모두 동등해 보인다. 그렇기에 서로 공격하고 싶어 하지 않는다. 평화야말로 첫 번째 자연법일 것이다. 서로에 대한 정복 욕구를 홉스가 처음부터 인간에게 부여한다면 이는 비합리적이다. [⋯] 사회가 성립되고 난 다음에서야 비로소 인간들이 맞닥뜨릴 수 있는 사항들을 사회가 성립되기도 전에 인간들에게 부여하고 있다는 사실을 모르겠는가? 사회가 성립된 이후라야만 인간은 서로를 공격하고 방어할 이유를 갖게 된다." 또한 "인간들이 서로 연합하게 되는 순간, 그들은 더는 본인들이 약하다고 생각하지 않는다. 그들 간의 동등함은 사라지고, 투쟁 상태가 시작된다."

몽테스키외는 권력분립에 관한 대표적인 철학가이지만, 이를 처음으로 고안해냈던 건 아니었다. 몽테스키외와 홉스의 출생 시기는 100년이나 차이 난다. 게다가 "국가의 존재를 명백하게, 단도직입적으로 공격한 논리, 즉 통치권은 분리될 수 있다"라는 것에 대해 홉스가 이미 『리바이어던』에서 혹평한 적이 있었다. "통치권 분리와 통치권 해체는 좀 다른 의미인가? 분리된 권력들은 서로를 파괴해나간다." 그러나 홉스는 몽테스키외보다는 사법, 입법, 행정 간의 분리는 덜 다루었던 반면 국가 내 종교의 역할과 위치는 더 많이 다루었다. 신학이 철학에서 손을 떼야 하는 것처럼, 사제들과 그 윗선들도 정치 및 나랏일에 관심을 두지 말아야 한다는 논리였다.

이는 로마 및 가톨릭 교황뿐만이 아니라, 국가권력에 맞서 제 힘을 모으거나 적어도 그 자리에 대신 오르고 싶어 했던 모든 종교 및 그들의 지도자들을 대상으로 한 말이었다. 종교적 지도자들에 의한 국권 감소는 어떤 상황에서도 용인되어서는 안 됐다. 종교적 양심에 따른 소임으로 국가 질서를 어지럽히며 내란을 잠재우기보다는 되레 불을 지펴댈 수도 있었기 때문이었다. 신 또는 황제 가운데 누구를 더 따라야 하겠냐는 바리새파의 유도 질문에 예수도 이렇게 대답했다. 황제의 것은 황제에게 돌려주어라. 그런데 '황제의 것'이란 게 뭘까? 홉스에 따르자면, 전부.

이러한 태도는 통치권의 설립 근거와 정당성에 엄청난 영향을 미친다. 신이나 자연이 아닌 인간이 스스로 국가를 만들어냈다. 권력과 폭력적 권위 아래 인간들이 함께 굴복하고 연합함으로써 국가라는 존재를 창출해냈다. 왕들, 전통적인 군주주의자들, 그리고 이 땅의 신의 대리자들이 고집해왔던 왕권신수설은 시민들에게는 한 편의 동화였지만, 역사적 현실 속에서는 국가를 일종의 신 그 자체로 받아들여야 했다. 인간이 인간에게 늑대인 자연상태는 인간이 인간에게 신인 국가 체계로 바뀌어간다. 그렇지만 홉스가 강조했던 것처럼 이는 언젠가 죽을 신이다. 조물주와는 달리 인간의 작품은 언제나 유한하기 때문이다.

　왕권에 대한 정당성으로서 왕권신수설을 거부하는 행위는 강력한 국가가 자신의 재산을 무산 계급들에게서 안전하게 지켜내주길 바랐던 유산계급들의 상승세와 부합했다. '딜Deal'이라 불러도 될 법한 정치 거래는 이렇게 이루어졌다. 시민사회의 구성원들은 국가에 의한 권리 및 사유재산 보호 덕분에 저들의 물질적 욕구들에 전념하면서 서로 계약들을 체결해나갈 수 있다. 그 대가로 이들은 그들을 지배하는 국가권력에 순응하게 된다. 상호 합의된 계약 사항들에 대한 준수 여부는 오로지 국가권력만이 보장해줄 수 있기 때문이다. 다시 말해, 국가의 법률집행과 권력 독점으로 강요될 수 있기 때문이다. 『리바이어던』에서는 과감하고 솔직하게 말하고 있다. "국가가 없는 곳에는 소유권이 존재하지 않는다, 만인이 만물에 대한 권리를 가지고 있기 때문이다[…]. 따라서 정의의 본질은 유효한 계약을 준수하는 데 있다. 그런데 계약의 유효성은 그 계약의 이행을 충분히 강제할 수 있는 사회적 권력의 수립과 더불어 시작되면, 소유권도 이때 비로소 발생하게 된다." 이의 궁극적인 목표는 홉스의 전형적인 직설적 표현들에 명확하게 드러난다. "그러므로 시민들의 자유는 통치자가 그들의 행위를 규제하면서 묵과한 일들에 대하여만 존재한다. 예를 들자면, 매매의 자유나 상호 간 계약 체결에 따른 자유."

113

시민사회에서 보편적인 투쟁은 보편적인 경쟁으로 바뀐다. 객관적으로는 만인에 대한 만인이 비합리적 두생을 소래했으나 주관적으로는 합리적인 각 개개인의 생존 투쟁이, 주관적으로 합리적일뿐더러 객관적으로도 만인을 위해 합리적이라 입증되며 부까지 산출해내는 경쟁으로 바뀌게 된다.

허버트 마르쿠제의 표현처럼 절대적 국가권력을 옹호했던 자가 "떠오르는 시민계급의 가장 특징적인 철학가로 명명될 수 있음"은 바로 이러한 방식으로 설명될 수 있다. 홉스는 "자신의 정치철학을 우선 찰스 1세의 왕정 체제와 일치시켰고, 그다음엔 크롬웰의 개혁 국가, 그리고 마지막으로는 스튜어트 왕조의 반응과 서로 결합해냈다. 통치 국가가 민주정의 형태든, 과두정의 형태든, 혹은 제약이 주어지는 군주정의 형태든 간에 타국들과의 관계 속에서 제 통치권을 주장하고 시민들에게 제 권위를 똑바로 내세울 수 있는 한, 홉스에게는 모두 다 똑같았다." 물론 거의 절대적인 군주정을 옹호했던 자에게 이 모든 정치형태가 완전히 똑같지는 않았지만 말이다.

이러한 관점으로 보자면 위르겐 하버마스가 (그만 그런 것도 아니지만) 홉스를 진정한 "자유주의의 창시자"로 간주한 이유가 충분히 이해된다. 홉스는 "자유주의 사회를 가능케 하는 국가적 논리가 통치권이기에 이를 자연법적으로 구성해냈던 것"이기 때문이다. 국가권력을 보장하는 체제는 개인의 자유를 보장해내는 안전 요건들을 성립시킨다. 반면 "국가의 자유주의 논리는 [⋯] 국가가 실상 리바이어던인 한, 제 절대주의에 사로잡혀 있다".

리바이어던은 홉스가 구약성서 『욥기』에서 빼내온 것이다. 그곳에서도 바다 괴물은 자기 의지가 아닌, 전 세계의 온갖 권력들을 능가하는 전권의 상징으로서 등장한다. 루터 성경에서는 "그는 두려워하도록 만들어졌다"라고 나오며, 1611년에 출간된 킹 제임스 성경에는 "그는 모든 교만의 아이들을 다스리는 왕이다"라고 나와 있다.

리바이어던은 '수용사'로도 부를 수 있을 법한 기나긴 삶 동안 그 크기가 점차 계속해서 커져나가는 것들에 대한 대표적인 상징 중 하나다. 규모가 커질수록 그 의미가 불분명해지고 이를 처음 만들어낸 이들조차 이를 파악해내지 못할 때도 있다. 특히 리바이어던은 어떤 때는 여러 인간을 짜 맞춰 만든 '인조인간'으로, 어떤 때는 '언젠가는 죽을 신'으로 묘사되었기에 더더욱 그렇다. 어떤 때는 반드시 분석해볼 필요가 있는 거대한 권력 기계로서 그려지기도 했는데, 이는 데카르트가 '기계 몸'을 일종의 시계처럼 묘사하며 분석해냈던 것과 굉장히 비슷했다. 홉스는 국가에다 사람의 신체를 비유적으로 이입시켰다. "스스로 돌아가는 시계든 다소 복잡한 기계든 부품들의 재료, 형태 및 움직임을 찬찬히 살펴볼 수 있게 이들을 분리해내지 않는 한 우리는 부품들 각각의 기능과 작동방식을 이해할 수 없다. 이에 맞춰 국가의 권리와 시민들의 의무를 살펴볼 때도, 말 그대로 정말로 분리하는 건 아니지만 국가의 구성요소로써 구분하여 살펴볼 필요는 있다." 이때는 은유법을 빌려 표현했지만, 홉스는 대개 비유나 상징들은 불필요한 방법이라 보았다. "명확한 단어들은 그 모호함을 깔끔하게 없애고 정확한 정의들로 정리되었을 때 인간 영혼의 빛이 된다. 이성은 걸음이고, 학문의 다양함은 길이며, 목표는 인류의 행복이다. 이에 반해 은유적이고 무의미하며 애매한 단어들은 도깨비불과 같다."

리바이어던에 대한 비유는 그 '모호함을 깨끗이 없애지' 못했기에 모든 방면으로 해석될 수 있다. 성서 이미지를 인간의 정치 사안들에 응용함으로써 파생되는 이데올로기적 매력이 바로 여기에 있다.

한편, 이 모든 것의 기반이 되는 인간상은 루소가 말한 것처럼, 혹은 그저 현실적으로 따져봤을 때 홉스 본인도 완강하게 주장한 것처럼, (관점 및 평가 방식에 따라) 완전히 부정적이다. "모든 인간의 의도적인 행동들과 성향들은 만족스러운 삶을 꾸려나가기 위함뿐만 아니라, 이를 확실하게 보증하기 위함이기도 하다". 성취하고, 침략하고, 습득하는 것만으로는 충분하지 않다. 이들 역시 계속해서 보존되고 유지되어야만 한다. 그렇기에 "늘 새로운 권력에 대한 지속적이고 끊이지 않는 바람은 전 인류의 보편적 욕구"로 간주할 수밖에 없다.

힘을 향한 여러 다양한 갈망 중에는 부, 지식, 명예에 대한 것도 포함된다. 그런데 "인간의 가장 큰 힘은 아주 많은 이의 힘이 모여 만들어진 힘"으로, 바로 홉스가 구상해냈던 국가다. 그리고 '칼'이 없는 곳, 심지어 체벌이나 보상을 내릴 힘 자체가 없는 곳에는 복종을 생각해볼 수가 없다. "게다가 인간은 공동생활에 그 어떤 만족감도 느끼지 못한다. 오히려 모두를 위압할 만한 힘이 존재하지 않으면 엄청난 불만만 품을 뿐이다."

홉스가 자연적인 정상 행동이라 상호 간 불평등을 루소는 반은 분개하고 반은 즐거워하며 반박했다. "이것저것 모든 것을 다 가지려는 끝없는 욕망은 모든 동종 생물들을 말살하려는 욕망과는 서로 모순된다. 그리고 모두를 다 죽인 승자는 이 세상에 홀로 남는 불행을 맞닥뜨리면서 그 모든 걸 다 가졌다 한들 그 어느 것에도 기뻐하지 못한다. 재산도 마찬가지다. 사회 속에서 누릴 수 없는 부라면 좋아할 이유가 무엇이란 말인가?"

인간은 '천성적으로' 사교적인가, 아니면 비사교적인가? 선한 존재인가, 아니면 악한 존재인가? 이런 질문들은 인간을 결정짓는 것이 '본성' 또는 '환경'인가에 관한 질문처럼 똑 부러지는 해답을 결단코 내놓지 못하는 원론적인 질문들이다. 이들은 단순하면서도 엄중한 문제들이기 때문이다. 유일하게 가능한 대답은 이것이다. 상황에 따라 다르지만, 이 역시 계속 이어지는 건 아니다. 왜냐하면 이는 저 멀리 계속해서, 다시 말해 인류 역사를 통틀어 계속되기 때문이다. 어쨌건 칸트에 의하자면 각 개개인의 (물론 그 개인 전체에서) 가장 기본적인 욕구들에서 그 종의 가장 뛰어난 특성들이 본성에 의해 어떻게 발휘되는지는 인류 역사를 통해서라야 비로소 깨달을 수 있다. 칸트는 '인간의 비사교적인 사교성'을 언급했다. "인간은 자신을 사회화하려는 경향이 있다. 인간은 그러

117

한 상태에서만 인간 그 이상, 즉, 자신의 자연적 소질을 발달시켜 나갈 수 있기 때문이다. 하지만 인간은 자신을 개별화(고립)하려는 경향도 강하다. 인간은 모든 걸 자신의 의도에 따라서만 행동하려는 비사교적 특성도 갖고 있기 때문이다. 그렇기에 곳곳에서 저항이 예상된다. 다른 사람들에 저항하려는 성향이 자신에게 있다는 걸 본인 스스로 알고 있듯이 말이다." 이 저항이 인간의 힘을 일깨워주고 나태함에서 벗어나게 도와준다. 이는 데카르트가 언급했던 말하기 싫어하는 원숭이들의 나태함이다. 이러한 저항이야말로 "야망, 지배욕 또는 탐욕을 통해 […] 다른 이들과의 차이"를 만들어낸다.

전반적으로 칸트는 제 글이 만인에 대한 만인의 투쟁을 국가 차원에서 다룰 수 있는 국제법들에 활용되길 바랐다. 그간 국제연합기구ᵁᴺ부터 국제 사법재판소까지 해당 주무 관청들이 생겨났는데도 전쟁과 살인은 끝이 없이 계속해서 일어난다. 그 당시의 내란들과 1618년부터 1648년까지 30년간 계속됐던 대륙 전쟁으로 트라우마를 겪었던 홉스가 1914년부터 1945년까지 30년간 계속됐던 세계 전쟁으로 대표되는 20세기 상반기 전쟁들을 보면서 무슨 말을 했겠는가? 또한 '냉전'의 대리전쟁들, 구소련 함정 레비아단의 침몰 이후 행해진 대리전쟁들, 르완다에서 일어나는 집단 학살들, 아프리카의 '실패한 국가들,' 수십 년간 계속되는 아프가니스탄 전쟁, 예전 소비에트 공화국 우크라이나에 대한 예전 소비에트 공화국 러시아의 침략에 대해서는? 지구상 '최상위로 발달한 국가들'에서 가지각색의 정치색과 종교색을 가진 다양한 단체들에서 야기된 국가적 권력 독점의 폭력적 요구들에 관해서는? 이사야 벌린이 토머스 홉스 시대와 비교하면서 20세기에 관해 말했던 내용은 21세기에도 여전히 들어맞는다. "거대한 권력 싸움들, 전체주의적 국가들의 부활, 난폭성, 개개인 삶의 위협. 이 모든 것이 17세기보다 훨씬 더 강하게 현세기에 각인되고 있다. [⋯] 그렇기에 홉스는 오늘날 다시금 중요한 존재가 되었다. [⋯] 홉스에게 가장 중요했던 모티브는 무질서에 대한 두려움이었다."

토머스 홉스

Thomas Hobbes

"유명한 부모를 둔다는 건 영광스러운 일이다. 선조들의 여러 자원 및 친구들을 좀 더 쉽게 넘겨받기 때문이다. 반면 유명하지 않은 부모를 둔다는 건 불명예스럽다." 『리바이어던』에 나온 발언을 바탕으로 자격을 나눈다면 토머스 홉스의 출생은 명예롭지 못했다.

홉스의 아버지는 욱하는 성질의 부목사로, 술과 카드 도박에 빠져 있었다. 하필이면 교회 문 앞에서 시비에 휘말리게 됐고, 이 일로 도망자 신세가 됐다. 그 당시 열두 살이었던 토머스는 자녀가 없던 삼촌의 후원을 받게 되었고 열다섯 살 때 옥스퍼드대학교에 들어갔다. 이후 홉스는 캔버디시 가문의 가정교사이자 자문가로 일하게 됐다. 홉스가 어느 젊은 스코틀랜드 귀족을 돌봐줬던

1629년부터 1631년까지를 제외하고는 캔버디시 가문의 후원은 홉스가 성인이 되어서도 꾸준히 계속됐다. 홉스는 캔버디시 가문의 자녀들과 함께 유럽 '그랜드 투어'를 두 번이나 갔었는데, 한 번은 1610년부터 1613년까지였고 다음은 1634년부터 1636년까지였다. 1620년 중반 무렵에는 프랜시스 베이컨의 철학 비서로 잠깐 일하기도 했다.

1640년대 영국에는 내란이 발생했다. 이때 홉스는 파리에 있었다. 본 내란이 그에게 정신적으로 미친 영향들은 1651년에 출간된 『리바이어던』에도 잘 나타난다. 파리에 머무는 동안 홉스는 그곳으로 추방돼 있던 웨일스 공(1660년부터 영국 왕위를 계승한 찰스 2세)의 수학 교사로도 잠시 일했다. 프랑스 수도에서 르네 데카르트도 만났는데, 홉스는 그를 그렇게 높이 평가하지 않았을뿐더러 좋아하지도 않았다.

1649년 스튜어트 왕가의 카를 1세가 교수형에 처해지고 크롬웰의 지휘권이 강화된 후, 홉스는 런던으로 돌아왔다. 이는 정말로 두려움에 의한 행동이었다. 『리바이어던』이 출간된 다음, 홉스는 더는 웨일스 공의 저택에 들어갈 수 없었다. '신성설'에 대한 비판으로 프랑스 의회의 감시를 받게 됐고, 군주정에 대한 옹호로 영국 공화주의자들의 공격을 받았다. 그러면서 홉스는 크롬웰의 섭정 정치와 타협하게 되고 1651년에 출간된 그의 거대한 철학적 물고기(리바이어던은 원래 구약성서에 나오는 거대한 바다 괴물의 이름 -옮긴이)를 따라 1652년 영국 수도로 되돌아온다. 1658년 크롬웰이 죽고

1660년 찰스 2세에 의해 스튜어트 왕조의 왕정복고가 있으면서 홉스는 제 옛 제자가 획득한 권력 덕분에 관용을 입게 되었다. 이 때문에 동시대인들은 그를 기회주의라 엄청나게 비난했지만, 홉스 본인에게는 그의 이론처럼 생존이 가장 중요한 문제였다.

나이가 들면서 홉스는 캔버디시 별장에서 호메로스가 썼던 그 시대의 격동들을 번역하면서 시간을 보냈다. 이때 제 자서전도 썼는데, 홉스는 자기 자신을 쌍둥이로 표현했다. 공포와 쌍둥이. 그가 태어나던 해, 스페인 무적함대가 영국 해안에 나타났고 많은 이가 침략에 대한 두려움을 느낄 수밖에 없었다. 홉스의 어머니 역시 놀람과 공포 속에 조산했다고 한다. 그러고 난 다음, 무지막지한 (그리고 조금은 호화찬란한) 적군의 함대가 그보다 더 작고 더 날렵했던 영국 전투선들에 의해 함락됐다. 그럼으로써 영국은 스페인, 포르투갈, 그리고 네덜란드와 더불어 국제적인 해상 강국으로 거듭나기 시작했다.

홉스의 자서전에서는 글들만 잘 다듬어진 게 아니라 사실들도 좋게좋게 매만져졌다. 무적함대들은 1588년 5월 18일과 19일에 본국을 떠났지만, 심한 풍랑 때문에 되돌아왔다. 3주 뒤 재출항했고 7월 20일에 영국 해안에 출몰했으며 8월 2일에 침몰당했다. 그런데 홉스는 4월 5일에 이미 이 세상에 태어났다. 수많은 다른 어머니들처럼 홉스의 어머니 역시 고통스럽게 아이를 낳았을 것이다. 하지만 이는 출산의 고통이지, 딱 꼬집어 무적함대에 대한 공포라 말할 수는 없다.

그런데도 공포와 폭력, 이에 대한 보호는 (다른 동시대 사람들과 마찬가지로) 토머스 홉스의 인생 주제였다. 다소 자서전적인 전설 조성은 그 시대 때 벌어졌던 무시무시한 실제 사건들 때문에 그렇게 중요한 문제가 되지 못했다. 가톨릭으로 개종했다는 사실을 드러내고자 "파리는 미사 드릴 가치가 있다"라고 말했던 프랑스의 왕이자 칼뱅파의 위그노였던 앙리 4세가 1610년 괴한의 습격을 받았을 때, 홉스는 젊은 청년이었다. 1649년 영국에 의해 찰스 1세의 목이 사형장에서 베어져 날아갔을 때, 홉스는 그 당시로 따지자면 고령이었다. 하지만 그는 그 후에도 30년은 더 살았는데, 1640년대의 영국 내란이나 1640년에서 1651년까지의 파리 추방, 독일을 폐허로 만들었던 30년 전쟁(1618~16498년), 『리바이어던』의 절대권력에 관한 논리로 종지부를 찍고 싶었던 모든 살인 행위들과 비교해보면 꽤 평온했던 30년이었다. 그는 "[자신의] 글이 언젠가는 그 어떤 이해관계나 시기에 의한 해석 없이 스스로 곰곰이 생각해보고[…] 또 […] 이 사변적인 진실을 실질적으로 활용해낼 통치자의 손에 들려질 거라는 희망"을 늘 마음에 품고 있었다.

Sätze, die die Welt verändern

제5장

"실은 자연으로
돌아가고 싶지 않다"

장 자크 루소

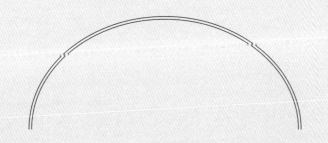

"하지만
인간의 본성은
후퇴하지 않으며,
한번 잃어버린
순수성과 평정심은
결코 다시
회복되지 않는다."

—『장 자크를 심판하다: 대화』

"인간은 자유롭게 태어났다. 그리고 어디에서나 쇠사슬에 묶여 있다." "어떤 땅에 울타리를 두르고 이 땅은 내 것이다라고 말할 생각을 하고, 순진한 사람들이 이 말을 믿을 거라고 보았던 최초의 인간이 문명사회의 실질적 창시자다." "대도시에는 연극이 필요하며 타락한 민족에게는 소설이 필요하다." "조물주는 만물을 선하게 창조했으나, 인간의 손에 들어오면서 악하게 된다." "나는 전례 없고 아무도 모방하지 않을 작업을 시작할 것이다. 나는 나와 같은 사람들에게 한 사람을 완전히 자연 그대로 보여주려고 하며, 그 사람은 내가 될 것이다." "이제 나는 이 세상에 혼자다. 형제도, 이웃도, 친구도, 교제할 사람도 없는 외톨이가 되었다."

첫 시작이 뭐 이래! 싶겠지만, 루소는 이 문장들로 『사회계약설』, 『인간 불평등 기원론』 2부, 소설 『신 엘로이스』의 머리말, 『에밀』 1권, 『고백록』 1권, 그리고 그의 마지막 작품인 『고독한 산책자의 몽상』을 시작했다.

"자연으로 돌아가라"라는 말은 루소가 하지 않았다. 이는 파울 쉬리 홀바흐의 『자연의 체계』에 나오는 말이다. 그곳에서 '어머니 자연'이 직접 가르쳐준다. "되돌아가라, 불충한 아이여. 자연으로 되돌아가라." 루소는 그가 "학문, 예술, 극문학, 교육체계를 망가뜨리고 이 세상을 최초의 야만 사회로 돌려보내고 싶어 했다는 비난"에 반발했다. 교육 소설 『에밀』에서는 비난적이기까지 하다. "사회라는 질서 안에서 제 자연 본성을 우위에 두고자 하는 사람은 자기가 원하는 것이 무엇인지를 모르는 사람이다."

그런데도 루소가 '자연상태'로의 복귀를 지지했다는 이야기는 오늘날까지도 계속되고 있다. 이는 굉장히 저명한 해석가들조차 막아내지 못했다. 지금은 절멸한 '원시 부족들'(사실 그 당시 12명도 채 안 되는 작은 무리)을 1930년대 후반에 아마존 정글에서 찾아다녔던 인류학자, 클로드 레비스트로스를 한 예로 들 수 있겠다. 그는 아주 감동적이면서도 침울한 여행 보고서 『슬픈 열대』에서 다음과 같이 비통해했다. "오늘날 루소는 터무니없이 많은 비방과 오해를 받고 있다. 그가 자연상태를 찬미했다는 불합리한 비난에 직면해 있다." 이 '불합리한 비난'은 그의 적수이자 비방자, 볼테르를 의미한다. 인간 불평등에 관한 논문을 접한 후, 볼테르는 루소에게 이런 글을 썼다. "인간을 동물로 되돌리는 데 [당신처럼] 이토록 애썼던 사람은 없습니다. 당신 작품을 읽는다면 네 발로 걷고 싶어지겠군요."

이에 루소는 (쓸데없이) 자신의 논문에 추가로 주석을 달며 이러한 비난들에 반박했다. "공동체를 망가뜨리고 내것 네것 다 없애고 숲속으로 되돌아가야만 그곳에서 곰들과 어울려 살 수 있는 건가요? 이건 저를 반대하는 사람들이 도출해내고 싶은 결론일 뿐입니다." 루소 사후에 발표되긴 했으나 어쨌건 한때 루소의 영

혼의 단짝이었던 디드로 역시 악담을 했다. "그래, 루소 선생, 내게
는 동물 가죽을 걸친 끔찍한 멍청이보다는 비단옷의 고상한 패륜
아가 더 낫다네."

　　루소는 저에 관한 끔찍한 소문들을 어떻게든 바꿔보려고 애
썼지만, 그의 노력은 교육기관 종사자들뿐만 아니라 대중들의 마
음도 사로잡질 못했다. 이들이 루소의 의견에 찬성하냐 반대하냐
는 상관없는 문제였다. 루소의 교리는 거의 왜곡에 가까울 정도로
잘못 변형된 채 인용되었다. 독일 철학 교수, 요한 고틀리프 피히
테는 더 잘 알고 있음에도 1794년에 아주 과감하게 가르쳤다. 루
소에게 "후퇴는 진보다. 그에게는 이 버려진 자연상태가 지금 망
가지고 타락해가는 인류가 궁극적으로 다다라야 할 최종 목적지
인 셈이다." 프리드리히 실러는 1795, 1796년에 발표한 논문,『소
박한 문학과 감성적인 문학에 대하여』에서 다음과 같이 비난했다.
"루소는 인류가 완전하게 끝마친 교육의 총명한 조화로움 속에서
그들 간의 싸움을 끝내기보다는 최초의 상태" 즉, 자연상태의 "우
둔한 단조로움 속으로 되돌아가 그들의 싸움을 그저 최대한 빨리
끝내버리길 바란다. 이는 루소의 뜨거운 감수성 때문이다."

　　이 두 사람이 임마누엘 칸트가 1798년에 출간한『실용적 관점
에서의 인간학』을 나중에라도 봤다면 루소에 대한 오해를 풀었을
지도 모른다. 이 책을 보면, "자연상태에서 과감하게 빠져나온 인
류를 다시금 그곳으로, 숲으로 되돌아가라고 고취하기 위한 루소
의 심기증적 [...] 표현을 그 참된 의미로 받아들여서는 안 된다."

이에 덧붙여 칸트는 좀 더 쉽게 풀이했다. "원래 루소는 인간이 자연상태로 다시금 되돌아가야 한다고 봤던 게 아니라, 지금 서 있는 곳에서 이를 되돌아봐야 한다고 생각했다."

루소는 '자연상태'가 인류의 어떤 역사적 사실이 아닌 규제적 관념들을 가리킨다는 걸 논문 서론에서부터 이미 명확하게 제시해두었다. "인간의 진정한 본성에서 근본적인 것과 인위적인 것을 구분하자는 게 아니다. 더는 찾지 못할, 어쩌면 단 한 번도 존재한 적이 없을뿐더러 외관상 앞으로도 존재하지 않을, 그런 상태를 타진해보려는 게 아니다. 하지만 그렇다 할지라도 우리의 현 상태를 판단해보고 싶다면 이에 관한 올바른 개념들은 갖추고 있어야 한다."

루소는 사회가 인간들에게 미치는 영향들을 파악하기 위해 '인간'을 인간답게 만드는 요인들을 이해하고 싶었다. 추상적인 '인간' 관념에 관한 논박은 참으로 매혹적이다. '인간'이란 게 없다면 인권이란 게 어떻게 있을 수 있겠는가? 레비스트로스가 한때 방문했던 아마존 지역들에서 마지막까지 살아남은 '토착민들'뿐만 아니라 서구 국가들에도 똑같이 적용할 수 있는 인권 등을 명확하게 표현해낼 수 있다면, 게다가 이를 바란다면, 삶의 방식, 문화, 문명화 등과는 무관하게 모두에게 공통되게 들어맞는 요인들을 찾아낼 필요가 있으며, 이는 필수 불가피한 일이기도 하다. 루소가 찾아나선 자들은 바로 이들이었다. 이런 특성을 루소는 '본성'이라 명명했다.

그러나 인간은 다른 생물들과는 다르게 제 본성에 얽매이지 않았다. 니체가 무뚝뚝하게 표현했던 것처럼 인간은 '아직 미확정된 동물'이다. 인간은 제 본성에 따라 이 본성에서 빠져나오고자, 아님 '제 방식으로 실행'해가고자 노력한다. 니체는 공격적인 표현을 써가며 루소의 생각에 반대했다. "나도 '자연으로 돌아가라'라는 말을 한다. 하지만 정말로 자연으로 되돌아가라는 게 아니라 '거듭난다'라는 의미로 한 말이다. 높고, 자유롭고, 지독하기까지 한 자연과 본성으로[…]. 하지만 루소, 그는 실상 어디로 돌아가고 싶었던 걸까? 저만의 관점을 지켜나가기 위해 윤리적 '존엄성'을 꼭 필요로 했던 한 사람, 루소, 최초의 근대 인간이자 관념주의자이자 무뢰한. 제어 불가한 허영심과 제어 불가한 자기 멸시에 병들어 있는 자. 새로운 시대의 문턱 앞에 서 있는 괴짜, 그는 '자연으로 돌아길' 바랐다. 한 번 더 묻겠는데, 루소는 어디로 돌아가고 싶었던 걸까?" 그곳은 강력한 힘의 의지를 가진 니체는 분명 따라가고 싶어 하지 않았을 곳일 거다.

인간의 자유란 건 인간의 문화가 어느 정도 그들의 자연과 맞물릴 때 발생하는 것이다. 산업혁명 이전 시대의 사람들과 마찬가지로 루소와 동시대 사람들 역시 기껏해야 신이 내린 벌이라 생각할 수밖에 없었던 '행성 파괴'도, 지구상에 인간들이 10억, 20억, 30억, 60억, 90억 명 혹은 아무도 없든 간에 '자연'에는 아무런 상관이 없다는 점에서 그저 자연적이라 여겨질 것이다. 우리의 존재 여부는 오로지 우리에게만, 그리고 우리의 창조주에게만 (물론 '그분'이 존재한다면) 중요한 문제다.

한 걸음 더 나아가 창조 이전의 '순종'과 창조의 '겨허함'에 대한 모든 미사여구를 다 빼버리면, 자연은 인간에게 가장 먼저 인식되었으며, 전적으로 인간에게 달린 지극히 인간적이면서도 이와 동시에 문화와 불가분의 관계로 발달해나간 구성체로 볼 수 있다. 인간 종족들은 자기 문명화를 통해 자연으로부터 해방되었고 그들 문화적 부호화에 사로잡히게 됐다. 이후 생겨난 문명에 대한 불만들은 지그문트 프로이트가 1930년에 발표했던『문명 속의 불만』이라는 글의 제목처럼 필연적이다. 이 책에서 프로이트가 언급한 감정 상태는 통례적인 오해들을 기반으로 한 한편, 루소의 의견에 대한 정당성을 보여주기에도 적합할 수 있다. "우리를 비참하게 만드는 책임의 대부분은 우리가 문명이라고 부르는 것에 있다. 우리가 문명을 포기하고 원시적인 방식들로 돌아간다면 훨씬 행복해질 것이다."

그런데 이러한 갈망은 투사적이다. 이는 문화와 예술로 제 모습을 다시금 바꾼다. 어떤 화가들은 남태평양으로, 어떤 작가들은 숲속으로 끌어낸다. 그렇지만 예술가들은 계속해서 그림을 그려댔고 작가들은 계속해서 글을 써댔다. 자연으로의 회귀는 거의 영락없이 이러한 조건들 속에서 다뤄질 수밖에 없다. 자연을 찬양하는 노래가 흘러나오는 문화란 게 존재하지 않는다면 어찌 자연에 대한 찬양을 이어갈 수 있겠는가.

그런데 '건드려지지 않은 자연'에 관한 생각은 인간과 관련해서는 비정상적이다. 낯선 문화를 가진 사람들을 '원시 부족'으로서 대하는 태도 및 생각은 이들을 동물들과 거의 다름없는 야만인으로 강등해버린다. 이들을 귀하게 혹은 원초적으로 간주하는지는 상관없었다. '귀한 야만인'은 야비한 침략자들과 개척자들이 그리던 판타지 인물로, 그들은 저들이 찬양했던 걸 스스로 망가뜨렸다. 촌스러운 '원시인'이든 이용당하는 '인간 이하의 존재'이든 상관없이 이들은 식민지적 관점에서 모두 똑같았다. 상류 사회에서는 '귀한 야만인들'을 찾았으며 '검둥이'보다는 '인디언'들을 더 선호했다. 사탕수수 농장들에서는 '문명화되지 못한' 노예들을 착취했다. 특히 아메리칸 '홍색 인종들'들보다는 아프리카에서 추방된 흑인들을 더 선호했는데, 이들은 노동에 대한 부담들을 아주 재빨리 삭혔기 때문이었다.

볼테르는 1759년에 출간한『캉디드』에서 식민지 착취 실태를 고발했다. 소설을 보면, 순진한 주인공이 어느 날 어떤 한 '검둥이'를 만나게 된다. "우리는 설탕 공장에서 일하고 있습니다. 잘못해서 맷돌에 손가락이 딸려 들어가면 손을 자르고, 도망을 치다 잡히면 다리를 자르지요. 저는 모두 다 겪었습니다. 당신네 유럽인들이 설탕을 먹는 건 바로 그 덕입죠!" 파리 상류 사회에서 차에 설탕을 넣고 저으며 이 문장을 생각했던 사람들은 그렇게 많지 않았을 것이다. 스마트폰 화면을 손으로 휙휙 넘기는 동안 이것들을 만들어내는 중국 공장들에서는 노동자들이 옥상에서 뛰어내릴까 봐 그물 안전망들을 쳐놨다는 사실을 우리는 한 번이라도 생각해봤을까?

자연을 향한 동경이 미학적 및 문학 성찰저으로 표현되는 데는 루소의 책임도 크다. 루소는 자연과 함께하는 데 필요한 문학적이고 감정적인 기준들을 그의 매혹적인 글들을 통해 마련해냈다. 이에 대한 마지막 반향은 그의 민족학적 추종자, 레비스트로스의 글에서 찾아볼 수 있다. 비록 레비스트로스는 저만의 방법론적 원칙으로 이상화 및 우월감은 제지해내려 애썼지만 말이다.

루소의 작품들이 오랫동안 오해를 받아왔던 동시에 그만큼 오랫동안 성공을 거둘 수 있었던 것은 무엇보다 그의 논쟁 방식 때문이었다. 물론 이를 그렇게 높이 평가할 수 있다면 말이다. 자칭 수사학을 경멸했던 루소는 유능한 수사학자였다. 어쨌건 그의 글들은 그랬다. 기품 있는 숙녀들이 모인 사교 자리에서는 굉장히 소심하고 서투른 자였을지라도 루소는 글을 매혹적으로 구성해내는 방법만큼은 아주 잘 이해하고 있었다. 이때는 루소의 논쟁 논리보다는 그의 확신과 의지 열정에 독자들이 그에게 매료됐다. 그렇지만 예상했던 비판과 마주할 때면 반박보다는 자진 신고식으로 (때론 심술궂게, 때론 매혹적으로) 반응했다. 『에밀』에서 루소는 자신의 문하생들이 그런 사람이 되지 않길 자신도 바라고 있다고 말했다. "하지만 당신도 그런 사람이잖아요. 그렇게 사람들은 제게 말할 겁니다. 인정합니다. 저도 그런 사람입니다. 그리고 제가 볼 때 제가 충분히 속죄한 잘못들 때문에 다른 사람들이 이와 비슷한 실수를 저지를 이유는 없습니다. 저는 제가 저지른 잘못들을 사과하기 위해서가 아니라 제 글을 읽는 사람들이 이를 모방하지 않게 하려고 글을 씁니다."

흥미롭지만 그렇게 유의미한 소리는 아니다. 루소가 하는 말들이 대개 그렇다. 레싱은 이렇게 말했다. "루소는 틀렸다. 하지만 그보다 더 많은 근거를 댔던 사람을 나는 알지 못한다." 루소가 하는 말들은 그렇게 설득력 있는 건 아니지만 흥미롭다. 이는 달랑베르가 인정했고, 레비스트로스를 비롯한 많은 이가 동의한 사실이다. 이러한 감흥은 이성에서보다는 사람들이 보통 어영부영 '마음'이라 말하는 곳에서부터 퍼져나간다. 루소의 말과 글들에 너무 감동해서 이성을 잃는 이들도 있었다. 이는 다수의 낭만주의자뿐만 아니라 루소 자신에게도 해당하는 비난이었다. 루소는 저만의 기이한 자기중심주의에 빠져 스스로에게 엄청나게 많은 영향을 받았고, 자기가 한 말들에 스스로 감동해 눈물을 펑펑 흘렸으며, 어떤 글이든 간에 최대한 솔직하고 감동적인 단어들을 사용해서 썼기 때문이다. 이러한 감수성은 방관 상태가 된 동정심과 지나치게 활성화된 비행동 속에 감쳐줘 있던 감성들을 다시금 끄집어냈다. 이성적인 인간들은 엄청나게 고개를 절레절레 흔들어댈지언정 무감각했던 '본성'은 이를 받아들인다.

그런데 루소의 논리가 역사적으로 계속해서 받아들여지는 데에는 그의 추종자들에서 인위적으로 일깨워진 본성은 말할 것도 없을뿐더러, 인위적인 것과는 또 다른 무언가가 더 있다. 바로 자연과 화해하고 싶은 욕구. 이는 훗날 마르크스와 마르크스주의자들은 '소외'라 명명했고 호르크하이머와 아도르노는 '도구적 이성'이라 불렀던 것들을 극복하고자 하는 욕구다. 베이컨이 환상석으로 환호했던 자연 통제와 홉스가 냉정하게 설명했던 인간 통제를 루소는 탁월하게 비평했고 맹렬하게 비난했다. 루소가 등장하기 전까지 '계몽주의 시대' 때 이성적 사고를 이 정도로 뼛속까지 파고들며 도발했던 경우는 프랑스나 영국, 스코틀랜드는 물론 독일에도 없었다. 그렇기에 루소를 비이성주의자, 심지어 정신이상자라 비난했던 일은 실상 놀랍지도 않다. 프랑스혁명 때 계몽주의자들이 비이성적으로 이성을 부르짖을 때, 이미 그들의 머릿속에서 이성은 신격화되었다. 이성적 계산들은 인간성을 저버리면서까지 실용주의적으로 사고하게 했다. 디드로조차 사형을 선고받은 범법자들에 대한 생체 해부를 제안했다. 이들이 실험에서 살아남는다면 석방해준다는 게 형법적 아이디어였다. "범죄자의 죽음에 관해 어떻게 생각할지언정 그가 해부실에서 죽게 해라. 단두대에서 죽는 것보다는 이 사회에 좀 더 도움이 될 것이다." 게다가 "범법자들 가운데 명백한 죽음보다 고통스러운 수술을 더 선호하지 않을 자는 없다. 혈액에 어떤 액체를 주입하거나, 고관절을 잘라내거나, 비장을 들어내거나, 뇌 일부를 제거하거나, 상복부나 흉부동맥을 동여매거나, 갈비뼈 두세 개의 일부분을 절단하거나, 창자 윗부분을 끝부분에 삽입시킬 수 있게 그 일부를 잘라 들어내거나, 식도를 개폐해놓거나, 신경을 건드리지 않은 채로 정관을 떼어놓거나, 어떤 다른 내장 기관을 다른 방식으로 수술하는 것보다 교수형을 더 원할 자는 없다. 이성에 귀 기울이는 자라면 이러한 시도의 중요성을 이해시키고자 노력할 것이다."

이러한 이성의 소리를 루소는 듣고 싶지 않았다. 이렇게 변해가는 게 그는 두려웠다. 루소가 볼 때 이는 어떻게 바로잡을 수 있는 잘못들이나 남용의 문제가 아니었다. 그는 이성 문화와 학문적 진보에 관한 믿음의 본질 문제라 확신했다. 이같이 단호하게 비판적인 태도로 인해 루소는 백과전서파들과도 결국 갈라서게 된다. 디드로의 온갖 노력에도 그들의 관계는 더는 회복되지 못했고, 이러한 화해 시도들에 지쳐버린 디드로 역시 예전엔 친구였던 루소를 끝내 '미친 자' '괴물' 등이라 불렀다.

루소처럼 사회에서 멀리 벗어난 사람은 많지 않았다. 하지만 많은 이가 그의 자연으로의 회피와 감정 예찬을 모방했다. 루소 역시 사회를 공격하기 위해 사회에 제 모습을 드러내지 않았는가? 논쟁은 해결되지 않은 채 계속됐다. 다른 사람들에 맞서며 이러한 논쟁을 계속해서 안고 갔던 루소는 경고하는 자가 '경고자'의 역할을 더는 감당해내지 못할 때 흔히 그렇듯, 사상가로서는 점점 더 중요해졌으나 한 명의 인간으로서는 점점 더 견디기 힘든 인물이 되어갔다. 한나 아렌트는 야스퍼스에게 보내는 편지에서 이를 가차 없이 분명하게 표현했다. "저는 루소를 좋아하지 않아요. 하지만 정치적으로 그가 엄청나게 대단히 중요한 사람이었다는 사실은 알고 있어야지요." 『활동적인 삶』에서 아렌트는 루소를 "최초의 의식적 탐험가이자 어느 정도는 친밀한 이론가"로 소개했다.

이 역시 루소가 지금까지 우리에게 미친 효과적인 자극들 가운데 하나다. 멈추지 않을 듯한 학문과 기술의 발전은 감정의 급증들과 서로 상응한다. '멋진 문학작품'(예전)과 '소셜 미디어'(오늘날)에서는 이를 핵심요인으로 장려하거나, 아니면 진보사회에서는 사소해져버린 것처럼 사사롭게 치부해버린다.

루소의 감수성(및 예민함)은 그를 보살피고자 영국으로 데려오는 실수를 범했던 데이비드 흄 때문이었다. "그는 평생토록 느끼기만 했다. 그리고 그의 예민함은 내가 전례 없다고 느낄 지경까지 다다랐다. 그렇지만 이는 그가 즐거움보다 고통을 훨씬 더 강하게 느꼈던 이유이기도 했다. 루소는 이러한 상태에 있던 그를 날것의 격정적인 요인들과의 싸움터로 내던지고자 사람들이 그에게서 옷뿐만 아니라 피부까지 벗겨버린 자와도 같다."

이 요인들은 늘 적대적이었고 끊임없이 내적으로 압박했다. 사회가 나에 관해, 그리고 나에게 말해대는 것과는 상관없이 나는 천성적으로 어떤 사람인가? 본질적인 내 모습 그대로 이 사회에 머무를 수 있는가? 내 안의 무엇이 순수하고 깨끗한 인성이고 무엇이 사회적으로 조건화된 형태인지 나는 어떻게 알 수 있는가? 루소는 이 '진정성'의 문제를 던졌고 끝내 해결하지 못했다. 이는 결단코 해결할 수 없는 문제이니까.

모순점은 루소의 생각이 아닌 그가 고심했던 내용에 있다. 칸트는 1786년에 집필한 『추측해본 인류 역사의 기원』에서 다음과 같이 설명한다. "너무 자주 잘못 해석되어 겉으로 보기엔 서로 모순인 듯한 장 자크 루소의 그 유명한 말들을 이성적으로 서로 조화롭게 일치시킬 수 있다. 학문의 영향에 관한 글과 인간 불평등에 관한 글에서 루소는 모든 이가 자신의 운명을 완전히 받아들일 수밖에 없는 육체적 종족으로서 인간 본성과 문명 간의 불가피한 갈등을 아주 정확하게 제시하고 있다. 그런데 『에밀』, 『사회계약론』 및 기타 글들에서는 좀 더 힘겨워진 문제를 다시금 해결해보고자 애쓴다. 도덕적 종족으로서 인류가 제 기질들을 제 운명에 걸맞게 발달시키려면 문명이 사라져야 하고, 그럼으로써 인류가 자연적 종족으로서 더는 모순되지 않게 된다고 말한다."

올바른 교육이란 자연을 기반으로 이루어지며, 자연과 문명 간의 충돌에서 벗어나게 하거나 최소한 이를 견뎌낼 수 있도록 함이다. 하지만 그 어떤 교육보다 우선인 건 어머니의 돌봄이다. 사람들은 루소 본인이 어머니의 돌봄을 받지 못했기에 그토록 어머니를 강조한다고 말하기도 한다. 루소의 어머니는 그를 낳고 며칠 지나지 않아 세상을 떠났다. 그렇지만 이는 보편적인 문화적 주제를 한 개인의 운명으로 축소하는 꼴일 거다. 귀족계층이거나 여유가 좀 있던 시민들은 유모들을 고용했다. 이들은 어머니들이 제 아이들에게 직접 젖을 물리는 행위를 거의 짐승과 같은 야만적인 행동으로 보았다. 루소 때문만은 아니었으나 그래도 그의 영향을 특히 많이 받으면서 18세기 후반에는 모유 수유를 찬성하는 개혁 운동들이 벌어졌다. 게다가 유아들을 포대기로 단단하게 싸매는

(오늘날엔 신체적 학대로 여겨질 만한) 행위를 반대했으며, 더 나아가 아이들이 걸음마를 배우도록 이들을 압박했던 걸음마 줄이나 사회적 이상 몸매를 위해 여성들의 자연적 체형을 압박하는 코르셋을 없애자는 말도 부수적으로 나왔다.

엄마는 제 아이들을 직접 돌봐야 한다고 루소는 주장했지만, 한 가지를 이내 덧붙였다. "이 문제를 육체적인 사안으로 봐야 하겠는가?" 궁극적으로 이는 모유 수유가 아닌 애정과 애착 문제였다. 보모도 그렇게 할 수 있지 않을까? 어느 정도는 가능하다. 하지만 부모는 제 아이와 이방인인 유모 간에 밀접한 관계를 원하지 않는다. 그렇기에 "유모들을 하녀처럼 다루면서 아이에게 그들을 멸시하는 감정이 생겨나도록 수단을 부린다. 유모의 역할이 다하면 그들을 해고해 내쫓는다." 그러면 아이들은 생애 첫해 동안 분리 경험을 두 번이나 하게 된다. 첫 번째는 엄마와의 분리이고, 두 번째는 문화적 관습들 때문에 생겨난 기괴한 분리인 유모와의 분리다. "그렇지만 시류와 입방아 같은 건 비웃어버리며 자연이 부과한 의무를 의연하게 다해나가는 젊은 여성들이 아직도 존재한다." 그중 한 명이 캐롤리네 플라크스란트였다. 『에밀』이 출간되고 제네바에서 공식적으로 소각된 지 10년이 채 안 된 1771년, 이 스물한 살의 여인은 훗날 제 남편인 요한 고트프리트 헤르더에게 편지를 썼다. "내 아이들은 모두 루소에게 교육받아야 해요."

이로부터 약 50년 후인 1826년, 1780년대 때 교육 소설을 써보려고 했으나 이제는 노쇠해진 스위스 교육학자, 요한 하인리히

페스탈로치는 루소가 "전지전능한 자연으로부터 전지전능한 힘을 받고, 다른 사람들과는 달리 타인의 감정들과 감각들에서 거리를 두고, 또 끊임없는 고통을 느끼면서, 그는 초인적인 힘으로 영혼의 쇠사슬을 끊어내어 아이에게 제 모습을 되찾아주고, 아이와 인간적 본성에 교육을 되돌려주었다"라고 말했다. 과장된 소리는 아니었다. 『에밀』은 유년 시절을 독립적인 삶의 단계로 바라보게 하는 데 결정적으로 한몫했다. "자연은 아이는 아이로서 있길 바란다." 또한 아이들이 좀 더 높은 계층들에서는 신분에 걸맞은 교육을 받고 하층민들일 경우 일터로 불려 나가면서 끌려나가면서 육성되는 작은 어른이길 원치 않는다.

그런데 자연적인 교육을 하려면 반드시 엄청나게 숙련되어 있어야 한다는 사실을 간과해서는 안 된다. 교육자는 사회적 위장술을 포함, 모든 것에 어느 정도 능통해야 한다. 교육자는 아이들이 눈치채지 못하는 선에서 이들을 안내해나가야 한다. 교육자는 이해해야 하고 마음을 열어야 하며 자연이 원래 그러한 것처럼 행동해야 한다. 그리고 절대로 놓쳐버려선 안 될 게 있다. "자연상태에서 사는 자연인과 사회를 이루며 사는 자연인은 엄청나게 다르다. 에밀은 미개인으로[…] 사회 속에서 살아가야만 한다. 그는 자신의 환경에 필요한 것들을 구할 수 있어야 하며 사람들과 어울려 살 줄 알아야 한다. 그러므로 그는 싫더라도 판단해야 한다."

그런 교육에서는 소크라테스가 제 제자들 내면에 이미 존재하며 그들이 알지 못한 채 알고 있었던 것을 깨닫게 해주고자 사용했던 산파술 같은 방식은 절대 쓰이지 않는다. 루소가 말하는 교육자는 제 아이를 선한 사람으로 만들려는, 그런 좋은 의도를 가진 사기꾼이다. 루소의 교육자는 상황에 맞게 현명하게 대처하는 교사, 마술사, 감독관, 그리고 엔터테이너다. 루소의 글들을 자세히 살펴보면 루소가 이 모든 모습으로 직접 등장하고 있다.

루소가 '반권위적인 교육의 고안자'인지 아닌지는 보수적 철학가 로베르트 스페만의 말처럼 그냥 두고 볼 문제다. 그는 이 문제에 그렇게 큰 관심이 없었다. 그러나 개별적 교육 과정과 보편적 역사 과정 간에 유사점을 찾아냈다. 인류는 자연상태를 포기했고, 각 개개인 역시 부득이하게 자연상태를 포기할 수밖에 없다. 루소는 그 당시 사회를 멸시하며 암울한 예언만 남겼다. 『에밀』에서 그는 "우리는 위기 상황과 변혁의 시대에 접근하고 있다"라고 경고했으며 각주에서 이를 한 번 더 각인시켰다. "나는 유럽의 거대한 왕정국가들이 오래 유지되는 건 불가능하다고 본다."

『에밀』이 파리에서 경찰들에 의해 금지·압류되고 27년 후, 삼부회 소집(1789년 1월 24일)과 바스티유 감옥 습격(7월 14일)과 함께 프랑스혁명이 시작됐다. 1793년 1월 21일, 루이 16세는 참수당했다. 그를 이어 마리 앙투아네트 왕비가 10월 16일, 단두대에 올랐다. 1770년대 말, 마리 앙투아네트는 시골 마을을 하나 이용해서는 자연으로 되돌아가 평범한 시골 여인으로 살아가는 삶을 즐겨보기도 했다. 1778년 루소가 죽고 에름농빌 공원의 포플러 섬에 묻히자 마리 앙투아네트는 왕가 사람들 한 무리와 함께 그 섬을 방문했다고 한다. 그녀가 처형당하기 5일 전, 루소의 시신은 개관되어 판테온에 안치됐다.

장 자 크 루 소

Jean-Jacques Rousseau

1712~1778년

루소는 (거의 정확하게) 66세로 생을 마감했다. '파란만장'한 삶을 살았다고 표현해도 이 역시 그의 일생을 굉장히 축약해서 이야기하는 것이라 할 수 있다. 어머니는 출산 후유증으로 죽었고, 제네바 시계 수리공이었던 아버지는 싸움에 휘말리면서 도시에서 쫓겨났다. 루소는 한 목사 손에 맡겨졌다가 삼촌 집으로 가게 된다. 법원 서기의 도제로 들어갔다가 이후에는 조각가 밑에서 도제 생활을 했다. 열여섯 살이 채 되기도 전, 루소는 제네바에서 도망 나와 칼뱅주의에서 가톨릭으로 개종했던 바랑 남작 부인의 품에 안기게 된다. 그녀는 루소의 개종을 위해 그를 트리노(1754년 루소는 제네바 칼뱅주의로 되돌아옴)로, 성직자 세미나로, 그리고 아느시 대성당 합창단으로 보냈다. 그리고 루소가 스무 살이 되었을 때는 그를 그녀의 침대로 불러들였다. 바랑 남작 부인은 루소가 사랑했고 존경했던 '엄마'였다. 그녀의 곁에서 루소는 하인, 가정교사, 통역사, 음악가로서 다양한 경험을 쌓게 된다.

엄마(바랑 남작 부인)와 5년 동안 행복한 시간을 보냈으나 그녀에게 또 다른 애인이 생기면서 그녀의 곁을 뺏기게 된다. 그렇지만 그녀의 곁에 한동안 계속해서 머물렀다. 그사이 오페라 비극 작품을 구상했으며 악보를 숫자로 표기하는 방법을 고안하여 1742년 파리 과학 아카데미에서 발표했다. 디드로와의 우정이 바로 이때 시작됐다. 이로 인해 루소의 삶은 달라졌고 그의 문학적인 삶은 더욱 자극받고 독려되었다. 그러나 살롱에서 만나 백과사전까지 함께 집필했던 철학자들, 그리고 심지어 디드로와도 훗날 멀어지게 되면서 그의 문학 생활에는 큰 폐해가 입혀졌다. 그래도 루소는 또 다른 오페라 작품을 구상해냈다. 대사관 비서로 베네치아로 가게 됐으나 나태한 대사관과의 불화로 인해 파리로 되돌아왔다. 1745년, 파리의 한 여관에서 루소는 스물세 살의 하녀 테레즈 르바쇠르를 만나게 됐고 그녀와 한평생 함께하게 된다. 둘 사이에는 다섯 명의 아이들이 있었는데, 이들은 모두 보육원으로 보내졌다. 처음엔 아주 친한 친구들만 이 사실을 알고 있었다. 그러나 이후 루소의 적수들이 이를 알게 되면서 1764년 말 볼테르에 의해 끝내 폭로되었다.

루소에게 소생의 기회가 찾아왔던 건 루소가 어느 귀족의 비서로 일할 때였다. 이때 디드로와 달랑베르와의 우정은 더없이 깊었고 출간 준비 중인 백과사전을 위해 루소는 악보 작업을 맡아보고 있었다. 디드로가 쓴 글이 문제가 되어 그가 파리 뱅센 타워에 갇히게 됐다. 구금된 그를 만나러 가던 도중, 루소는 학문과 예술이 인간 풍습 순화에 이바지했는가에 관한 디종 아카데미의 현상 논제를 우연히 보게 되었다. 루소는 그렇지 않다고 생각했다.

이에 대한 열띤 반박 논문으로 루소는 1등을 차지하게 되었다. 이때부터 루소에게는 작가로서의 명성과 철학가로서의 박해가 시작됐다. 이에 관해 루소는 거듭 계속해서 불평불만을 늘어놓았다. 비록 본 일화에 관해서는 이후에도 엄청 열정적으로 반복해서 이야기하곤 했지만 말이다. 1750년 수상작 출간에서부터 1762년 『사회계약설』과 『에밀』을 발표할 때까지, 루소는 그 12년 동안 또 다른 오페라 극 작품(루이 15세 앞에서 초연), 연극 작품(프랑스 극장에서 공연), 음악에 관한 편지들, 불평등에 관한 논문, 그리고 서간체 소설 『신 엘로이스』를 출간했다. 『신 엘로이스』로 루소는 유럽 전역에서 요즘 우리 표현으로 하자면 이른바 '베스트셀러 작가'가 되었다.

『사회계약설』과 『에밀』이 출간되고 금서가 되면서 박해의 시간이 시작됐다. 이 때문에 루소는 여러 힘 있는 후원자들의 보호를 받으며 이곳저곳 계속 피신해 다녔고 주변인들에게 끊임없는 의심을 받았다. 이러한 생활은 1778년 5월 지라르댕 후작의 에름농빌 대농장에서 몇 주간 휴식을 취할 때까지 계속됐다. 7월 2일, 루소는 숨을 거뒀다. 그의 시신은 구츠파크의 어느 섬에 묻히게 됐고 1794년에 개관되어 파리 팡테옹으로 옮겨졌다.

　루소의 가장 충격적인 도피이자 가장 충격적으로 실패했던 도피는 데이비드 흄의 초대로 이루어진 영국행이었다. 1766년 1월부터 1767년 5월까지 이어졌던 본 도주 행위는 실패로 돌아갔다. 용기와 눈물, 무고와 비방, 문서와 답변들과 함께 공개적으로 실패로 판명된 도피행위였다.

　루소는 문학적 자기 심판(노트르담 성당의 한 제단에 루소가 보관해두려고 했었던 것으로 보이는 『루소, 장 자크를 심판하다』), 문학적 자기 고백(이 세상 마지막 날, 신의 심판을 스스로 받겠다고 고백했던 『고백록』), 그리고 문학적 꿈들(마지막 산책 때는 1761년에 죽은 엄마(바랑 남작 부인)에게로 되돌아갔던 『고독한 산책자의 몽상』)로 남은 여정을 보냈다.

Sätze, die die Welt verändern

제6장

"'보이지 않는 손'은
얼핏 언급했을 뿐"

애덤 스미스

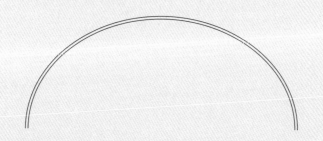

"자신의 생산품이
최대 가치를 갖도록
그 산업을 이끌어나가는 것은
오로지
본인 이득을 위해서다.
이 경우 그는
'보이지 않는 손'에 이끌려
전혀 의도하지 않던
목적을 추구하게 된다."

— 『국부론』

토머스 홉스의 리바이어던처럼 애덤 스미스의 '보이지 않는 손' 역시 엄청난 파장을 일으킨 비유적 표현이다. 그러나 거대한 괴물 물고기는 홉스가 직접 상징적으로 사용하여 생각의 바닷속으로 깊이 집어넣었다면, '보이지 않는 손'은 스미스가 그저 부수적으로 언급했으나 (어쩌면 바로 그 때문에) 거듭 계속해서 퍼져나갔다는 차이가 있다. 스미스의 독일 전기작가 게르하르트 슈트레밍거의 글에서처럼 "시장의 보이지 않는 손을 뒷받침해주는 일"이 언제 꼭 필요한지를 고심하기도 했다. 은유적 표현들은 이처럼 돌고 돌면서 점차 본래의 맥락에서 벗어나게 된다.

　이 표현은 각각 1,000페이지에 달하는 스미스의 두 대표작에서 딱 한 번씩 나온다. 『국부론』 구절은 이 장의 격언 부분에 인용되었고, 『도덕 감정론』 구절은 다음과 같다. "그들의 천성적인 이기심과 탐욕에도 [⋯] 그들(부유한 농장 소유주들)은 그들의 농장에서 얻어 들인 모든 개량의 성과들을 가난한 사람들과 나누어 가진다. 그들은 보이지 않는 손에 이끌려서 토지가 주민들 모두에게 똑같이 나누어졌을 때 있을 수 있는 것 같은 생활필수품 균등 분배를 거의 실현해낸다. 그리하여 무의식중에, 부지불각不知不覺에, 사회 이익을 증진하고 인류 번식 수단을 제공하게 된다."

굶주린 사람들은 더는 일할 수 없고, 일하지 않는 사람들은 더는 착취해댈 수 없기에 '보이지 않는 손'은 궁극적으로 사람들이 굶주리지 않게 도와준다. 그러면서 토지 균등 분배 때와 거의 비슷하게 생활필수품 분배가 이루어질 거라고 스미스는 주장했다. 보통 그의 담론들은 경험주의로 넘쳐났기에, 이는 경험을 기반으로 하지 않은 그의 독특한 주장으로 손꼽힌다. 스미스 시대 때 스코틀랜드에서는 수많은 소작농이 그들의 '경작지'에서 쫓겨났다. 어떤 때는 심복들이 잔인하게 주먹을 휘둘러댈 때도 있었다. 심지어 지방 귀족들의 영토에서 일하는 빈털터리 하인과 여종으로 전락하기도 했다. 스미스 추종자, 데이비드 뷰캐넌은 1814년에 새롭게 발행한 『국부론』에서 다음과 같이 논평했다. "스코틀랜드의 거대한 도둑들은 잡초들을 뿌리째 뽑아내듯 가문들을 몰수시켰다."

경험을 기반으로 하지 않은 또 다른 주장의 예시는 『도덕 감정론』의 거지 관련 구절이다. "몸의 편안함과 마음의 평화라는 관점에서 볼 때 모든 계층의 행복 수준은 거의 같다. 길가에 앉아 햇볕을 쬐는 거지는 왕들이 싸워 얻으려는 안전함과 평화를 누리고 있다." 철학자 디오게네스가 한날 자기 앞에 서 있는 알렉산더 대왕에게 가능한 한 햇빛을 가리지 말아 달라고 부탁했다는 심히 믿기 힘든 일화들처럼 스코틀랜드 거지들도 쓰레기통 위에 행복하게 누워 있었기라도 했던 것처럼 말이다.

『국부론』의 제빵업자 구절도 있다. 이는 평범한 삶을 살아가는 평범한 사람들은 저들의 평범한 이익을 추구해나간다는 인류

공통의 평범한 관점을 제시하고자 할 때마다 여전히 계속해서 지겹도록 인용되는 구절이다. "우리가 저녁 식사를 기대할 수 있는 것은 정육업자, 양조업자, 제빵업자들의 자비심 때문이 아니라 그들의 개인 이익 추구 때문이다. 우리는 그들의 인류애가 아닌 그들의 자기애에 호소하며, 우리의 필요가 아닌 그들의 이익에 대해 말하는 것이다." 산업화 이전 시대의 수공업자가 운영하는 빵집과 농경 사회에 관한 구절들이 후기 산업사회의 시장 합리성을 설명하는 경제 서적들에서 계속 써 먹히고 있다는 게 참으로 기묘하지 않은가?

그런데 이 구절에 의하자면 사회적 행동은 경제적 행동을, 합리성은 합목적성을, 그리고 이익 추구는 단기 평가를 뜻하게 된다. 또한 제빵업자는 '우리의 필요'에 엄청나게 신경 쓰고 있다. 그렇지 않으면 빵 공장에서 포장 봉지들에 "사랑으로 구운 빵"이란 거짓 광고 문구를 찍어내진 않았을 것이다. 그리고 거주하는 지역에 이 빵집이 계속해서 유지되고 가맹점 빵집으로 바뀔 필요가 없는 상황이라면, 혹은 이를 '인도주의적' 행위는 아닐지라도 제빵업자의 생태학적 활동으로서 높이 평가해야 한다는 것을 고객들이 안다면 빵을 사는 데 기꺼이 줄 서서 기다릴 뿐만 아니라 돈도 더 낼 준비가 되어 있다는 소리가 된다. 좀 더 보편적으로 막스 베버의 표현을 빌려 이야기하자면, "외관상의 '경제적' 측면이 오로지 '경제적으로 조건화'되거나 오로지 '경제적으로 효과적'인 것은 결단코 아니다."

팬케이크와 관련된 사안이라면 시장의 평화가 고객들의 기쁨을 죄다 망쳐버릴 수도 있다. 그런 일이 뉘른베르크에서 1795년 부활주간 때 발생했다. 곡물값이 오르자 제빵업자들이 빵값을 올렸다. 그렇게 되자 사람들은 시 외곽의 빵들을 시내로 들여왔다. 뉘른베르크 제빵업자가 제빵 우선권과 판매 독점권을 가지고 있을지언정 아무런 소용이 없었다. 그땐 불법행위였으나 지금의 관점으로 보자면 시장 주도적 '수입' 행위에 항거하고자 제빵업자들은 부활절 무료 팬케이크를 굽지 않았다. 그 당시 부활절 때는 제빵업자들이 무료로 팬케이크를 구워 사람들에게 나눠주던 전통이 있었다. 그러자 약탈을 일삼던 폭도들이 빵집으로 쳐들어왔고, 제빵업자들은 목숨을 부지하기 위해 팬케이크 다시금 나눠줄 수밖에 없었다.

'시장거래'와 물물교환에서 오로지 합리적으로만 이루어지는 행위라는 것은 없다. 공급자와 수요자, 쌍방으로 이루어지는 거래 및 교환 관계에서는 정서적 측면이 함께 관련되기 때문이다. 하지만 동화, 행복한 한스처럼 매번 그렇게 감정적으로, 비합리적으로 이루어지는 건 아니다. 동화 속 주인공 한스는 그때그때 기분에 따라 다르게 행동한다. 7년 동안 일한 값으로 받은 금덩어리를 처음엔 말 한 마리로, 그다음엔 소 한 마리, 그다음엔 거위, 그리고 마지막엔 숫돌로 계속해서 손해를 봐가며 교환한다. 숫돌도 (다행히) 우물에 빠뜨려버렸다. "그는 모든 부담에서 벗어나 가벼운 마음으로 어머니가 계신 집까지 뛰어갔다." 동화에서는 나오지 않지만, 한스의 어머니는 분명 그를 호되게 꾸짖었을 것이다.

스미스도 거듭 반복해서 제 어머니에게로 되돌아갔지만, 한스처럼 그렇게 어리숙하지는 않았다. 그리고 '순수 이론' 내용과는 달리 실생활에서는 경제적 활동의 정서적이고 상징적인 측면을 간과하지 않았다. 한 예로, 스미스는 글래스고대학교 재학 시절, 스코틀랜드 학생들의 오트밀 구매를 위해 온갖 노력을 다했다. 그들 가운데 형편이 여의치 않은 이들은 대부분 고원지대 출신으로, 학기 때 필요한 곡물가루는 부과금을 내지 않고도 도시로 들여올 수 있었다. 그런데 1757년, 성문들에서 부과금을 강요하자 스미스는 자유 시장 및 반입 목적이 아닌 사회적 고려 및 정서적 배려 차원에서 환급 처리를 시도했다.

인간의 행동은 기계처럼 예측하거나 통제할 수 없다. 그런데도 스미스는 뉴턴이 인간의 신체적 움직임을 물리학에서 합법적으로 기술해냈던 것처럼 『국부론』에서는 인간의 경제적 행동을, 『도덕감정론』에서는 인간의 도덕적 행동을 합법적으로 기술해내고자 엄청나게 애썼다. 스미스에게는 '용서할 만'하고 그를 비방하던 자들에게는 어처구니없던, 바로 이 기계론적 환원법 속에 스미스가 스코틀랜드뿐만 아니라 프랑스 및 독일 계몽주의와도 구분했던 '체계'의 근본적인 오류가 들어 있다. 『도덕감정론』에서 그는 이렇게 말했다. "인간 사회는 우리가 이를 확실하게 추상적이고 철학적인 관점으로 바라본다면, 규칙적이고 조화로운 움직임으로 엄청나게 많은 긍정적 효과를 가져오는 커다랗고 거대한 기계처럼 보인다."

『자본론』에서 마르크스는 여러 개개인의 이기주의적 행동들이 결과적으로 모두를 위한 긍정적인 결과를 초래할 것이란 자유주의의 중심사상을 라이프니츠의 철학적이면서 조화로운 기본관념들 및 일반적인 섭리들과 엮어대며 신랄하게 비꼬았다. 상품 소유자들에게는 "그저 자기 자신이 중요하다. 모두를 모아 어떤 행동을 하게끔 만드는 유일한 힘은 그들의 이익, 그들의 특별 이득, 개인 이득의 힘이다. 모두 그저 자기 자신만 돌보며 아무도 다른 사람을 신경 쓰지 않기에, 확실한 조화 또는 엄청 교활한 예측 전망에 따라 그들 상호 간의 이득, 공익, 전체 이익을 위한 일만 행한다."

이 모든 건 오래전부터 널리 퍼져 있던 '헛소리'였다.

- 1762년에 발간된 루소의 『에밀』을 보면, "누구나 자기 이익을 위해 공동선을 추구한다."
- 1714년 출간될 때부터 "개인의 악덕, 사회의 이익"이란 자극적인 부제를 단 맨더빌의 『꿀벌의 우화』를 보면, 귀족들의 낭비와 사치는 이 호사로움을 위해 일하고 그로 연명해나가는 이들에게도 좋다. 그러나 놀라우리만큼 경멸적인 솔직함을 내보인 맨더빌은 사회적 행동을 경제적 행동으로 축소하지 않았고 시장 이면에 놓인 권력 문제에 관해서도 언제나 잘 인식하고 있었다. 예를 들어, 가난한 자들은 학교에 가지 않고 일해야 한다. 그렇지 않으면 그들은 너무 똑똑해

지고, "하인이 자신이 바보 시중을 들고 있다는 걸 깨달을 만큼 똑똑해지면 제 주인을 더는 진심으로 존경하지 않을 수 있다". "어떤 피조물도 제 동족들에게 기꺼이 복종하지 않는다. 말이 인간만큼 그렇게 많이 이해한다면, 나는 그 말을 타고 싶지 않다."

• 한편, 몽테스키외는 선한 전체적 결과를 위해 각 개개인의 명예를 고수했다. 어쨌건 군주정에서는 그랬다. "명예는 국가를 구성하는 부분들을 모두 움직이게 하며, 이를 향한 갈망으로 서로를 결합해낸다. 그렇게 사람들은 각자 자신의 개인적인 이득을 추구한다고 믿음으로써 보편적인 행복을 모두 추구하게 된다."

• 『세계 시민적 관점에서 본 보편사의 이념』에서 칸트는 "인류사는 자연이 제 모든 능력을 인류 속에 완전하게 발달시킬 수 있는 유일무이한 상태보다는 완벽한 형법을 성취해내는 것"을 그 목표로 한, "엄연히 자연의 숨겨진 계획의 실행"이라 보았다.

• 헤르더의 『인간 역사철학 개론』을 보면, "개개인은 자기 자신에게 불완전할 수 있기에 한 사회와 함께 함께 작용하는 힘의 최대치를 끌어낸다. 엄청난 혼란 속에서는 자연의 확실한 법칙들에 따라 불리한 원칙들은 서로서로 억제되고 일종의 평등과 움직임의 조화가 이루어질 때까지 서로 계속해서 대립한다."

• 헤겔에 따르면 '변증법'은 모든 걸 잘 되게 한다. "노동과 욕구 만족 간의 예속성과 상호성에서 주관적인 이기심은 다른 이들의 욕구들을 만족시키는 데 기여한다. 변증법적 행위로써 보편적인 걸 통해 특별한 것을 제공하면서, 모두가 자기 자신을 위해 벌어들이고 생산하고 즐김으로써, 결국엔 나머지 다른 사람들의 행복을 위해서도 생산하고 벌어들이게 된다."

결국엔 헤겔의 '이성의 간지'로 연결되는 생각의 계보를 에른스트 블로흐는 다음과 같이 설명했다. "이성의 간지란 용어는 홉스의 사회학 속에, 그리고 무엇보다 맨더빌의 『꿀벌의 우화』에 암시적으로 들어가 있다. 여기서 맨더빌은 이기적이고 사악하기까지 한 정념들의 톱니바퀴 속에 평형 상태가 형성되고 자본주의 사회의 축복들은 찾아볼 수 없다고 말한다. 거의 풍자에 가까운 맨더빌식 병합들은 애덤 스미스의 경제학[…]에 연구 기반을 마련해주었다. 이기적인 제도와 전체적인 진행 과정이 제한적이긴 하나 독특하게 조화를 이루는 듯해 보였다."

그렇지만 경제학자들은 애덤 스미스의 생각을 제대로 이해하지 못했다. 앨버트 허시먼은 얇지만 엄청난 파장을 일으켰던 『정념과 이해관계』에서 다음과 같이 말했다. "아주 비슷한 생각들을 맨더빌과 다른 이들은 역설적으로 표현했지만 애덤 스미스는 이러한 형태는 피하며 논박하고자 굉장히 신중하게 주의를 기울였다. 그런데도 그의 글은 심오한 지적담론들을 아주 많이 만들어냈고 경제학자들은 이들을 해석 및 해결해보고자 여러 세대에 걸쳐 고군분투했다." 노벨 경제학자, 아마르티아 센은 "애덤 스미스의 해석은 예나 지금이나 진정한 전쟁터"라고 말했다.

『국부론』에서 말하는 이익의 우위성과 『도덕감정론』에서 말하는 인간의 선천적 공감 능력에 관한 생각이 부합하는지 아닌지, 또 『국부론』의 '보이지 않는 손'과 『도덕감정론』 속 사익 없이 판단하는 '중립적 구경꾼들'이 서로 어떻게 연결될 수 있는지는 지금까지도 학계에서 여전히 논쟁 중이다. 흔히 '애덤 스미스 문제'로 불리는 이 사안은 미해결 상태로 남을 수밖에 없다. 해석해내려는 이들이 어떤 식으로든 시도해볼 수 있는, 그런 명확하게 불명확한 문제이기에 이는 여러 세대를 걸쳐 계속해서 이어질 수밖에 없다.

여기서 카를 마르크스는 해결책 하나를 제시했는데, 이는 사익 그 자체를 사회적으로 암호화된 이득으로 이해하는 것으로 훗날 프로이트가 '제왕 자아Ego가 '제집의 주인'이 아니라 원초아Id와 초자아Super-ego에 종속되어 있음을 증명해냈던 것과 아주 비슷했다. 마르크스는 『정치경제학 비판』에 이렇게 기록했다. "경제학자들은 이렇게 표현한다. 모든 사람은 사익, 그저 자신의 개인적인 이득만을 좇으며, 이를 바라지도, 알지도 못한 채 모든 사람의 사익을, 보편적인 이득을 추구하게 된다. 재밌는 건 모두가 자신의 사익을 좇음으로써 사익의 전체, 그러니까 보편적인 이득을 취할 수 있다는 게 아니다. 오히려 이 함축적인 구절에서 모두가 타인의 이득 추구를 서로서로 막아댄다는 사실을 추론해낼 수 있으며, 보편적인 긍정 대신 오히려홉스의 만인에 대한 만인의 투쟁'에서 비롯된 보편적 부정을 도출해낼 수 있다. 핵심은 사익은 사회적으로 특정된 이득이며, 이는 사회가 결정해놓은 조건들 속에서 사회가 제시한 수단들로만 획득해낼 수 있다는 것, 즉, 이러한 조건들과 수단의 재현과 연결되어 있다는 사실이다. [...] 서로 상관없는 개개인들의 상호적이고 전반적인 의존성으로 사회적 맥락이 만들어진다."

스미스가 다뤘던 '사회적 맥락'은 봉건주의 특권 사회였다. 스미스는 그런 사회에 반대하며 항변했던 것이지, 그 당시 처음으로 산업 생산 및 자본주의 금융체계로 발전해나가기 시작했던 시민주의 법치국가를 반대했던 것은 결단코 아니었다. 국가 법칙들이 안정성과 예측 가능성을 보장해주고 모든 이에게 도움이 되는 한, 군주제 하 중상주의를 거부했던 그의 행동에서 모든 국가 법칙들에 대한 거부 행위를 도출해낼 수는 없다.

예시적으로 스미스는 이득에 따라 달라지는 아마포 상인들의 이중성을 설명했다. 그들은 제 상품들을 위해 국가에서는 수출장려금과 수입 관세를 바라지만, 방적 사업에서는 가난한 방적공들에게 수입에 따른 가격압박을 주고자 자유 무역을 요구한다. "중상주의 체계는 우선으로 돈 많고 힘 있는 자들에게 유익한 산업들만 장려할 것이다. 반면 가난한 자들과 빈곤한 자들에게 이득인 산업들은 자주 경시되거나 압박당한다." 이러한 형태는 곳곳에서 계속해서 나타난다. 조세와 관세와 관련될 때는 특히 더하다. 이득 여부에 따라 이들은 '자유 경제'에 대한 걸림돌로써 국가에 의해 차단되기도 하지만 '자유 경제' 진흥을 위해 국가에 의해 장려되기도 한다. 독일 비스마르크 시대 때는 이 둘을 모두 요구하던 경우들도 있었다. 다량의 상품을 동시다발적으로 관리하던 철강왕들은 곡물에 대한 수입 관세는 요구했던 반면 제련소들에 대한 규제들은 반대했다. 그렇지만 농업과 상관없던 기업들은 수입을 통해 곡물값이 하락해야 임금 하락도 쉬웠기에 곡물 수입에 대한 관세 철회를 요구했다.

시장은 이득을 위해 싸워대는 전쟁터로, 경제적 계산 및 정치적 힘에 좌지우지된다. 스미스가 보기에 시장은 그 자체가 목적이 아니라, 이처럼 다양한 이득들을 조율해내고 개인 이기주의자들에 의한 전체 이득 장악을 방지하거나 최소한 완화하는 수단이었다. 그렇기에 스미스는 무역 및 거래법들을 불신했다. 왜냐하면 이들은 "일반적으로 대중을 속이고 심지어 억누르는 데 관심이 있는, 공공의 이득과는 전혀 안 맞는 지위"에서 비롯되기 때문이었다. '이해 조정'이라 부를 수 있는 것은 국가가 아닌 오직 시장을 통해서만 가능하다. "국내 상업 활동들 가운데 어떤 업종들을 자기 자본으로 꾸려나갈 수 있고 어떤 분야에서 상품의 최대 가치를 확실하게 보장할 수 있는지는, 어떤 정치나 입법자보다 각 개개인이 자신의 상황에 맞춰 훨씬 더 명확하게 판단해낸다."

어느 글래스고 모임에서 있던 강연 중 스미스는 이를 확실히 좀 더 강하게 표현했고, 향후의 '신자유주의자들'은 이를 예나 지금이나 흔쾌히 인용해오고 있다. "한 국가를 최하의 야만적인 상태에서 최상의 부로 이끌려면, 평화, 적당한 조세, 관용적인 정의 집행 이외에는 거의 아무것도 필요하지 않다." 즉, 전통적인 법적 특권 같은 건 상관없다. "다른 것들은 다 자연스럽게 따라올 것이다."

그렇지만 '특별한 상황에 놓여 있는 각 개개인'에게 특별하게 (그것도 국가 차원에서) 반응해주는 건 의미 있을 수 있다. 스미스는 요즘의 SUV 차량에 대한 특별 부가세에 찬성했을 것이다. 무임승차 자유주의자들에게 비난은 받았겠지만 말이다. 어쨌건 그는 그 당시 고급 자동차들에 대한 특별과세를 제안했다. "운송수단의 중요성에 따라 고급 자동차, 마차, 역마차 등에 대한 교통비를 짐수레, 짐차 등과 같이 꼭 필요한 운송수단들보다 좀 더 높게 책정한다면, 전국을 돌아다니는 중량물 운송수단 비용이 부유한 자들의 무심함과 허영심 덕분에 감소하면서 가난한 자들의 부담이 아주 손쉽게 줄어들게 된다."

이와 같은 구절들은 20세기의 위대한 자유주의 사상가 프리드리히 하이에크가 옳았음을 증명해준다. '자유 방임'은 "프랑스 합리주의적 전통의 일부이며 영국 고전적 경제학자들 가운데 그 누구도 이를 언어적 의미에서 주장했던 자는 없었다"라고 표현처럼 그는 스미스의 생각이 자유 방임주의 의미에서 과대 해석되고 과소평가되는 것을 막고자 했다. 이들의 "주장들은 합리주의적 자유 방임 원칙의 논리적 결과로써 국가에 반대하거나 무정부주의적이었던 적은 단 한 번도 없었다. 오히려 국가의 올바른 기능들과 국가 활동의 한계들을 이야기하는 주장들이었다." 이러한 하이에크의 충고로도 시장에 관한 스미스의 생각이 사고 시장의 '보이지 않는 손'에 의해 반국가적으로 치닫는 것을 막아낼 수는 없었다.이는 밀턴 프리드먼과 '시카고 보이'가 엄청나게 효과적이었던 경제이론 통합을 만들어내고 로널드 레이건과 마거릿 대처가 정치적으로 최고의 성과를 낼 때까지 계속됐다.

사실 주장으로는 규제 관념에 가깝고 (단 한 번도 존재한 적 없었던) 루소의 '자연상태' 방식에서는 조건법적 가정에 가까운 '자유 시장의 존재'는 (경제적인 것 말고도) 여느 모든 자유의 기본 전제조건으로 승격되었다. 스미스의 두 주요 작품에 딱 두 번 은근슬쩍 등장했던 '보이지 않는 손'은 한낱 영원무궁한 섭리의 손에 의해 이 세상에 최고로 좋은 것들이 마련됐던 것처럼 개인적 이기주의에서 전체를 위한 최고치를 끌어내는 활동력으로써 거듭 계속해서 미화되어갔다.

이러한 제어 효과에 대한 현대 경제학적 주문 용어는 '할당'이다. 가장 효과적인 매개체는 돈이다. 공급과 수요를 통해 확정되고 돈으로 표현되는 시장 가격은 '자연적인 균등'을 가져온다. 물론 엄밀하게 따져본다면 끊임없이 문화적으로 암호화되는 인간 행위를 '자연스러움'으로 귀결시킬 수 있는지는 의문이긴 하다. 어쩌면 스미스가 거듭 반복해서 강조했던 '자연스러움'은 사랑하는 신이 제 창조물들 일에는 관여하지 말아야 하나 경제 분야에서도 드러내 보인 조화로움의 창조 표식 같은 것인지도 모르겠다.

요즘엔 '자연스러움'보다는 '평등함'이 확실히 좀 더 효과저이다. 스미스는 이것이 시장을 통해 시장에서, 언젠가는 (때로는 아주 먼 그 언젠가에) 형성된다고 보았다. 그런데 하이에크의 맞수이자 현대 경제학자들 가운데 스미스의 최대 적수이기도 했던 존 케인스의 말처럼 '언젠가는 우리 모두 죽는다.'

스미스의 동시대인 아베 갈리아니 역시 1751년 돈에 관한 글에서 (다소 특이한 예시와 함께) 평등 관념을 옹호했다. "한번 가정해보자, 이슬람 종교와 관습을 갖춘 어떤 나라가 있는데 이곳 신앙 및 실생활 속에는 그리스도교가 내재돼 있다. 이슬람교도들에게는 포도주를 마시는 일이 금지되었기에 그곳에서는 포도나무를 찾아보기 힘들다[…]. 그런데 공급량이 빠듯해지면서 포도줏값이 한순간 오른다. 그러자 상인들은 다른 곳에서 포도주를 대량으로 수입하기 시작한다. 이 엄청나게 큰 사업에 다들 참여하고 싶어 사람들은 머지않아 엄청나게 많은 포도나무를 새로 심고 엄청나게 많은 포도주를 생산해낸다. 모두가 가능한 한 부자가 되고 싶어 하지만, 마지막엔 각자에게 적합한 할당량만 받게 될 것이다[…]. 이렇게 모든 것은 내적 자연 법칙성에 의거, 언제나 평등 상태를 유지한다."

갈리아니가 포도나무 예시와 함께 아주 매력적으로 설명하고자 한 바를 경제학에서는 '돼지 사이클'이라 부른다. 이는 1927년 농경제학자인 아르투어 하나우의 연구에서 나온 말이다. 돼지고기 판매에서 공급량과 시장 가격 간의 관계를 분석한 결과, 이는 정적인 관계가 아닌 역동적인 관계임을 밝혀냈다. 즉, 불충분한 공급량 단계와 초과 생산량 단계가 주기적으로 돌아가는 주기를 보여주고 있었다. 한편, 스미스처럼 경제 과정의 자연 법칙성에 더한 관심을 보였던 갈리아니는 시장 내 움직임들을 병에 담긴 물의 물리적 움직임과 비교했다. 병이 세차게 흔들린 다음에도 수면은 다시금 점차 평평하게 똑같아진다는 것이다. 하지만 실제 경제생활에서는 병은 끊임없이 흔들려대고, 물은 회오리 상태에 머무르며 위기 상황은 끝나지 않는다.

평등 문제에 관한 (자칭) 해결책은 '보이지 않는 손'의 완전 성공적인 경제학적 '러닝 개그running gag' 이면에 숨겨진 비밀일 것이다. 보이지 않는 손의 효과는 혼란스러운 상황 속에 질서가 형성되는 방법, 개개인의 이기주의에서 공동선이 도출되는 방법을 보여주는 듯하다. 이때 스미스도 매번 만족했던 것 아닌 듯하다. 『국부론』의 첫 두 권만 해도 이기적인 행동으로 초래된 부정적 결과의 사례가 60가지나 포함돼 있다.

언젠가 우리 모두 죽는다는 사실을 떠나서도 평등체계로써 시장을 설명하는 데 시간이란 요인은 간과되기 쉬웠다. 그것도 그토록 일상적이면서도 명확한 의미에서 말이다. 장기적으로 보자면 타인으로부터 노동을 사들이는 (즉 '주는' 게 아니라 받는) 이들과 다른 사람들에게 노동을 판매하는 (즉 '받는' 게 아니라 주는) 이들은 어느 정도 비등할 수 있다. 이것 역시 산업화 시대 때는 조합 및 파업 금지로 저지되긴 했다. 그런데 일반적인 노동 시장의 경우, 노동력을 제공하는 자들은 그들의 잠재적인 구매자들에게 사회적으로 뿐만 아니라 생물학적으로도 압도되어 있다. 굶어 죽어가는 일용노동직에 협상 시간 따위는 없다. 돈을 벌기 위해 닥치는 대로 일한다. 그렇지 않으면 도둑질을 해야 한다.

초창기에는 자본주의적 생산품들에 적합한 환경들을 마련해주고 시장 관계자들에게는 동등한 기회는 매번 만들어주지 못해도 합법적 신뢰성만큼은 보장해주었던 시민주의 민족국가는 그간 입법자의 위치에서 경쟁자가 되었고, 시장 경쟁은 국제적으로 바뀌었다. 민족국가들은 법률가들이 '법의 선택'이라 명명하는 것들, 다시 말해 생산지와 판매처와는 무관하게 그들에게 가장 적합한 합법적 장소를 선택할 수 있는 '세계적 기업'의 주요 본거지들을 차지하기 위해 다양한 관세법들을 포함한 많은 것과 싸워나간다. 이는 국가적으로 다양한 법률 제공자들 사이의 선택 가능성으로, 경제 규제에 대한 질책과 더불어 모든 중앙 집권 행정 방식에 의구심을 일깨웠다. 밀턴 프리드먼 역시 중앙집권적 권한 부여에 대한 반대 이유를 이와 함께 언급했다. "정부가 힘을 발휘한다면, 주州보다는 군郡에서, 수도보다는 주에서 하는 게 더 낫다. […] 내가 사는 연방 국가가 하는 짓이 마음에 안 든다면, 다른 곳으로 이사하면 된다." 어떤 국가의 환경법, 노동법, 조세법이 '세계적 기업' 마음에 들지 않으면 본사를 다른 데로 옮기면 된다. 이러한 세계 환경 속에서 '평등'을 어떻게 정의할 수 있겠는가? 장·단기, 어떤 관점으로? 그리고 누가 이것을 정의하는가?

우연에 의한 게 아니라 정말로 '보이지 않는 손'에 의해 영향을 받는다고 가정한다면, 그렇게 도출된 결과가 '평등한 결과'이며 모두가 바라왔던 '평등한 결과'임을 어떤 관점에서 어떻게 모두에게 (아님, 스미스의 '공정한 관객들'에게) 설득력 있게 입증해낼 수 있는가? 보는 사람에 따라서는 (현재로서는) 달처럼 사람이 살 수 없는 지구도 안정적일 것이다.

이처럼 '좀 더 높은 차원의 체계 문제'는 '위험을 무릅써야'만 하는 사람들에게는 그들의 일상적인 생존 경쟁에서 전혀 중요하지 않았다. 애덤 스미스는 이를 명확하게 인지했고 분명하게 이야기하기도 했다. 그는 국부를 위한 경영 조건으로 노동 분업을 언급했고, 이와 동시에 이로 인해 신체적으로나 정신적으로 타격을 입을 사람들에 대해 안타까워했다. "노동 분업이 잘되면 잘될수록, 노동으로 먹고 살아가는 사람들 대부분, 즉 일반 대중이 할 일은 아주 간단한 작업[…] 몇 가지로 점점 더 한정된다." 그런데 "손쉬운 작업으로 한평생 살아왔던 사람들은 […] 제 생각들을 다잡을 기회가 없다." 그렇기에 "그런 훈련들을 받을 능력은 당연히 상실되고 결국엔 그저 한 인간에 불과할 정도로 무지하고 아둔해진다. […] 고국의 엄청나고 거대한 이득에 관해 이들은 어떤 판단을 내려야 할지 전혀 알지 못한다." 그러나 이는 "어느 시민사회에서든 정부가 이를 대비하고자 노력하지 않을 때 가난한 노동자들, 즉 대중들이 필연적으로 처할 수밖에 없는 상태다".

이는 국가 차원의 개입을 지지하는 신호였으며, 이는 온건한 시장경제학자들이 반박했던 애덤 스미스의 대담한 요구사항들 기운데 하나였음을 기억해둘 필요가 있다. 밀턴 프리드먼처럼 때에 따라 스미스와 인연을 맺었던 사람들일지라도 모두가 본문에 충실하게 해석했던 것은 아니었다. 또한, 오늘날 이 위대한 사상가의 보이지 않는 손에 악수를 청하는 사람이라고 해서 그의 책들에 담긴 내용을 모두가 신뢰적으로 구현해내는 것도 아니다. 사람들을 위해 사람들과 함께 최고로 잘 경영해나갈 방법에 관한 사안에 일반적인 정치적 견해들로 더한 해를 입히고 실질적 해결책들은 하나도 내놓지 못하는 이념적 혐오들은 거의 항상 (그리고 대부분 아주 재빠르게) 대체 시장이나 계획 속으로 파고 들어간다. '보이지 않는 손'에 의해 어떤 영역들은 되레 타격을 받는 동안, 어떤 영역들에서는 가장 미개한 시장이 그 어떤 최고의 계획들보다도 더 나은 결과를 가져다줄 수도 있다.

어차피 현실에서는 늘 혼합 문제다. 교과서에 기술된 기준들에 따라 시·공간적으로 완전히 투명한 경쟁을 벌이는 '자유 시장'은 단 한 번도 존재한 적이 없다. 애덤 스미스의 빵집 사례에서조차 마찬가지다. 하지만 '체계 문제'에 관한 한, 이에 관한 역사적 답변과 국가 역할들에 대해 끊임없이 던져지는 체계 질문을 혼동해서는 안 된다. 전 세계적 '자본주의 승리'에 대한 승리의 기쁨들은 프랜시스 후쿠야마가 시기상조 격으로 발표한 '역사의 종말'에서 감지해볼 수 있듯이 그간 다 날아가버렸다. 한편, 전 세계의 '체계와 관련된' 회사들이 '보이지 않는 손'이 아닌 '공적인 손'에 의해 붕괴 위험에서 '구조'되었던 재정 위기가 있기 전인 2000년, 경제저널리스트 라이너 항크는 이렇게 말했다. "애덤 스미스가 세기말에 찾아온다면, 그는 기뻐할 수밖에 없을 것이다" 왜냐하면 "보이지 않는 손이 이토록 자유롭고 유연했던 적은 없었기 때문이다. 어떠한 방해도 없이 모든 이의 부의 증대를 위해 전념할 수 있다. […] 기업들은 전 세계적으로 경쟁한다. 사회주의의 몰락으로 자본주의는 세계 구석구석까지 다 퍼져나갔다. 규제 완화로 인해 시장은 고전적 경제학자들 역시 오랫동안 쓸모없다고 보아왔던 영역들, 바로 전화, 철도, 전기 영역들로 그 힘을 넓혀나갔다. […] 소비자의 힘이 20세기 말만큼이나 강했던 적은 그간 없었다. 생산자들이 소비자들에게 이토록 끌려다녔던 적은 없었다."

소비자들이 시장 공급자들과의 관계 속에서 소위 유지하고 있는 이러한 '예속'에도 불구하고, 시장의 자유 및 해방 능력에 대한 확신은 꽤 줄어들었다. 한 예로, 2021년 말 무렵 독일의 한 라디오방송 프로그램에서는 이러한 문구가 나왔다. "2008년 세계 경제 위기 이후 신자유주의는 끝났다고 선언했습니다. 경제적 자유주의에 대한 보수주의자들조차도[…] 요즘에는 신자유주의라 불리고 싶어 하지 않습니다." 이름들은 바뀌었지만, 남겨진 바는 여전하다. 그리고 철학사에서 자주 그러하듯이 이 경우에도 남겨진 바를 받아들이는 건 선택적이다. 아마르티아 센의 말을 빌리자면, "그 당시의 (칸트 시대에도) 철학적 사고에 명백하게 많은 영향을 미쳤던 글래스고대학교의 윤리 철학 교수를 요즘 우리 시대의 윤리 철학자들이 너무 간과하고 있다는 사실에 무척 놀랍습니다."

애덤 스미스

Adam Smith

1723~1790년

애덤 스미스가 태어났을 때 그의 아버지는 이미 세상을 떠난 뒤였다. 그 역시 (줄곧) 허약 체질이었고 아홉 살이 된 다음에서야 비로소 자신의 고향이자 스코틀랜드 동해안의 항구 도시 커콜디에서 학교에 다니게 됐다. 그리고 열네 살 때 글래스고대학교에 입학했는데, 그 당시에는 이례적인 나이가 아니었다. 1751년부터 1764년까지 동대학교에서 교수로 역임했고 다양한 행정직도 도맡아 했었다. 습관적인 부주의에도 그의 뛰어난 이해관계 조정 능력 덕분에 행정 업무들을 성공적으로 처리해나갔다.

1740년부터 1746년까지 옥스퍼드의 굉장히 오래된 대학교에서 공부했었는데 훗날 스미스는 이 학교의 '교수진'에 관해 심한 악평을 남겼다. 그 시대의 산증인들에 따르면 이는 객관적으로 옳은 소리였을뿐더러, 애덤 스미스가 상류 가문 출신이긴 했지만 어쨌든 스코틀랜드인인 그가 우월의식에 젖은 영국 왕정 영어 대신 스코틀랜드식 영어를 영국에서 계속 사용했기에 특히 더 그렇게 내비쳐졌던 그의 거만함 때문만도 아니었다. 더욱이 1707년에는 비우호적 인수라 평가되는 스코틀랜드와 영국 연합, _{UK, United Kingdom}이 형성됐는데, 이에 영국인들은 대부분 뿌듯해했고 스코틀랜드인들은 대부분 안타까워했다. 브렉시트로 인해 다시금 불붙은 스코틀랜드 독립운동들은 그 시절 분쟁들에 그 뿌리를 두고 있다. 1745년, 스튜어트 왕가 자손이면서 여전히 영국 왕위를 요구했던 보니 프린스 찰리가 하일랜드 군대와 함께 스코틀랜드 수도 에든버러를 점령하고 영국으로까지 쳐들어갔을 때 상황은 더욱 악화됐다. 끝내 반란은 실패했고 에든버러는 안정을 되찾았다. 1740년대 말 무렵에는 스미스가 그곳에서 문학 강좌들을 열며 빛을 발했다.

이때 스미스와 흄과의 우정이 싹트기 시작했고, 그들의 우정은 1776년 흄이 사망할 때까지 계속됐다. 루소는 흄 덕분에 영국에 머무를 수 있었음에도 흄과 공개적인 논쟁을 벌였고, 스미스는 이때 흄의 편에 섰다. 그러나 '악인'과의 결투는 쓸데없다는 짓이라는 걸 친구 흄에게 충분히 설득시키지는 못했다.

흄은 무신론자로 알려져 있으며 아마도 그럴 것이다. 신을 믿지 않아도 더는 화형당하지 않았지만, 학술 경력에는 걸림돌이 될 수 있었다. 이와 관련하여 스미스는 신중한 편이었다. 심지어 흄이 집필했던 『자연 종교에 관한 대화』의 사후 발행을 꺼리기까지 했다. 그렇지만 결국엔 찬양 추도사를 작성하게 됐고, 이로 인해 스미스는 흄의 글을 출판하지 않으면서까지 피하고 싶어 했던 바로 그 불쾌한 일과 맞닥뜨리게 된다. 그렇다고 해도 스미스가 죽고 난 다음 그의 제자가 내뱉은 말은 분명 과했다. "그는 흄이 하는 말이라면 모두 믿었다. 달이 녹색 치즈라 흄이 말했다 하더라도 그는 믿었을 것이다."

1764년 초, 스미스는 두 명의 젊은이들이 프랑스를 여행하는 데 과외교사로 함께하고자 대학교를 그만두었다. 파리에 좀 더 오랫동안 머무르면서 그는 그곳 사교계 모임에서 백과전서파를 만났다. 제네바에 잠깐 들렀을 때는 볼테르도 만났다. 1766년 10월, 피후견인 한 명의 갑작스러운 죽음으로 여행은 끝이 났다. 런던에서 1년 반 정도 머무른 후, 스미스는 엄청난 식비를 챙겨서는 『국부론』 작업을 위해 어머니가 있는 커콜디 집으로 돌아와 6년간 머물렀다. 『도덕감정론』은 1759년에 이미 출간됐다. 런던에서 1773년부터 1776년까지 3년을 더 보낸 뒤에야 마침내 『국부론』을 발표할 수 있게 됐다.

2년 뒤 스미스는 에든버러 세관 책임자가 되었고, 그러면서 어머니와 사촌 동생과 함께 에든버러로 이사를 오게 된다. 해안 지역 최고위 밀수업자 사냥꾼으로서 그에게 주어진 자유 무역주의자 역할에 어떤 이들은 흥미를 가지기도 했지만, 다수는 그렇지 못했다. 애덤스는 밀수업자들을 심하게 괴롭히지 않고도 자신의 역할을 제대로 수행할 방법을 알고 있었기 때문이었다. 글래스고대학교에서 해냈던 행정 업무들처럼 이 시서 노 스미스는 실질적 사안들에서 그의 (이번에는 눈에 보이는) '손'을 제대로 증명해 보였던 듯하다. 어쨌건 스미스는 죽을 때까지 이 자리를 지켰다. 그의 말년은 1784년 어머니의 죽음으로 우울했고, 최후의 말년은 1788년 커콜디와 에든버러의 살림들을 도와줬던 사촌 동생의 죽음으로 암울했다.

Sätze, die die Welt verändern

Sätze, die die Welt verändern

제7장

"누구나 자신만의 기호와 선호가 있다.
그러나 취향에 관해서는
함부로 말하지 마라"

임마누엘 칸트

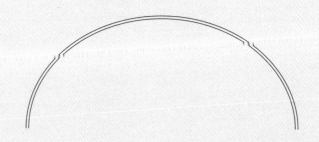

"취미의 첫 번째
공통원리는 취미가
없는 사람이 비난에서
자신을 보호하려고 했던
문장 속에 있다.
누구나 자신의
고유한 취미가 있다."

— 『판단력 비판』

일상 대화에서 "취향에 관해서는 논쟁할 수 없어"와 "취향에 관해서는 논쟁할 수밖에 없어"란 말은 거의 똑같은 의미다. 누구나 저마다의 취향, 취미가 있다는 거다. 또한 자신이 좋은 취향을 가지고 있다고 믿는 자들만 좋지 않은 취향이 무엇인지에 관해 동의한다. 그런데 그 누구도 취향이 없단 소리를 듣고 싶어 하지 않다. 이런 말은 무례한 행동을 비난하는 소리와 별반 다르지 않으며, 예술, 문화, 음식과 관련될 때는 가장 듣기 힘든 비난이다.

그런데 "혀 없는 요리사도 있다." 이는 칸트의 유품에서 발견한 여러 메모지 중 하나에 적혀 있던 말이다. 『인류학』에서 그는 "멋진 신사들의 화려한 진수성찬 때 들리는 연회 음악"을 "방탕함이 매번 만들어냈을 가장 무의미한 난센스"라고 설명했다.

칸트는 전형적인 귀족들 파티에 반대하며 "모임을 고무시킬" 그러니까 사람들을 즐겁게 해줄 "멋진 향연의 규칙들"을 마련했다. 이 법칙들은 "a) 모두의 흥미를 유발할 담화 소재 선택[…]. b) 쥐 죽은 듯이 조용한 침묵 […] 발생 금지. c) 불필요하게 대상을 변경하거나 한 소재에서 다른 소재로 건너뛰지 않기 […]. d) 자기 자신이든 사회 동료들이든 [원본에서는 다소 권위적으로 격자체로 인쇄됨] 독단적으로 대하지 않기[…]. e) 그런데도 피할 수 없는 심각한 논쟁 중에는 규율을 지키며 자기 자신과 감정을 신중하게 통제해냄으로써 언제나 상호 간의 존중과 호의를 명화하게 유지해나가기."

취미에 관해서는 논쟁과 다툼, 모두 금지되었다는 것을 법칙 d)과 e)에서 추론해볼 수 있다. 그러나 사후에 발견된 칸트의 또 다른 메모지에는 다음과 같이 적혀 있었다. "'취향은 논쟁할 수 없다'란 문장은, 이때 논쟁이 양측의 이성적 동기들에 의해 벌어진 것을 의미한다면 완전히 옳다. 하지만 그 어떤 유효한 규칙도 없고, 그렇기에 그 어떤 항변도 정당하지 않은 걸 의미한다면, 이 문장은 비사교성, 조악함 및 무지의 법칙이다."

격언에서 인용된 『판단력 비판』 56조보다 훨씬 앞선 부분 (7조)에서 더욱 명확하게 나온다. "한 사람은 관악기 소리를 좋아하고, 다른 한 사람은 현악기 소리를 좋아한다. 다른 사람들의 판단이 우리들의 판단과 다르다고 해서 […] 옳고 그름을 논쟁한다면, 그것은 어리석은 일일 것이다. 그러므로 쾌적한 것에 관해서는 누구나 자기 나름의 고유한 (감관의) 취미를 가지고 있다는 원칙이 타당하다.

아름다운 것에 관해서는 사정이 전혀 다르다. (정반대로) 자기의 취미를 자만하고 정당함을 밝히려고 생각하고, 나에게 있어서 아름답다고 주장하면 그것은 우스운 일일 것이다. 왜냐하면 그것이 단지 그에게만 만족을 주는 것이라면, 그는 그것을 아름답다고 불러서는 안 되기 때문이다." 무언가를 아름답다고 설명하는 그

순간, 그는 다른 사람들의 동의를 바라며 "다른 사람들이 다르게 판단하면 그들을 비난하고, 그들이 마땅히 가지고 있어야 할 취미를 가지지 못했다고 단정한다. 이럴 경우, 누구나 저만의 고유한 취미를 가지고 있다고 말하지 못한다. 이는 다음과 같은 의미다. 취미, 즉 만인의 동의를 정당하게 요구할 수 있는 미적 판단이란 건 없다."

어쩌면 정말 그럴지도 모른다. 아님, 오늘은 그렇고, 어제는 달랐으며, 내일은 또 다를 수도 있다. 그렇다면 "미적 판단 능력"이란 '무관심한 즐거움'과 취미를 정의하려던 칸트의 공허하면서도 시대 초월적인 노력은 그 자체로 역사적일뿐더러 구시대적이기도 하다. 쇼펜하우어의 반 동정적이고 반 비난적인 소견을 따르자면 "의미 있는 예술 작품을 볼 기회가 어쩌면 단 한 번도 없었을" 칸트가 소변기 앞에 서 있다고 상상해보자. 물론, 이 무미無味한 생각을 따라가보겠다면 말이다. 칸트 시대에는 소변기란 게 없었다. 소변기는 19세기 후반에서야 미국에서 처음 나왔다. 그러므로 칸트는 이걸로 뭘 시작해야 할지 전혀 알지 못할 것이다. 이게 제대로 설치된 건지, 아니면 잘못 놓여 있는 건지도 그는 알지 못할 것이다. 칸트는 다른 방향으로 놓아둔 소변기에 '샘'이란 제목을 붙이고 물받이 가장자리에 'R. Mutt'와 연도를 새겨 이를 예술 작품으로 해석하려는 시도를 미학적 도발로는 생각지도 못할 것이다.

마르셀 뒤샹의 작품으로 여겨지며* '레디메이드'라 이름 붙여진 이 작품을 칸트가 평가하기엔 그 상황에 대한 지식이 부족했을 것이다. 미학적 판단의 철학가 칸트가 적합하고 적격한 판단을 내리기엔 절대적으로 불가능한 상황인 것이다. 반면 오줌통을 '상스럽다'고 밀어댔던 뒤샹의 동시대인을 우리는 무지하다고 쉽게 혹평할 수도 없다. 다소 재미는 없었을지언정 그는 사람들을 자극하고 도발하겠다는 그 작품의 의도대로 반응했기에 그런 점에서는 적어도 미학적으로 반응했다. 하지만 요즘도 샘이란 작품에 흥분하는 사람이 있다면, 우리는 그 사람을 무식하거나 최소한 예술사적으로 무지한 사람이라 간주해야 할 것이다.

예술품 본작은 없어졌고, 이제는 사진만 남아 있다. 그런데 한번 상상해보자. 어느 다다이즘 전시회에 출품된 레디메이드의 모조품에 한 방문객이 소변을 누고는 자신은 행위예술가이기에 그런 행동을 했다고 말한다. 자, 이에 우리는 어떤 말을 할까? 칸트는 어떤 반응을 보일까? 아마도 그가 제일 잘할 수 있었던 걸 하지 않을까. 바로, 개념 정의. "복잡스러운 개념이건 명확한 개념이든 간에 개념의 힘은 오성이다. 그리고 감성적 판단으로서의 취미 판단에도 (모든 판단에서와 마찬가지로) 오성이 필요할지라도, 오성은 대상을 인식하는 능력이 아닌, 주관과 주관의 내적 감정과의 관계에 따라 이 (개념 없는) 표상을 결정하는 능력으로서 취미 판단에 필요한 것이다. 게다가 하나의 보편적 규칙에 따라 이 판단이 가

---

* 확실한 건 아니다. 엘자 폰 프라이탁-로링호벤이 원조라 불릴 때도 종종 있다.

능할 때라야만 한다.”

　칸트는 직접 경험해보고 깨닫기 전에 경험과 지식을 획득할 방법을 자신의 초월적 철학을 통해 납득시키고자 했다. 게다가 그는 이성 능력(『순수이성비판』에서의 진眞, 1781), 윤리적 지각 능력(『실천이성비판』에서의 선善, 1788), 그리고 미학적 판단 능력(『판단력 비판』에서의 미美, 1790)을 '비판적' 철학 체계 속으로 끌어들였다. 이때 마지막 비판이 다른 두 비판 사이의 다리 역할을 해주게 된다. 이에 개념 구성은 원칙적이라 말해도 좋을 만큼 엄격하게 이루어져야 했다. 쇼펜하우어는 “이 세 가지 인식력들” 그러니까 이성, 오성, 그리고 판단력으로 “다양한 대칭-구성적 놀이가 만들어지겠다”라며 비꼬아댔다. 쇼펜하우어는 규칙, 악의적으로 표현하자면 법칙 준수에 대한 칸트의 바람을 “다채로운 다양성을 정돈하고 그 규칙을 하위 규칙들 속에서 반복, 반복, 또 반복해내고자 화려한 다양성을 즐기는 대칭에 대한 희한한 희열”이라 평했다.

　데이비드 흄은 좀 더 쉽게, 그리고 풍미 있게 받아들였다. 다소 자유분방했던 흄의 생각들에 칸트는 굉장히 고마워했다. “진정한 아름다움이나 진정한 추함을 찾는 건 진정한 달콤함이나 진정한 쓴맛을 결정하라는 요구만큼이나 쓸데없는 노력이다. 똑같은 음식도 장기 위치에 따라 달콤하게도, 또 쓰게도 느껴질 수 있다. 취미에 대한 논쟁은 어떠한 결론도 내릴 수 없다는 말은 옳다.”

　이에 수많은 예술학자와 철학가들은 만족해하지 않았다. 한스 게오르크 가다머도 마찬가지였다. “취미는 이를 반대하는 것에 상처받고 이를 회피한다[…]고 거침없이 정의하고 있다. '좋은 취미'의 근본적인 반대는 '나쁜 취미'가 아니다. 오이려 그 반대, '취미 없음'이다. 좋은 취미는 이목을 끄는 건 모두 자연스럽게 피하는 감성으로, 취미가 없는 자는 그런 반응을 전혀 이해하지 못한다." 더욱이 이는 "본능적으로만 무엇이 그 자체로 아름다운가를 이해하는 것뿐만 아니라, 어디에 적합하고 어디에는 적합하지 않은가를 아는 것도 포함된다. 장신구는 그저 물건에 불과하며 어딘가에 부착하는 게 아니라, 이를 착용한 사람의 자기표현이다." 일반적으로 미의 독립성에 책임이 있다고 여겨지는 칸트 역시 "문신에 반대하는 그의 유명한 문구" 때문에 혹독한 대가를 치러야 했다. 그 구문은 이렇다. "보는 즉시 눈을 즐겁게 해주는 것들을 사람들은 건물에 장식하려 할 것이다. 그저 성당만 아니라면 말이다. 뉴질랜드 사람들이 문신하는 것처럼 외형을 온갖 화려한 장신구들과 간단하면서도 규칙적인 패턴들로 좀 더 아름답게 꾸밀 수 있을 것이다. 그저 사람만 아니라면 말이다." 이 말에 따르자면 소변기에 새겨진 예술가의 서명 역시 잘못 새겨진 것이고 미학적으로도 여겨질 수 없다. 그런데 핵심은 바로 이 도발에 있다. 미학적 규준들로 계산된 이 도발은 그 자체로 미학적 진술이 된다.

뒤집어놓은 소변기 주변에 작가 서명과 더불어 1917이란 년도가 새겨졌을 때, 가다머는 열일곱 살이었다. 그는 예술적으로 사방팔방 능숙하게 움직이며 한 세기를 살아갔다. 좋은 취미, 나쁜 취미, 혹은 아무런 취미가 없든 이는 죄다 사람들 이목을 끄는 시도들로 미학적 '감성'과는 정반대였다. 21세기에는 칸트가 말하던 '뉴질랜드 사람들'이나 한때 깡패 또는 선원이었던 사람들 말고도 자기 피부에 어떤 짓거리를 하면서까지 눈에 띄려고 하는 이들이 종종 (그리고 점점 더 많이) 생겨났다. 2002년 가다머가 죽었을 때, 문신은 더는 죄수들이나 뱃사공들만의 고유 행위가 아니었다. 그는 '눈에 띄는 모든 행위를 자연스럽게 회피하는 감성'으로 피부 장식 행위에 반응하지 않았을까 싶다. 이러한 '눈에 띄는 행위 금지'는 아돌프 로스가 바랐던 요구 사항들(이자 도발들) 가운데 하나로 그 당시 수많은 이들의 화를 북돋웠다. 1908년, '장식과 범죄'란 강연에서 그는 이렇게 말했다. "문신한 현대인은 범죄자이거나 타락한 자다. 감옥 수감자들의 80퍼센트는 문신이 있다. 문신했으나 감옥에 갇히지 않은 자들은 잠재적 범죄자이거나 타락한 귀족들이다. 문신한 자가 자유 신분으로 죽었다면, 이는 그가 누군가를 살해하기 몇 년 전에 죽어버린 거다."

요즘에 이걸 접하면 그저 헛웃음만 날 뿐이다. 미학에 관한 수많은 옛날 글귀들처럼 말이다. 예를 들어 루트비히 포이어바흐는 "미적 취미는 물리적 취미를 전제로 하지 않는가? 훌륭한 영혼은 훌륭한 음식 역시 좋아하지 않는가? 철학가나 시인의 머리를 농부의 몸뚱이 위에 얹을 수 있는가? 물개 기름이 제일 좋은 줄 아는 에스키모인에게 미적 감각을 기대할 수 있는가?"라고 말했다. 또 칸트의 『인류학』을 보면, '이탈리아 사람'에 관해 이렇게 말하고 있다. 그들의 "미적 성향은 감성과 관련된 취미다. 마치 알프스

산맥에서 매혹적인 계곡들로 향하는 풍경이 한편으로는 용기를, 다른 한 편으로는 조용한 기쁨을 선사하는 것처럼 말이다. […] 프랑스인은 대화의 취미에서 뛰어나듯이 이탈리아인은 예술 취미에서 두드러진다." 그러면 '독일인'은? 칸트는 그들이 정직하고, 가정적이고, 성실하고, 현학적이라 보았다. "그들의 약점은[…] 저만의 작업을 해낼 수 없을 거란, 저 자신들에 관한 저평가다."

눈에 띄는 행위를 금지하는 로스의 기준으로 보자면 이는 되레 이점에 가깝다. 그런데 살인을 아직 저지르지 않은 범죄자들이 돌아다니는 것처럼 오늘날까지도 계속해서 유행하고 있다는 것은 문신 역시 사람들이 논쟁을 벌일 취미 현상임을 보여준다. 칸트가 곧장 고함을 지르며 끼어들 것처럼 논박은 벌어지지 않을지라도 말이다. 어쨌건 직접 문신한 사람들은 다른 사람들의 피부에 새겨진 문신들에 대해 취미 판단을 하고 옹호할 수도 있다. 남성적인 이두박근을 하고 가슴을 드러낸 인어를 보고 페미니스트들은 '추하다'라고 생각할 수 있다. 또 로스의 뼛속까지 뒤흔들었을 젊은 여자들의 허리 아래쪽 장식들을 보고 나이 든 남자들만 'tramp stamp(경멸적인 표현으로 사용된 것 -옮긴이)'이라 조롱하지는 않을 것이다.

문신을 포함해서 기타 유행하는 것들을 보면, 사람마다 모두 저만의 최대치가 있다. 또한 일종의 취미의 법칙으로 널리 퍼져나갈 수 있다. 모든 사람이 문신하는 사회라면 로스도 자신의 눈에 띄는 행위 금지 법칙에 의거, 문신 시술을 받아야만 한다. 칸트는 그 당시 유행했던 하얗고 북슬북슬한 가발, 프리드리히 대왕 시대의 댕기 스타일을 꺼렸다. 그러나 그런 그도 사람들 이목을 너무 끌지 않는 게 합리적이라 보았다. "유행을 따르는 것은 취미 문제다. 유행에서 벗어난 채 예전 방식을 고수하는 걸 구식이라 말한다. 유행에서 벗어나는 것조차 가치 있게 보는 자는 괴짜다. 하지만 유행을 따르지 않는 미친놈보다는 유행을 따르는 미친놈이 되는 게 언제나 더 낫다."

칸트가 프리드리히 대왕 시대 때 '베를린 월보'에 실은 『질문에 대한 답변: 계몽주의란 무엇인가?』에서 정의했던 것처럼, 유행을 따른다는 건 "원하는 만큼 불평해대지만 […], 따라 한다는 것!"인 듯하다. 처음엔 칸트를 반대하다 나중엔 추종했던 계몽주의자, 크리스티안 가르베는 1792년, 『유행에 관하여』란 글에서 다음과 같이 말했다. "우리가 아름다운 걸 좋아하고 사물의 형태들에 깊은 인상을 받으며, 이를 우리가 인지하고, 또 그 섬세함이나 정확함에 경의를 표한다면, 우리가 이 형상들에 관해 생각하고 우리의 취미를 이성적 판단 및 논리적 추론의 대상으로 삼는 건 당연하다. 하지만 미에 관한 그 어떠한 절대적인 법칙도 가능하지 않은 것들에서 아름다움과 추함을 불평하고 이 판단을 자주 바꿔대는 순간, 아주 다양한 관점들이 형성된다. 그렇게 다양한 관점들이 생겨난다. 그럼으로써 아름다움에 관한 생각은 정해지지 않고 […] 유동적인 게 된다."

생각하면 생각할수록 더더욱 불확실해진다. 어쩌면 이 점이야말로 유행과 생각 간의 유사점일지도 모른다. 의견이 지나치게 강할 때는 특정 분야에 대한 지식이 부족할 때가 많다. 그리고 '그래야 하기'에 유행을 따르는 자들은 늘 올바른 쪽, 좀 더 정확하게 말하자면 적당한 쪽에 서 있다. 그들에게 취미는 중요하지 않다. 칸트는 『인류학』에서 가르치길, "모방 놀이가 정착되면서 모방이 활용된다. 그러면 취미란 건 전혀 보이지 않게 된다."

그런데 유행이란 건 언젠가 없어진다는 걸 전제로 한 채 퍼져 나간다. 유행이 위에서 밑으로 내려가면, 취미를 주도한 몇몇 사람들에서 취미를 모르는 신출내기까지 모두 퍼져나가면, 대중과 다수에게 제 고유의 개별성을 지켜내고자 익숙해진 습관들과 풍습을 치워버린다. 프랑스 사회학자 피에르 부르디외는 이러한 차별성에 따른 이득들에 관해 연구했고 원제목 『차별: 경험의 판단에 따른 사회적 비평』은 칸트를 떠올리기에 충분했다. "취미 관념은 절대적인 선택의 자유를 암시하고 있기에 전형적인 시민주의 관념이고, 자유 관념과 그만큼 밀접하게 관련되어 있기에 '취미의 필연성'이 가진 모순들을 개념적으로 이해하기 힘들다."

부르디외에 따르자면 하류층들이 (부르디외에 따르면) 선택할 수밖에 없어 선택하게 된 이 '필연적 취미'는 칸트가 '야만적 취미'라 불렀던 것, 문신한 '야만인들'의 행위 등에 상응한다. 하류층들이 선호하는 취미는 그들에 관해 멸시적인 태도로 말하는 사람들에 의해 사회적 원인 체계들은 무시된 채 귀화, 다시 말해 이러한 동향에 예속된 자들의 주요 특성으로 자리매김한다. "자연적이고 자유로운 (혹은 자발적인) 취미에 대한 대립과 함께 그저 본능에 불과한 것들과 제 생물학적 특성을 극복해낼 능력으로 사회적 특성 지배에 대한 합법적 권리를 주장하는 것들 간의 관계, 육체와 영혼 간의 특별한 관계가 형성된다."

건축 노동자는 맥주를 마시고 건축 기술자는 '정제된' 적포도주를 마시는 것, 점원은 슈퍼마켓 냉동고에서 케이크를 꺼내고 영업 담당자는 '최신 유행하는' 케이크 가게에서 케이크를 사는 것, 그리고 노동자와 점원의 아이들은 과체중에 똑똑하지 않고 건축 기술자와 영업 담당자의 아이들은 호리호리하고 똑똑한 것을 지극히 '당연하게' 여긴다. 루트비히 포이어바흐의 말을 빌리자면, 사람은 그가 먹는 것이다. 사람들의 취미를 보고 우리는 이들의 출신지를 알게 된다.

이를 부정하거나 모른 척하는 건 사적인 관계에서는 공손한 행위일 수 있으나 사회학적으로 분석하자면 기만적이다. 변호사 사무실에 나이가 얼추 비슷한 두 명의 여성이 앉아 있다. 한 명은 기다란 플라스틱 손톱을 붙이고 있고 다른 한 명은 단정하게 윤만 낸 상태다. 그런 경우, 가짜 손톱을 붙이고 있는 여성이 변호사고 다른 여성은 비서라고 생각할 사람은 아무도 없을 것이다.

상징적 코드들은 출신지에 대한 라벨로, 하류층뿐만 아니라 중류층, 그리고 상류층에도 해당한다. 상위 계층의 자녀들이 이른바 '평범한 사람들'의 감성들에 대해 갖는 갈망은 서민적 교육 소설에서나 나오는 고리타분한 생각들이다. 이는 직장생활에 시달리는 도시인들이 '고귀한 야만인들'의 걱정 없는 생활에 대해 갖는 생각들이 유럽풍 남태평양 그림에서 상투적으로 표현되는 깃과 같다.

반면 늘 굶주려 있는 민중은 무엇으로 배를 채울지는 거의 신경 쓰지 않는다. 『판단력 비판』을 보면, "기분 좋은 일에서 성향의 관심에 관한 한 다들 이렇게 말한다. 최고의 요리사는 배고픔이며, 정상저인 식욕올 가진 사람이라면 먹을 수 있는 모든 게 맛있다. 그러므로 이러한 만족감은 취미에 대한 선택을 전혀 보여주지 못한다. 욕구가 충족되었을 때라야 여러 사람 가운데 누가 취미가 있고 없는지를 구분해낼 수 있다." 배가 불렀을 때라야 음식 맛을 비로소 제대로 음미하기 시작한다. 배를 곯을 일이 없어야 사람은 문화란 걸 가지게 된다. 미학은 생존문제가 해결된 다음에야 비로소 시작된다. 개별 사례들로 하나하나 따지자면 좀 엉뚱한 소리로 들리겠지만, 사회·역사학적으로 보편적으로 관찰된 내용을 보면 정확하게 맞는 소리다. 이 또한 소유와 권력의 영역이지만, 아름다움에 대한 칸트의 정의에서는 아주 흥미롭게도 '무관심한 즐거움'으로 명명되고 있다. 하지만 칸트 이후 취미들도 시대들도 변화했다. 요즘에는 굉장히 섬세한 미식가가 요리한 개구리 다리뿐만 아니라 친환경 스타트업 회사의 비非 포유류 육류 식단 속 바싹 구운 메뚜기도 '먹을 수 있는 것들'에 속한다.

한편, 예술과 그 대상들에 관해서는 샘에 대한 미학도 달라졌다. 이걸 좋고 나쁘게 보느냐는 취미 문제다. 아름다움, 미학적 가치와 진실 사이에는 더는 그 어떠한 필연적 관계도 존재하지 않는다. 그런데 1780년대와 1790년대 시대를 살아간 쾨니히스베르크 출신의 초월적 철학 사상가(칸트)는 그가 이제 막 구상해낸 '무관심한 즐거움'이 1960년대 프랑크푸르트학파의 부정적 변증법 등에서 맞닥뜨려지는 모습을 이해나 할 수 있었을까? 테오도르 아도르노는 칸트와 실러의 자율성 미학을 비난했다. "무관심한 즐거움은 한번 만들어지고 생각되었던 것들은 죄다 그 진실성은 고려하지 않은 채 그저 음미하고 경탄하며 결국엔 맹목적이고 비논리적으로 숭배하게끔 만든다. 그렇게 정신을 변형시키고 모욕한다." 그리고 칸트는 이러한 아도르노의 냉정한 견해에 이렇게 대답하지 않았을까. "실상 예술 작품은 이해하면 할수록 덜 즐기게 되지요."

그 대상을 이해하면 할수록 그에 관해 더 쉽게 이야기할 수 있고 다른 사람들에 더 깊은 인상을 심어줄 수 있다. 이는 기존의 것들에 대한 비판에서 변증가들을 조롱하고자 주관적으로 비판되는 것에서 객관적으로 이득을 보는 비판·공론적 은어와 아도르노식 문장들로도 가능하다. 그런데 공정하게 보자면, 이 점 역시 아도르노가 이미 벌써 다루었다. 인간은 스스로 생각해낸 '상황들'에서 완전히 벗어나지 못한다. 바로 이 점(그리고 그 이상의 것들)이 엉뚱하게 나열한 이 문장 속에 숨겨져 있다. "잘못된 삶 안에 올바른 삶은 존재할 수 없다." 이는 『미니마 모랄리아』에 나오는 말로, 이 책의 부제는 "상처받은 삶에서 나온 성찰"이었다. 아도르노의 이 말은 아우슈비츠 이후로는 더는 시를 쓸 수 없듯이 (그리고 실상 다른 모든 것들도 불가능하듯이) 전적으로 정당한 윤리적 통찰들이나 일상적인 윤리 규범에 반증당하는 것들을 표현하고 있다. 그런데 이는 취미 문제가 아니라 다음 장에서 다룰 정언명령에 관한 사안이다.

사막의 기둥 위에 그 누구도 혼자 서 있고 싶지 않은 것처럼 삶은 강제적으로 함께 살아감을 뜻한다. 그리고 함께 살아간다는 건 함께 어울린다는 걸 의미한다. 어떤 몸짓, 어떤 은어든 사람들과 함께 어울리고 대회하는 데 있어 우리는 17세기 중반, 발타사르 그라시안이 『오라클: 신중함의 기예에 대한 핸드북』에서 건넨 조언에 귀 기울여볼 수 있겠다. "지혜로운 사람들은 우아하고 세련된 박식함을 지니고 있으며, 일과와 관련된 시대적 지식을 모두 갖추고 있다."

그런데 그렇게 많이 이해하지 못했어도 이야기를 나누며 잘 보여댈 수도 있다. 디트리히 슈바니츠는 『사람이 알아야 할 모든 것: 교양』에서 이렇게 진단했다. "사회적 상호작용 속에서 사람들은 상대방이 교육을 받았다고 생각하고, 상대방은 그렇게 다른 사람이 생각할 것이라고 생각한다." 이를 취미에 맞춰 재구성해볼 수도 있다. '취미 사안들'에 관해 잡담을 나누면서 화자들은 자신에게 취미가 있다는 걸 넌지시 이야기하며, 이게 상대방에게 전달되었다고 간주하거나 적어도 그렇게 행동한다. 그러려면 요즘 '유행하는' 단어들을 포함, 사람들이 '교양'이라 부르는 것들을 제대로 숙지·숙달하고 있어야 한다. 그러면 취미를 독자적으로 판단할 위험은 더는 감수하지 않아도 된다.

그렇지만 사회에서는 '당연히' 그 말을 누가 했는가에 따라서도 그 의미가 매번 달라진다. 요제프 황제는 모차르트 음악에 "음계가 너무 많다"란 평을 했다고 한다. 요즘 누가 그런 말을 한다면 비난받을 것이지만, 요제프 황제는 모차르트의 경쟁자 안토니오 살리에리의 음악과 비교해볼 때 모차르트 음악에는 참신함이 있다는 걸 드러냈다. 또 다른 희곡 예시는 셰익스피어의 비극『햄릿』에 대한 크리스토프 마틴 빌란트 번역본이다. 제3막 여섯 번째 장면에 관해 바이마르 출신의 작가는 다음과 같은 논평을 남겼다. "햄릿이 한 농담들을 여기서 두 개 삭제해야만 했다. 첫 번째는 번역가가 이해할 수 없었고, 두 번째는 애매한 농담이었기 때문이다." 만약 요즘 어떤 희곡 평론가가 이런 논평을 희곡 팸플릿에 과감하게 남긴다면 자신의 미적 무능력에 대한 비판을 감수해야 할 것이다.

그런데 견해들이 서로 안 맞고 취미들이 다를지언정 결국엔 상호 간의 합의점들을 찾을 수 있다는 결론에 다다른다. 한나 아렌트가 말한 인간성도 마찬가지다. 칼 야스퍼스에게 보낸 편지에서 그녀는 인간성은 "'논박'할 수 없는 것들에 대해 '논쟁'할 수 있음으로써" 가능하다고 말했다. "희망은 강제로 설득해댈 수 없는 곳에서도 '서로 합의하는 것'이 바로 희망이기 때문이다".

임마누엘 칸트

Immanuel Kant

1724~1804년

임마누엘 칸트는 4월 22일 "아무런 동의 없이 한 사람으로서 이 세상에 태어났고, 주도적으로 이 세상 속으로 들어왔다." 이는 그가 훗날 임마누엘 칸트란 이름으로 출간한 『윤리 형이상학의 정초』에서 자신의 출생에 관해 기술한 내용이다. 그는 아픈 아이였고(『인류학』에 따르자면 "고통은 언제나 첫 번째") 그의 표현대로 하자면 죽을 때까지 "허약 체질로 건강하게" 살았다.

흔히들 말하길 칸트는 평생토록 고향 쾨니히스베르크를 '떠나본 적이 단 한 번도 없다.' 완전히 맞는 말은 아니다. 적어도 1748년에서 1754년까지는 다른 지역들에서 가정교사로 일했다. 게다가 칸트의 표현에 따르자면 이 세상이 쾨니히스베르크 속으로 들어왔다. "대도시, [프로이센] 왕국의 중심, 대학교[…] 가 있고 내륙을 가로지르는 강 덕분에 인접해 있든 멀리 떨어져 있든 상관없이 여러 다양한 언어와 관습을 가진 나라들과 편하게 교류하는 해상 무역에 적합한 위치를 갖추고 있는 곳. 이런 도시는[…] 인간에 대해서뿐만 아니라 이 세상에 대한 깨달음까지 넓히는 데 적합한 장소일 수 있다. 이 세상 곳곳을 돌아다니지 않아도 세상에 대한 깨달음을 얻을 수 있는 곳이 될 수 있다."

칸트는 제 고향을 떠나고 싶지 않았기에 에를랑겐과 예나 지역의 대학교수 자리뿐만 아니라 쾨니히스베르크보다 봉급을 세 배 더 높여주겠다는 할레 지역의 요청도 거절했다. 그렇지만 고향에서 늘 행복했던 건 아니었다. 1766년 칸트는 집을 옮겼는데, 예전 집 창문이 프레골랴 강 방향으로 나 있어 그곳 거룻배 소음이 생각 및 글 작업에 방해됐기 때문이었다. 새집 주인은 출판업자이자 신문발행인이었다. 1775년 그는 다시금 이사했는데, 이웃집에서 울어대는 닭 소리에 짜증이 난 데다 닭 주인이 칸트에게 그 닭을 팔지 않으려 했기 때문이었다. 물론 이렇게도 말할 수 있겠다. 주인이 바뀌면 닭이 살아남지 못할 것이기에 주인은 그 닭을 칸트에게 넘겨주지 않았다. 어쨌건 포이어바흐도 죽기 전 마지막으로 살던 집에서 개 짖는 소리 때문에 힘들어했고, 데카르트는 나이팅게일의 울음소리에 괴로워했다. 보통은 조용했을 밤, 나이팅게일의 퍼덕거리는 소리 속에 잠을 청해보려 애써봤던 사람은 자연이 들려주는 모든 서정시에도 불구하고 그들의 '노래'가 얼마나 짜증 날 수 있는지를 잘 알 것이다.

칸트는 미혼이었기에 살림 도구가 별로 없었다. 그렇기에 이사도 신속하게 이루어졌다. 그가 직접 언급한 목록들은 이렇다. "잉크병. 붓과 칼. 종이. 문서. 책. 슬리퍼. 장화. 외투. 모자. 잠옷. 냅킨. 식탁보. 수건. 접시. 대접. 칼과 포크. 소금 통. 포도주잔과 맥주잔. 포도주병. 담배, 파이프 담뱃대. 찻잔, 차. 설탕. 빗."

1783년, 칸트는 마침내 시내에 집을 마련했다. 여기서는 근접해있던 감옥의 수감자들이 힘차게 (그가 느끼기엔 위선적으로 과장되게) 부르던 찬송가 소리가 그의 귀에 거슬렸다. 이런 경건한 행동이 있을 때마다 그는 모든 창문을 다 닫아버렸다. 1789년, 칸트는 첫 자가인 그곳에 러시아 청년 니콜라이 카람신을 초대했다. 유럽 여행 때 유명인사들을 만나고 다녔던 카람신은 칸트에 관해 이렇게 말했다. 그는 "작고 초라한 집에 산다. 그에게는 형이상학을 제외하고는 모든 게 그저 다 간단하다." 이때 카람신이 언급한 형이상학은 칸트의 작품들, 『순수이성비판』(1781), 『윤리 형이상학의 정초』(1785) 및 『실천이성비판』(1788)이었다. 본 작품들로 칸트는 1780년대 때 쾨니히스베르크 외 지역에서도 유명했던 한 작가에서 철학의 거장으로까지 거듭났다. 한편, 『판단력 비판』은 카람신이 알지 못했었다. 초판은 그다음 해에서야 비로소 출간되었다.

칸트의 직업상 주요 업무는 대학교 강의였다. 1780년대 중반, 주민이 5만 6000명 정도 되었던 쾨니히스베르크에서 대학에 다니던 젊은 남자들의 수는 300~500명에 달했다. 이는 굉장히 인상적이었다. 라이프치히와 할레는 두 곳을 합쳐서야 500명 정도였고 하이델베르크는 고작 80명이었다. 칸트의 강의는 주제에 있어서나 학생 수에 있어서나 위협적일 정도로 엄청났다. 대학교 강단에 서는 동안 그는 총 268개의 연속강의를 했었고, 과목도 논리학, 형이상학, 지리학, 윤리학, 인류학, 이론물리학, 수학, 법학, 교육학, 기계학, 광물학(그러나 이에 관해서는 두 시리즈만), 신학(이에 관해서는 그저 한 시리즈만) 등이었다.

칸트란 한 사람이, 아니면 한 소인(그의 키는 고작 157미터밖에 안 됐다)이 어떻게 일했는지를 그 당대 사람은 이렇게 묘사했다. "노란 단추가 달린 갈색 재킷을 입고 등이 굽은 채로 앉아 있는 키 작은 노인네를 한 번 상상해보세요. 하지만 가발과 가발 가방은 절대로 잊어버리지 않지요. 단추가 채워진 재킷 주머니에 넣어뒀던 손을 이따금 꺼내서는 얼굴 앞에서 사부작사부작 움직여대는 모습을 상상해보세요. 마치 누군가를 정말로 제대로 이해시키고 싶다는 듯 말이죠. 그런 모습을 떠올려보면 그를 정확하게 알아볼 수 있을 겁니다." 어쨌든 이 '작고 늙은 난쟁이'는 자신의 초월적 철학에 관해서는 단 한 번도 강의한 적이 없었다.

칸트도 한때 젊었다. 하루하루를 까탈스럽게 늘 똑같은 방식으로 보내며 일상습관에서 한 치의 오차도 허락하지 않았던 어느 괴팍한 홀아비의 모습은 무엇보다 자신의 초월적 철학에 몰두해왔던 칸트의 '결정적인' 해들과 딱 들어맞는다. 이러한 자기 관리가 없었다면 그의 철학적 사고체계가 제대로 구축되지 못했을 수도 있다. 칸트는 사고 가능한 것들은 죄다 새롭게 생각해보고자 노력했고, 그러면서 늙어갔다. 어떤 이들은 '황혼기'라 완곡하게 부르는 이 시기에 칸트는 저보다 거의 마흔 살이나 어린 의학자이자 『생명 연장의 기술』이란 논문을 발표한 장수법 창안자 후펠란트에게 다음과 같은 글을 보냈다. "나이가 들었다는 건 엄청난 죄악입니다. 그렇기에 면죄부 없이 죽음의 형벌을 받는 것이지요."

Sätze, die die Welt verändern

Sätze, die die Welt verändern

제8장

"인간은 자신이 먹는 것으로
이루어진다.
하지만 그 음식이 '수단'이라면?"

루트비히 포이어바흐

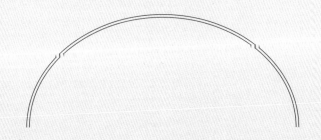

"음식은 피가 되고,
피는 심장과 뇌,
생각과 마음이 된다.
인간의 음식은 인간 교육과
자세의 기본이다.
인간은 곧 자기가
먹는 것으로 이루어진다."

—『자연과학과 혁명』

인간은 그가 먹는 것이다. 이는 지금껏 포이어바흐에 관해 전혀 들어본 적이 없거나 그의 이름을 딴 카를 마르크스의 강령들을 통해 들어본 사람들도 흔히 하는 말이다. 마르크스의 열한 번째이자 마지막 강령을 보면, 철학은 세계를 변혁하는 것이지만 철학자들은 이 세계를 단지 서로 다르게 해석해왔다고 말한다. 포이어바흐는 스승인 헤겔이나 그의 뒤를 이었던 제자 마르크스처럼 해석을 통해 이 세상을 변화시켰다.

　먹는 것과 존재하는 것에 관한 다소 투박하면서도 익살스러운 이 말은 사실 참신한 것은 아니었다. 이것과 비슷한 말들은 포이어바흐가 제 자연철학에서 종종 언급했던 낭만주의 자연철학가 프란츠 폰 바데르나 괴팅겐에서 활동했던 독일 최초의 실험물리학 교수 게오르크 리히텐베르크에게서도 찾아볼 수 있다. "음식들은 인간 상태에 아주 큰 영향을 미칠 거야." 니체 또한 『이 사람을 보라』에서 "나는 왜 이렇게 영리한가"라는 바보 같은 질문에 "영양의 문제"란 답을 내놓았다. "'인류의 구원'은 신학자들이 몰두하는 골동품 같은 문제들보다" 이러한 영양 문제에 더 큰 영향을 받는다고 보았다. "그 문제는 일반적으로 다음과 같이 표현할 수 있다. '힘, 르네상스식의 덕, 위선에서 자유로운 덕을 최대한으로 얻기 위해 너는 어떻게 영양을 섭취해야 하는가?'" 포이어바흐는 분명 채식주의는 아닐 거라고 대답할 것이다. "채소만 먹는 자는 그역시 그저 식물적 존재로 힘이 없다."

1850년, 포이어바흐는 야코프 몰레쇼트의 『음식의 가르침』에 관련된 논문에서 고양이도 고양이가 먹는 것이겠다는 사회·요리 농담을 던졌고 이는 그 후부터 평생 그를 따라다녔다. "야생 고양이가 먹이 때문에 집고양이가 됐다." 몰레쇼트의 식품학 논문은 확신으로 가득 찬 이 말로 시작됐다. 그는 새롭게 부상하는 화학에 자극받아 인간의 신진대사 활동을 (그 당시 조금이라도 이해됐다는 선에서) 알기 쉽게 설명해냈다. '고대 그리스인들'이 원자를 다루긴 했었어도 원자에 관한 이해는 여전히 미흡한 상태였다. 화학 원소들에 관한 복잡한 표들은 드미트리 멘델레예프가 1869년, 로타 마이어가 1870년에 각각 서로서로 독립적인 상태로 발표했다. 이보다 몇십 년 전, 포이어바흐와 동시대 사람인 유스투스 리비히가 미네랄 비료를 고민하다가 농예화학을 만들어냈고, 고기 진액을 제조해내면서 사람은 그가 먹는 것임을 아주 직접적인 방식으로 입증해냈다. 적어도 리비히의 고기 진액과 크노르의 완두콩 소시지는 인구 급증 사회에 새로운 급식 수단을 마련해주었다.

그때까지는 도시나 시골이나 가난한 계층의 사람들은 감자를 주식으로 삼았다. 주 7일 365일 내내. 레쇼트는 이렇게 질문했다. "그런데 썩은 감자 피로 근육에는 일할 힘이, 뇌에는 희망찬 활력이 생기겠는가?"

포이어바흐는 심지어 1848년 독일혁명의 실패를 "독일 민족의 썩은 감자 피" 탓이라 보았다. "그러므로 […] 반동의 승리, 우리의 이른바 3월 혁명의 치욕스러운 경과이자 결말이다. 왜냐하면 우리 역시 민족 대다수가 오로지 감자로만 배를 채우고 있기 때문이다. 하지만 그렇기에 우리가 절망해야 하는가? 가난한 시민 계층들에서는 감자를 대체해주고, 이와 동시에 우리 민족에게는 남자다운 자세와 용기를 불어넣어줄 다른 원료는 없는가? 있다, 그런 원료가 있다. 평민들에게 더 나은 미래를 보장해줄 재료가 있다. 비록 천천히 점진적으로 이루어질지언정 더욱 견고하고 새로운 혁신의 싹을 품고 있는 재료가 있다. 바로 완두콩이다."

포이어바흐와 그 당시 식량 연구가들이 콩이나 완두콩에 매혹을 느꼈던 건 요즘 말하는 레구민이라는 식물단백질 때문이었다. 이는 사람들을 감자에서 해방해주거나 적어도 이 덩이줄기에 대한 엄청난 의존성만큼은 줄여줄 수 있었다. 이러한 의존성이 어떤 결과를 초래할 수 있는지는 1846년부터 1852년까지 이어진 아일랜드 식량난을 보면 알 수 있다. 감자 역병으로 식량 수확이 엉망이 됐고 영국 정부의 경제·자유적 무관심과 방조로 식량난은 더욱 악화하면서 아일랜드 인구의 2퍼센트에 달하는 약 100만 명이 굶어 죽었다. 이를 콩도 완전히 막아내진 못했을 것이다. 하지만 한 가지 농업의 독점성이 줄어들면 콩과 식물들의 영양·생리학적 가치나 이에 대한 과대평가 여부와는 무관하게 식량난 위기를 극복할 가능성은 좀 더 높아진다.

물리학자와 영양 이론가들은 이미 오래전부터 콩에 관심을 보여왔다. 이러한 관심은 게오르크 뷔히너*가 1837년 2월 장티푸스로 사망하기 얼마 전까지 전력을 다해 작업했던 희극 『보이체크』에 반영되어 나타났다. 여기에는 연구자로서 너무도 유명해지고 싶었던 어떤 박사가 나오는데, 그는 명성 획득을 위해 불쌍한 보이체크를 데리고 영양 실험을 벌인다. "지난 3개월 동안 그는 콩만 먹고 있다".

이 모든 게 지금 우리 눈에는 이상하게 보이지만, 인구가 급증했던 19세기에는 관습적인 방법으로는 오늘날 우리가 이야기하는 '안정적인 공급 확보'를 보장할 수 없었기 때문에 이미 그 자체로 사회비판이 되었다. 1848년 3월 혁명이 발발하기 3년 전, 포이어바흐는 분개했다. "그렇지만 위가 아프면, 인간 존재의 기반이 손상되면, 머리와 심장의 건강함과 맑음이 다 무슨 소용이겠는가? [⋯] 어떤 사람은 제 육욕적인 입맛이 탐하는 걸 모두 가지고 있고 어떤 사람은 아무것도 없다. 심지어 배 속에 꼭 필요한 것조차도 없다. 그렇기에 온갖 재앙과 고통, 인간의 머리와 마음에까지 병이 생긴다." 그리고 일 년 뒤, 데카르트와 그 추종자들을 겨냥한 글에

---

*   1834년, 뷔히너가 작성했던 비방문 '헤센 정보 통신'의 서두에는 "오두막집에 평화를! 왕궁에 전투를!"이란 구호뿐만 아니라, 1848년에 출판된 『공산당 선언』 속 가장 유명한 혁명 구호, "전 세계의 프롤레타리아여, 단결하라!"도 나와 있었다. 그러나 이는 마르크스가 아닌 그의 동지이자 『공산당 선언문』 출간 계획자 카를 샤퍼가 고안한 화합 구호였다.

서 이렇게 말했다. "당신들이 인간들을 더 좋게 하고 싶다면, 그들은 행복해진다. 하지만 당신들이 그들을 행복하게 하고 싶다면, 이는 모든 행복, 모든 즐거움의 근원들, 즉 감각들과 관계된 일이다. 감각들에 대한 부정은 인간 삶의 모든 광기와 악과 질병의 근원이고, 감각들에 대한 인정은 물리적, 윤리적, 그리고 이론적 건강의 근원이다. 체념, 절망, 자기 부정' 추출은 인간을 어둡고, 불쾌하고, 더럽고, 음탕하고, 나약하고, 탐욕스럽고, 시기적이고, 위태롭고, 악의적으로 만들지만, 감각적 즐거움은 인간을 유쾌하고, 용감하고, 기품 있고, 개방적이고, 소통적이고, 공감적이고, 자유롭고, 선하게 만든다. 모든 인간은 즐거움 속에서는 선하고 슬픔 속에서는 악하다."

그런데 『육체와 영혼, 육체와 정신의 이원론에 반대하며』 논문에서는 정말로 기묘한 또 다른 이원론이 등장하는데, 남자와 여자의 복부 이원론이다. "이성적인 사람은 살기 위해 먹는다. 직감적인 사람은 먹기 위해 살아간다. 남자는 살기 위해 사랑한다고 말한다. 여자는 사랑하기 위해 살아간다고 말한다. 그런데 사랑의 핵심은 배에 있다. 여자는 육체를 대표하고 남자는 정신을 대표한다, 즉, 남자는 인간의 머리이고 여자는 배다. 남자의 배는 뒤로 들어가 있고 여자의 배는 앞으로 나와 있다. 여자의 배는 남자의 배보다 해부학적으로 더 발달해 있고 더 완벽하다. 남자에게 배는 부차적으로 중요하며[…] 여자의 배는 독립적이고 미학적인 의미가 있다."

음식과 존재에 관한 본 문구는 속담처럼 자주 쓰이면서도 많은 조롱을 받아왔다. 포이어바흐는 이른 무시희기라토 아는 늦 20년 후, 논문 제목에까지 인용한다. 『희생자의 비밀, 아니면 인간은 그가 먹는 것』에서 포이어바흐는 몰레쇼트의 말을 받아 다음과 같은 글을 남겼다. "아이는 제 어미의 젖을 빨면서 제 친모를 흡수해 나간다. 아이는 젖을 빨면서 제 어미의 피, 존재[…]를 제 안으로 흡수한다. 아이는 그가 먹는 것이고, 아이가 먹는 것이 바로 그다."

바이마르공화국 초창기 시절 SPD 법무부 장관을 몇 달간 두 번 역임했던 법학자 구스타브 라드브루흐는 전설적인 법률 개혁가이자 루트비히 포이어바흐의 아버지 안젤름 포이어바흐의 전기를 집필하기도 했다. 이때 그는 다음과 같이 비탄했다. 루트비히는 "자신의 철학을 아이러니하게도 상투어 하나로 특징지어버렸고, 이는 그의 적수들 모두가 그의 철학을 맹렬하게 비난하는 계기가 됐다. '사람은 그가 먹는 것이다.' 이 말은 모든 문화창조를 경제구조에 의해 야기된 계층들 간 싸움의 표현으로 봤던 카를 마르크스, 도덕은 증오의 결과가 된다는 프리드리히 니체, 여러 정신 현상들을 성의 승화로 해석했던 지그문트 프로이트로 이어지는 일련의 폭로 철학의 시작이 포이어바흐의 유물론이라는 것을 정당화하는 것 같다." 마르크스, 니체, 프로이트 철학을 '폭로 철학'으로 일축할 수 있느냐는 아직 완전하게 결정 난 사안은 아니나, 라드브루흐가 정의한 포이어바흐의 시대적·역사적 위치는 합당하다. "그의 명성은 1848년 독일혁명 때 발발했던 혁신적인 사상운동의

한 측면이었다. 이 운동의 비극적인 실패로 포이어바흐의 명성도 함께 끝났다. 그는 다시금 고독, 망각, 그리고 이제는 빈곤으로까지 내쳐졌다."

유아 역시 그가 먹는 것, 정확히 말하자면 그가 빠는 것이란 포이어바흐의 말이 옳다면, 유모의 품속에서 자란 아이는 어떻게 되는가? 유모들은 아이들은 있으나 남편은 없는, 혹은 가난하고 투박하며 못 배웠다는 이유로 좋지 않은 평판을 들어왔다. '타인에 의한 모유 수유'에 대한 반론으로서 유모들이 가진 좋지 않은 특성들이 젖을 통해 좋은 집안의 자녀들에게 전해진다는 말도 있었다. 몰레쇼트는 "엄마의 존재가 젖을 통해서도 아이에게 전달된다는 건[…] 공허한 선입견이 아니다"라고 했다. 그러나 물질적인 것도 중요하되 아이에게는 여느 유모에게서는 기대할 수 없는, 제 친자식에 대한 어머니의 사랑과 보살핌 역시 중요하다는 말을 덧붙였다.

천재 극작가의 동생 루트비히 뷔히너와 카를 포크트, 그리고 몰레쇼트는 그렇게 틀린 소리는 아닌 '속류 유물론자'였다. 다윈의 진화론을 찬성했던 포크트는 심지어 '원숭이 포크트'란 비방까지 받았다. 1860년대 말 무렵 카를 마르크스도 그를 반박했지만, 이때는 자연과학적인 게 아닌 정치적 이유에서였다. 그리고 프리드리히 엥겔스의 『자연변증법』은 본래 루트비히 뷔히너 논리를 반박하며 썼던 글로 그의 사후에야 출간되었다.

다윈의 추종자이자 리비히 제자인 포크트는 소변이 신장과 관련 있듯이 생각은 뇌와 관련된다는 지극히 의도적인 경악스러운 발언을 펼쳤고 이로 인해 악평이 자자했다. 사람들은 냉양공급을 통해 "제 마음대로 소변에 히푸르산, 벤조산, 또는 요산을 삽입"해낼 수 있는데, "그렇다면 뇌의 분비물, 생각들은 이 원칙을 따르지 못하는 건가?" 이러한 분비물 관련 은유법은 진화론자들이 즐겨 쓰던 도발 요법이었던 듯하다. 도발을 꺼렸던 대가임에도 그 당시 발표되지 않았던 그의 수첩들에는 "뇌의 비밀인 생각"이 언급되어 있었다. "생각이 아무리 이해하기 힘들게 보여도 쓸개즙이 간 기능 중 하나인 것처럼 생각도 여느 장기의 한 기능인 듯하다."

이러한 포크트의 비교는 생각들을 멸시하는 듯했다. 하지만 포이어바흐는 이와는 정반대로 감각에 대한 평가 절상을 지지했다. "몸은 머리에 꼭 속해져야만 하는 거 아닌가? 위는 신경 연결들을 통해 머리와 가장 밀접하게 연결되어 있지 않은가? 음식의 기능과 가장 밀접하게 연관된 미각 신경과 후각 신경이 뇌에서 뻗어 나오는 저들의 기원을 통해 저들의 엄청난 정신적 중요성을 […] 당신에게 증명해주지 않는가?"

포크트의 영양생리학적 환상은 올더스 헉슬리의 『멋진 신세계』 속 생명공학적 번식 방법들조차 앞서갔다. 단지 소설 속 설정 상황들은 경고와 위협을 위한 것이었지만, 포크트는 다소 빈정대긴 했어도 이런 식의 진보를 환영했다. "내 생각엔 적절한 음식 배분을 통해서만(전제들이 일단 정확하게 확립되면) 정치인, 관료, 신학자, 개혁가, 귀족, 사회주의자, 심지어 연습생까지 원하는 대로 조직해나갈 수 있을 것이고, 현재 헌법, 법률, 명령 등의 국가 기반들에 적용되고 있는 무한한 독창성은 몇몇 국물, 죽, 육류 발명에 쓰일 것이다."

게다가 포이어바흐의 문장은 굉장히 섬세해 보인다. 하지만 일반 대중들은 그러한 공식들을 하나의 학술적 표현이 아닌, 사람들의 관심을 끌기 위한 일종의 구호로 접하게 됐다. 끝내 유물론은 칸트주의 학자들의 '주관적 관념론'뿐만 아니라 헤겔주의자 철학의 '객관적 관념론'에 의해서도, 더 나아가 낭만주의 자연철학에 의해서도 대체될 수밖에 없게 된다.

이때 주요 사안은 철학 내부적 논쟁들로 그치지 않았다. 자연, 학문, 종교, 사회를 각각 어떻게 이해하고, 서로서로 어떤 관계에 있으며 심지어 서로 어떻게 변화시키는가에 관한 문제를 훨씬 더 많이 다루었다. 유물론자들, 특히 점점 더 번영해나가는 신진대사 연구의 선구자들은 정치적으로도 자신들은 진보적이라 말했고, 셸링 등의 자연철학자들을 포함한 이상주의자들은 자신들을 대부분 보수적이라 표현했다. 신학의 시녀라는 역할에서 벗어나기도 무섭게 철학은 정신적 지도자의 위치를 차지하고자 싸워댔다. 포이어바흐는 인류학이야말로 진정한 철학이라 말했고 '속류 유물론자'들은 이를 지지했다. 그런데도 훗날 레닌은 "포이어바흐에 비하면 이 철학자들은 죄다 난쟁이에 참담하기 그지없는 멍청이들이었다"라고 이야기했다.

유물론자들의 도도한 처리 방식에는 이념적인 근거들이 있었

211

다. 헤겔의 '객관적 관념론'에서부터 포이어바흐의 '추상적 유물론' 너머 마르크스와 엥겔스의 '변증법적 유물론'까지 하나의 대대적인 라인을 만들어내려면 '시민 계층적 학문'의 유물론과 포이어바흐의 유물론 사이에는 명확한 질적 차이가 존재해야만 했다.

그런데도 포이어바흐의 감각 복권 행위는 20세기에도 여전히 인간에 대한 저속하거나 냉소적이거나 허무적인 축소 행위로 오인받았다. 한 예로, 알베르 카뮈는 『반항하는 인간』에서 "허무주의적 절망"에 대한 대립보다는 이에 대한 순응으로 "비쳤던" 포이어바흐의 "끔찍한 낙관주의"에 관해 이야기했다. "포이어바흐는 사람이란 그 사람이 먹는 것일 뿐이라고 말했다." 이때 '뿐'이란 단어만 아니었다면 카뮈 말이 맞았을 것이다. 포이어바흐는 18세기의 몇몇 프랑스 유물론자들이나 이를 뒤따른 19세기 독일 추종자들처럼 인간을 생물학적 기능들로 한정시킨 적은 단 한 번도 없었다. 포이어바흐는 그리스도교 신학자들이 인간의 감각들에 그간 오래도록 덧씌웠던 부당한 죄들을 씻어주고자 굉장히 노력했다.

3월 혁명 이전 시대의 다혈질 인간들에 미친 포이어바흐의 어마어마하고 엄청난 영향 역시 종교 비판에서 비롯된 것으로, 1841년 『그리스도교의 본질』*에서 활개를 쳤다. 이때 그가 기반으로 삼았던 건 "현대 세계의 비겁하고, 특색 없고, 수월하고, 허구

---

*   독일에서 이토록 큰 영향을 미쳤던 본 작품은 1854년 게오르크 엘리엇George Eliot에 의해 영문으로 번역되었다. 이때는 결혼 전 성인 이반스Evans를 사용하였다.

적이고, 요염하고, 향락적인 그리스도교"가 아니었다. 특히 "이는 우리의 화재 및 생명 보험 회사들, 우리의 철도 및 증기기관차들, [⋯] 우리의 사관 및 직업 학교들, 우리의 극장 및 자연 박물관들과 가장 강렬한 역설 관계에 직면한 고정관념에 지나지 않았다".

　포이어바흐는 그리스도교를 그의 본질적 존엄성 속에서 파악해냈다. 그가 주요하게 다뤘던 건 그리스도교 종파들의 평탄화 및 몰락에 대한 비판도, 18세기 계몽주의자들처럼 성직자들의 기만 행위에 대한 폭로도 아니었다. 그에게 중요했던 건 인간화, 그리스도교와 종교의 '인류화'였다. "종교는 인간에게서 인간의 힘, 본성, 본질적 특성들을 빼앗고 독립적 존재로서 신격화한다. 다신교처럼 각각의 것을 개별적 존재로 만들거나 일신교처럼 모든 걸 하나의 존재 속에 통합하는 것은 중요하지 않다." 또한 "신은 인간 개개인에게 그들의 생각 혹은 감정의 장벽이나 재앙으로 나타나는 것들에서 정화된 인간의 본질과 다르지 않다. 그러므로 내세 역시 장벽이나 재앙으로 나타나는 것들에서 해방되는 현세와 다르지 않다".

　여러 세대가 지나간 다음, 위르겐 하버마스는 "그렇게 심오하지 못한 포이어바흐식 종교 비판이 마르크스와 엥겔스에게까지 미친, 요즘에는 좀처럼 이해하기 힘든 영향력"이라고 말했다. 엥겔스는 원제목이 순수하지 않은 이성 비판이었던『그리스도교의 본질』을 회고하며 집필했던 1886년 학술기사『루트비히 포이어바흐와 독일 고전 철학의 종말』에서 이렇게 말했다. "이 책이 주는 해방 효과를 생각해보려면 이를 직접 경험해봐야 한다. 감동은 모두에게 똑같았다. 그 순간, 우리 모두 포이어바흐의 사람들이었다." 하지만 포이어바흐식 도덕론은 "어느 시대, 어느 민족, 어느 상황에서든 모두 잘 맞아떨어진다. 바로 그렇기에 이는 절대로 활용 불가하며 현실 세계에서는 칸트의 정언명령과 마찬가지로 무력할 뿐이다."

니체는 『도덕의 계보』에서도 포이어바흐의 영향, 특히 감각의 철학적 복권에 대해 상기시켰다. "'건강한 감각'에 대한 포이어바흐의 말. 이는 1930년대와 1940년대 때 [⋯] 수많은 독일인에게 (그들은 스스로 젊은 독일인들이라 불렀다) 구원의 말처럼 들렸다."

마르크스주의 이론 발달에 대한 포이어바흐의 해석은 거듭 반복해서 강조됐다. 예를 들어, 게오르크 루카치는 포이어바흐의 경우 "존재 및 해석에 관한 궁극적인 근거로 인간, 인간 간의 관계로 거슬러 올라가지 않는 건 없다. 그가 철학에 제시하려 했던 이 표현으로 포이어바흐는 역사적인 유물론 생성에 결정적인 영향을 미쳤다"라고 말했다. 하지만 이러한 계보학적 인식 말고도 포이어바흐가 인간의 본질을 역사적으로 성장해나가고 사회적으로 조건화되는 본질로 한 번 더 파악해내는 한편, 결국엔 계속해서 인간의 보편적 '본질'에 머물렀다는 비판도 있었다. 바로 이 점을 마르크스는 포이어바흐에 대한 그의 여섯 강령 테제에서 경고했다. "포이어바흐는 종교적 본질을 인간적 본질 속에 녹여냈다. 하지만 인간적 본질은 각각의 개개인에게 내재해 있는 추상적 개념이 아니다. 실제로는 사회적 관계들의 종합이다."

또한, 종교와 무관한 인류 정의에서 결함들이 찾아졌다. 카를 뢰비트는 "그런데 이 인간을 인간으로 만드는 것, [종교에서] 해방되고 자립한 인류의 상황을 실상 결정짓는 것, 이를 구체적인 인간에 관한 추상적인 원리를 가지고 있던 포이어바흐는 감성적인 문구들 그 이상으로는 발전시키지 못했다"라고 비판했다. 이때 '감성적인 문구들'은 포이어바흐가 상당히 황홀하게 써났던 인간 사이의 '너'에 관한 문구와 성적 행위를 포함한 사랑에 관한 문구들을 가리켰다.

반면 사회학자 게오르크 지멜은 초월적인 것에 관한 포이어바흐의 무지를 비난했다. "그에게 신은 자신들의 욕구가 충족되지 못한 상황에서 자기 자신을 무한대로 끌어올리고 그렇게 생겨난 신에게서 구제책을 찾는 인간과 별반 다르지 않다. '종교는 인류학'이다. 그리고 그는 이 문구로 초월적인 것을 속단해버렸다. 왜냐하면 그는 인간 안에서 그저 세부적인 사항들의 경험적 흐름만 파악하고 있기 때문이다." 물론 그럴 수 있다. 게다가 다수가 가진 의미추구 욕구(혹은 필요)는 인간 스스로 만들어낸 신에 대한 환멸이 인간들 사이에 그들 스스로 채울 수 없는 틈(혹은 심지어 몰락까지)을 남겨났음을 추측하게 만든다. 이러한 측면으로 보자면 신의 '인류화'에 이런 논평을 남겨도 되지 않을까. 인간에게 점점 더 좋지 못하다고 말이다.

지멜도 음식에 관심이 있었지만, 포이어바흐처럼 '인류학적'

인 게 아닌 '사회학적'인 관심이었다. "인간에게 공통적이면서도 가장 공통적인 것은 사람은 먹고 마셔야만 한다는 것이다. 그리고 바로 이 점이 특이하게도 인간의 가장 이기적이자, 개개인에게 가장 직접 그리고 가장 절대적으로 국한된 특성이다. 내가 생각하는 것을 다른 사람들이 알게 할 수 있다. 내가 보는 것을 다른 사람들이 보게 할 수 있다. 내가 말하는 것을 수백 명이 들을 수 있다. 그러나 한 사람이 먹는 것을 다른 사람은 그 어떤 상황에서도 먹지 못한다. […] 하지만 이 원시적인 생리학적 측면은 지극히 보편적으로 인간적이기에 모두에게 공통된 활동이고 식사시간의 사회학적 구조가 형성된다."

이 '사회학적 구조'는 민족별로, 그리고 시대별로 굉장히 다양하다. 이때 던져지는 (종종 미해결 상태로 남는) '취미 문제들'은 예의와 관습뿐만 아니라 사회 계층과도 관련된다. 이는 부르디외가 기술했던 것으로 앞서 칸트와 관련된 장에서도 언급됐다. 음식의 사회사는 어렵지 않게 쓰여진다. 이에 관해 노베르트 엘리아스가 『문명화 관정에 대하여』에서 다루었다. 본 연구에 쓰인 역사적 증거들은 그 역사학적 출처에 대해 많은 비판을 받았고 연구 결론들 역시 지나치게 확대·해석되었다. 그렇다고 해도 엘리아스가 제시한 역사적 자료들은 인간은 그가 먹는 내용물뿐만 아니라 방식이기도 하다는 것을 명료하게 제시해준다. "배고픔은 배고픔이다. 하지만 조리된 고기를 포크와 칼로 먹으면서 해결하는 배고픔은 생고기를 손, 손톱, 이의 도움을 받아 삼켜 해결하는 배고픔과는 다르다." 이는 엘리아스도, 포이어바흐도 아닌 마르크스가 한 말이었다. 식문화는 사람들이 무엇을 먹는가뿐만 아니라 어떻게 먹는가에도 영향을 받는다. 접시에 담긴 음식을 칼과 포크로 먹는지, 18세기까지 유럽의 가난한 농민들에게는 일반적이었던 것처럼 대접에 담긴 음식을 숟가락으로 먹는지, 아니면 단순히 배만 부르면 그만이었거나 그래야만 하는지, 혹은 하나하나 아주 세세하게 짜인 식사 예절을 중시하는지 등도 식문화와 연관된다.

엘리스는 칼 사용 같은 건 이에 대한 합리적인 근거를 대기보다는 상징적으로 이해할 필요가 있다고 말했다. "발생 과정들을 하나하나 따져 들지 않고 그 결과, 칼 사용 예절에 대한 현 상태*만 살펴보면, 좀 더 간단하고 좀 더 무거운 금기사항들이 놀라우리만큼 많다는 사실을 […] 알게 된다. 칼을 입에 절대로 갖다 대지 않는다는 건 중대한 규칙이자 익히 알려진 규칙 중 하나다. 실제로 일어날 수 있을 위험들을 엄청나게 과장해서 이야기할 필요는 없다. 칼 사용법에 익숙하며 칼로 음식을 즐겨 먹는 사회 계층들은 본인 스스로 제 입을 다치게 하는 경우는 아주 드물기 때문이다. 이 금기사항은 사회적 차별 수단이 되었다. 입으로 칼을 무는 사람을 쳐다보는 그 자체만으로도 우리를 휘어잡는 당혹감 속엔 위험의 상징물이 유발하는 일반적인 두려움과 함께, 그런 식으로 칼

---

*   엘리아스 연구가 처음 발표됐던 건 1939년이었으나 그 내용은 지금도 여전히 들어맞는다.

을 사용하는 것에 있어 부모와 교육자가 '그렇게 하면 안 돼'라는 말로 일찌감치 불러일으켜 놨던 사회적 강등에 대한 공포, 다시 말해 좀 더 구체적인 사회적 두려움도 들어 있다." 올바르지 못한 칼 사용법은 그 예들을 쉽게 들어볼 수 있다. 함께 식사 중인 사람을 칼끝으로 가리켜도 되는가? 감자를 칼로 잘라도 되는가? 고기를 칼로 잘라도 되는가? 되긴 하지만 고기용 식칼로만 허용된다.

식기가 어떻게, 어떤 재료로 만들어졌는가는 이를 사용하는 자들에 관한 정보도 함께 제시해준다. 괴테와 함께 작업하던 프리드리히 빌헬름 리머는 어느 날 괴테 집에서 나와 저만의 집을 갖게 되었다. 이때 그는 "사슴뿔 손잡이의 칼과 포크"가 예나에서 저렴하고 훌륭하게 제작되길 바랐다. "괴테는 수십 개를 주문했지만 나는 두 쌍의 칼과 포크만 원했다."

"금수저를 물고 태어났다"라는 말은 처음부터 다른 사람들보다 더 나은 혜택들을 가지고 삶을 시작하는 사람들을 가리키는 말로, 오늘날까지도 은유적으로 (대개 엄청나게 시기하면서) 계속 사용되고 있다. 은 식기류는 포이어바흐 시대까지 시민 계층의 부유함을 나타내는 상징이자 증거였다. 18세기 때만 하더라도 그러한 식기류의 도난 사건은 그 집 가정부의 (말 그대로) 사활이 달린 문제였다. 심각할 때는 사형 선고의 위협까지 있었다.

어쨌건 식사 때 사용하는 식기류와 요리 때 사용하는 도구들은 사회학적으로나 문화사적으로나 관심받을 가치가 있다. 하지만 "부싯돌에서부터 온도 조절 믹서기까지, 노동으로서의 요리"가 우선 설명되고 집필되어야 할 것이다.

바로크풍의 진열 요리에서부터 현대의 공식 연회까지는 식사가 지닌 대표적 측면들이 비교적 잘 연구되어 왔다. 여기에서도 사람은 그가 먹는 것, 먹는 방식, 그리고 함께 먹는 사람이라는 게 잘 드러난다. 그렇기에 정치적인 식사 자리에서는 초청자 명단부터 자리 배치, 꽃장식 색깔까지 하나하나 최대한 외교적으로 민감하게 준비해야 한다. 식사 땐 음식에 관한 이야기만 나누는 지혜 역시 외교관들의 갈등 회피 능력이 기반이 된다. 포이어바흐의 동시대인이자 의사였던 구스타브 블룸뢰더는 "음식에 관한 대화는 일반적으로 그리고 확실하게 문명인이 꺼낼 수 있는 가장 무난한 대화 소재 중 하나이며, 그렇기에 주거 도시, 정부 소재지, 이 밖의 다른 아름다운 인간 정착지들에 잘 들어맞는다"라고 보았다.

이에 반해 요즘 정치인들이 인스타그램에 올리는 SNS 식사 사진들은 외교나 교양과 관련된 사안이 아니다. 공인인 사람이 자신이 먹고 있는 음식의 사진들을 '인터넷'에 올린다면 이는 진정성을 내보이려는 표시다. 보다시피 나는 이런 사람이야! 주간 신문 《디 차이트》에서 역설적으로 사용된 인용문을 빌려 말하자면 이렇다. "이 나라는 정치인들이 무엇을 먹는가와 같은 중요한 문제들을 사소한 일처럼 치부하는 경향이 있다[…]. 무엇을 먹느냐는 그 사람이 누구인지를 드러내 주기에 이는 아주 큰 실수다. 블루트부어스트(선지피로 만든 독일의 대표적 소시지 요리 -옮긴이)와 커리부어스트(케첩과 카레 가루를 얹은 독일의 대표적 소시지 요리 -옮긴이) 간에는 엄청난 차이가 존재한다. 특히 철저하게 연출되는 정치 사회에서는 이런 푸드 포르노 사진들이 진정성을 낳돋워순다."

사적인 시식 행위의 공적인 의미는 영양 섭취의 정치화와 관계된다. 음식은 세계관이다. 사람은 그가 먹는 것이다. 그리고 이와 동시에 다른 사람들이 어떤 모습이어야 좋을지를 표출해낸다. 독일 공영라디오방송 도이치란트푼크에서 나왔던 말을 빌려 표현하자면, "정치, 도덕, 지속성에 관한 문제들이 엄청난 압박과 함께 우리 부엌 안으로 들어왔다. 접시들에 담긴 내용물이 지위를 상징적으로 드러내고, 차별의 이유가 되며, 현 위치를 결정짓는다. 음식이 점차 하나의 세계관이 되어간다. 도덕적 나침반. 아보카도 섭취가 정치화된다." 여담으로 아보카도 세 개를 생산해내는 데 1,000리터의 물이 필요하다. "육류 섭취도 마찬가지다. SNS에는 제로 웨이스트 키친, 지역 생산품 소비, 과감한 단념과 같은 주제들의 대대적인 광고들이 점점 더 쏟아져 나온다."

이것들을 보면서 포이어바흐는 무슨 말을 할까? 이토록 남용되어 온 포이어바흐의 문구를 정작 본인은 훨씬 더 근본적인 의미로, 그리고 인류학적으로 표현했다. 어쨌든 이 점은 확실히 해둘 필요가 있다. "그는 보이는 것보다 현재를 살아가는 걸 더 중히 여겼고, 그렇기에 다른 자극 요인들이 아닌 본인 자신의 동기에 의해서만 글을 써낼 수 있었다." 이는 1872년, 가난한 포이어바흐를 위해 기부금을 모집하는 호소문이 주간 잡지 《디 가르텐라우베》에 실렸던 당시 함께 기재된 내용이었다. 조야한 시민 잡지 《디 가르텐라우베》는 지독하게 급진적이었던 마르크스와 엥겔스의 독일 이데올로기에 완전히 동의했다. 30대가 되려면 몇 년 더 있어야 했던 이 두 젊은 혁명가들은 경멸조로 다음과 같이 상기시켰다. "'역사를 만들어낼' 수 있으려면 사람들은 살아갈 수 있어야만 한다. 그런데 살아간다는 것에는 그 무엇보다 음식, 음료, 집, 옷, 기타의 것들이 포함된다." 수십 년 후 엥겔스는 마르크스를 위한 추도사에서 "사람들이 정치, 과학, 예술, 종교 등을 정진해낼 수 있기 전에 우선 그 무엇보다 먹고, 마시고, 살고, 옷을 갖춰 입어야만 한다는 간단한 사실"을 거듭 반복해서 말했다.

루트비히 포이어바흐

Ludwig Feuerbach

1804~1872년

그는 유명한 법학자 안젤름 포이어바흐의 아들로 태어났다. 루트비히 포이어바흐도 한동안 굉장히 유명했지만 결국엔 뉘른베르크 근교의 레켄베르크 집에서 외로이 가난하게 죽었다고 한다. 하지만 무조건 그런 것만은 아니었다. 1871년 말 무렵, 신문 기사에는 그가 굶어 죽었다고 나왔으나 이는 분명 사실이 아니었다. 사회민주주의에 가까웠던 어느 신문사와 중산층 진보주의 잡지 《디 가르텐라우베》는 그가 죽기 전 몇 달간 그를 위한 기부금을 모집했다. 하지만 포이어바흐의 부유했던 친구들이 그에게 경제적인 도움을 주었었기에 굳이 필요했던 건 아니었다. 1872년 9월 그의 장례식에 모인 인파는 뇌졸중에 시달리며 나쁜 의미에서 사색에 잠겼던 이 철학자가 (아직은) 완전히 잊혔던 게 아니었음을 증명해줬다.

포이어바흐가 가장 강력한 영향을 미쳐댔던 건 1848년이었다. 개인적으로는 정치 사안에 직접 개입한 적은 없었지만, 그의 철학이 지닌 역사적 의미의 핵심은 개혁이었다. 1848년 봄, 그는 바오로 성당 의회의 참관인으로서 프랑크푸르트에 머무르다 그해 가을, 학생들의 요청으로 하이델베르크에 오게 되었다. 그리고 12월 초, (대학교는 장소 제공을 거부했기에) 시청에서 그리스도교의 본질에 관한 강연들을 시작하면서 청중들을 사로잡았다. 1841년, 동일한 제목의 책이 출간되면서 포이어바흐는 유명해졌으나 대학 지도층은 이를 참아내기 힘들어했다.

이처럼 자유로운 은유법을 활용해보자면, 포이어바흐는 가끔은 글을 쓰고 대부분은 도자기를 팔면서 '빵'을 사 먹었다. 잠깐 맡았었던 강의들에 대한 강연비 이외에도 그는 신문이나 저널 등에 기사를 기재하면서 원고료를 받았고 도자기 공장에서 배당금도 받았다. 1833년, 이 도자기 회사의 공동사업주인 베르타 뢰우를 알게 됐고 그녀와 1837년에 결혼했다. 소문에 따르면 이에 앞서 따로 만나던 다른 여자가 있었고 그사이에 사생아도 있었다고 한다. 하지만 그가 즐겨 표현했던 것처럼 '신성한 혼인상태의 건강한 목욕물에 들어가려고' 충분히 맘껏 놀았을 뿐이었다.

1840년대 초, 포이어바흐는 그 목욕물에서 거의 다시 빠져나올 뻔했다. 친구의 열여섯 살짜리 딸과 사랑에 빠졌기 때문이다. 이 젊은 여인은 스무 살 이상이나 많은 남자에게만 사랑을 느꼈던 건 아니었다. 그의 글들 속에 표현된 사랑 문구들에도 푹 빠져 있었던 것으로 보인다. 1846년, 포이어바흐는 자신을 너그럽게 인내해주던 아내와 일곱 살 딸 아이를 위해, 더불어 도자기 공장에서 나오는 수입을 위해 이 사랑을 떨쳐냈다.

이윤 배당 참여에는 공장과 연결된 브루크베르크 주거권도 포함됐다. 혁명기 때 공장 상황은 좋지 않았고 결국 1859년에 문을 닫았다. 포이어바흐는 전 재산뿐만 아니라 주거권까지 상실했다. 1860년, 포이어바흐 가족은 레켄베르크의 다소 불편한 시골집으로 이사했다. 죽기 전 마지막 12년 동안 포이어바흐는 외로웠고 철학적으로도 그렇게 생산적이지 못했다.

Sätze, die die Welt verändern

Sätze, die die Welt verändern

"'존재가 의식을 결정한다' 여태껏 이보다 더 뜨거운 논쟁거리는 없었다"

카를 마르크스

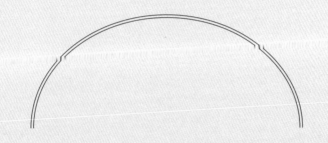

"물질적 삶의 생산 방식은
사회적, 정치적, 정신적
생활 과정의
일반 조건이 된다.
인간의 의식이 그 존재를
규정하는 것이 아니라,
인간의 사회적 존재가
그 의식을 규정한다."

—『정치경제학 비판』

존재, 의식 결정에 관한 주장들만큼 논란의 여지가 많은 것도 드물 것이다. 가끔은 의도적으로, 가끔은 무분별하게, 그토록 자주 오해받은 경우도 드물었으며, 사상가들에게는 그토록 빨리 '사상적'이라 치부되고 사상 비평가들에게는 그토록 무비판적으로 교리시된 경우도 흔하지 않았다.

· 프랜시스 후쿠야마의 발언은 가벼운 자만에 대한 예시가 되겠다. "카를 마르크스가 한때 언급했던 것처럼, 사회적 상황들은 이념들을 '그냥' 만들어내지 않는다." 이때 후쿠야마가 '그냥'이라 말한 건 틀렸다. 마르크스주의자가 아닌, 요제프 슘페터와 같은 이들에게 경제이론에 관한 정보를 얻어봤더라면 좋았을 텐데. "마르크스는 종교, 형이상학, 예술 운동들, 윤리적 관념들, 그리고 정치적 바람들이 경제적 동기로 인해 줄어들거나 무의미해진다고 주장하지 않았다. 그는 그들이 형성해내고 그들의 상승과 하락을 설명해주는 경제적 조건들을 그저 밝혀내려 했을 뿐이다."
· DDR 마르크스주의의 『철학 사전』 속 한 구절은 별난 자만에 대한 예시가 되겠다. "베이컨에서 포이어바흐에 이르기

까지 인식론의 모든 발달은 부르주아 계층을 기반으로 이루어지며 신흥 부르주아의 실질적인 바람들과 이론적 요구들을 충족시켰던 반면 변증법적-유물론 인식론은 [...] 노동자 계층의 실질적 바람들과 이론적 요구들로부터 비롯됐고 역사적 목표, 공산주의 의미에서 세계 개혁과 깨달음의 수단으로써 기능한다. 이는 근본적으로 중요한데, 노동자 계층은 그들의 물질적 존재 조건들 및 역사적 역할들 때문에 깨달음에 대한 그 어떤 사회 계층적 장벽들에도 맞닥뜨리지 않기 때문이다." 이 역사철학적, 그리고 인식론적 주장들은 쌍방으로 작용한다. 그들의 교조적 매듭들은 비판들에서 아무런 타격도 받지 않게 하는 동시에 시정도 힘들게 만든다. 사회 체계의 학습능력에 상응하는 이론 체계의 '학습능력' 부족은 사회주의 붕괴의 전조 신호였다.

그렇기에 엄청나게 다양한 해석과 설명은 사회주의 국가들에서는 사유와 변유, '역사적' 및 '변증법적 유물론'으로 굳어졌던, 이른바 '유물론적 역사관'으로 여겨지는 모든 것과 전반적으로 관련된다. 마르크스가 강조했던 '유물론적 역사관'과 엥겔스가 강조했던 '과학적 사회주의'와 함께 헤겔의 이상주의와 포이어바흐의 인류학적 유물론은 극복되었다. 포이어바흐는 여전히 아주 일반적으로 인간적으로 평했다. "생각은 존재에서 비롯되지만, 존재는 생각해서 비롯되지 않는다." 아니면 이렇게도 표현했다. "궁전 사람들은 오두막에 사는 사람들과 다르게 생각한다." 누가 이를 반박하고 싶겠는가? 참새들은 지붕 위에서 재잘거리고 배우들은 무대 위에서 노래 부른다. "이것만은 꼭 알아두길. […] 우선은 처먹고 나서야 다음이 도덕이라는 것을." 브레히트의 「서푼짜리 오페라」에서 칼잡이 매키와 술집 여인 제니가 관객들을 향해 힘차게 불러댄다.

생각뿐만 아니라 의견도 존재에서 비롯된다. 루소는 편지 형태의 소설 『신 엘로이스』에서 개개인의 대중적 생각에 대한 기능적 기민함을 인격화하여 표현했다. "그에게 기다란 가발, 제복, 그리고 십자가를 번갈아주면 그가 법, 전제 권력, 종교 재판에 관해 모두 똑같은 열정으로 연설해대는 모습을 보게 될 것이다. 판관에 대한 통례적인 생각이 있고, 재무관에 대한 통례적인 생각이 있으며, 군대에 대한 또 다른 통례적인 생각이 있다. […] 이런 식으로 그 누구도 제 생각을 말하지 않고 다른 사람들이 생각하기에 그에게 적합한 것을 말한다. 그들에게 있어 겉으로 그럴듯하게 보이는 진실에 대한 열정은 욕구들을 가린 가면에 불과하다."

루소는 근대 문명화 속에서 개인적인 솔직함이 상실되어가는 걸 개탄하며 가면 뒤에 숨겨진 표정을 그리워했다. 가면들은 오랜 시간 사람들의 표정들을 뒤덮어버렸고, 사람들은 대부분 다른 사람들이 저들에 관해 그렇게 믿어줬으면 하는 대로 저 스스로 믿어버린다. 가면을 벗어버리거나 찢고 나오는, 이른바 탈피를 이제 더는 할 수 없게 됐다. 자칭 '진짜'는 애초부터 제 욕구와 얽혀 있다.

- 홉스 : 생각들은 지형을 살펴보고 원하는 바로 나아갈 길을 찾아내야 하는, 흡사 욕구들의 첩자이자 정찰병과 같다.
- 쇼펜하우어 : 인간의 진정한 존재는 의지다. 인식은 부차적으로 따라오는 것이다.
- 니체 : 진실은 사람들이 그것이 환상이란 사실을 잊어버린 환상이다.
- 프로이트 : 인간의 가치 판단은 행복에 대한 자신의 바람들에 전적으로 주도된다는 것, 즉 제 환상들을 논쟁들로 옹호하려는 시도라는 것, 그것 하나만은 분명하게 안다.

프로이트가 말한 '합리화'를 엘리트 이론가이자 이탈리아 사회학의 거장 빌프레도 파레토는 '파생'이라 보았다. 파생으로, 궤변들로 사람들은 제 행동들을 망쳐놓은 것들을 애써 이해하려 든다. 한편, 지식사회학의 창시자 카를 만하임은 "사고의 존재 구속성"과 견해에 대한 불가피한 관점들을 언급했다.

인간의 삶은 공사장과도 같다. "공사장을 떠올려보자. 그리고 기중기 기사, 벽돌공, 건축업자, 건축가, 임차인 등 공사장과 관련 있는 사람들 다섯 명을 떠올려보자. 이 사람들은 분명 서로 각기 다른 관심사를 가지고 서로 각기 '다른 눈들'로 이 공사장을 바라보고 있다." 레비스트로스의 말을 빌려 종합적으로 표현하자면 이렇다. "사람들이 제 행동들과는 별개로 제 신념들을 따르고 있을 거로 믿으려면 굉장히 순진하거나 부정직해야 한다."

공사장 예시는 꽤 오래된 『사회론 입문』의 "이데올로기 문제"에 관한 장에 나오며, 본 장은 "유물론적 역사관의 주요 명제들"에 관한 장으로 이어진다. 앞서 언급된 격언들 속 문장들이 이곳의 핵심 문장들이다. 그러나 이들과 관련되면서 세계사적으로 광대한 역사철학적 논제들을 이해할 수 있으려면 1859년에 출간된 『정치경제학 비판』의 서문 내용을 알아둘 필요가 있다. 이는 마르크스주의에서 정식화된 문장들이다. "인간들은 그들 생활의 사회적 생산에서 그들의 의지와는 무관한 일정한 필연적 관계들, 그들의 물질적 생산력들의 일정 발달 수준에 조응한 생산 관계들을 맺게 된다. 이러한 생산 관계들의 총체가 사회의 경제구조를 형성하게 되며, 이는 법적 및 정치적 상부 구조가 쌓아 올려지는 기반이 되고 일정한 사회적 의식 형태들과 일치한다."

이 문장 속에 들어 있는 '기반'과 '상부 구조'는 친구이자 적군인 구 마르크스주의자들과 신 마르크스주의자들이 여러 세대에 걸쳐 전념해오며 점점 더 복잡하게 논쟁해왔던 용어들이다. 1893년, 엥겔스는 프란츠 메링에게 보내는 편지에서 이를 꼭 언급해야겠다고 생각했다. "우리는 모두 처음부터 정치적, 법적, 그리고 이 밖의 다른 사상적 개념들과 이러한 개념들에서 매개된 행동들을 경제적 근본 사실들에서 도출해내는 데 중점을 두었고 그렇게 해야만 됐다. 그러면서 우리는 내용에 관한 형식적 측면을 소홀히 했다. 바로, 이러한 개념들 등이 성립된 방법. […] 이에는 사상가들의 어리석은 생각들도 관련된다. 우리는 역사 속에서 중요하게 작용하는 다양한 사상적 영역들의 독립적인 역사적 발달을 부정하기에 그들의 역사적 영향력 역시 모두 거부해버리게 된다."

'사상 비판'이 유행에서 완전히 벗어난 것처럼 이러한 논쟁들 역시 이제는 잠잠해졌다. 시민의 사유재산 및 자유권이 전 인류의 것과 똑같다는 시민사회의 개념 속에서 마르크스가 파악해낸 '허위의식'처럼, 한때 아도르노와 호르크하이머가 그들의 문화산업 분석에 관철하고자 했던 '현혹연관' 역시 요즘엔 굉장히 구시대적이다. 문화산업은 이제 프랑크푸르트학파 이론가들은 예측해내지 못할 정도의 수준(과 회전율)을 달성해냈다. 전 세계로 확장해나가는 시민 경제(마르크스는 '자본'에 관한 글을 썼어도 '자본주의 사회'라 말한 적은 없었다. 그는 늘 '시민'사회라 표현했다) 역시 1848년에 출판된 『공산당 선언』에서 예견한 것들을 말 그대로 무한정 꽉 실현해냈다. "생산품의 판로를 끊임없이 확장하려는 욕구가 부르주아를 전 세계로 내몬다. 그들은 도처에 둥지를 틀어야 하고 도처에 관계를 형성해야 한다." 하지만 마르크스는 이는 신분 사회와 민족주의 사회 발전을 가로막는 장애물들을 극복해내기에 충분히 긍정적으로 평가할 만하다고 보았다. "국산품으로 충족되었던 과거의 욕구 대신 새로운 욕구가 들어선다. 이 새로운 욕구를 충족시키려면 먼 나라와 다른 토양의 생산물들이 필요하다. 과거의 지역적이고 국가적인 자족과 고립은 국가들 상호 간의 전면적 교류, 전면적 의존으로 대체된다. 이는 물질적인 생산에서도 그렇고 정신적인 생산에서도 그렇다."

조건 발달에 관한 이론들이 한동안 새로웠고 옳기도 했을지 언정 이제는 옛날 게 되었다. 이 역시 존재와 의식의 역사 중 하나다. 세계관들은 선견지명이 있으며 미래의 역사를 날카롭게 내다보지만, 현재 눈앞에 있는 것들이 예전 개념들보다 너무 새로우면 쉽게 간과해버린다. 사람들은 『공산당 선언』을 자기 자신에게 적용해볼 수 있다. "인간의 생활조건들, 사회적 관계들, 사회적 존재와 함께 그들의 생각, 관점, 용어들, 한 마디로 그들의 의식도 함께 바뀐다는 사실을 깨닫기 위해서는 깊은 통찰력이 필요한가? […] 사람들은 사회 전체를 변혁시키는 생각들에 관해 말한다. 그러면서 예전 사회 안에 새로운 사회의 구성요소들을 집어넣었다는 사실만을, 예전 생각들의 붕괴가 예전 생활방식들의 붕괴와 보조를 맞춘다는 사실만을 이야기할 뿐이다."

폭로 행위는 무엇이 됐든 장기적으로는 피곤한 결과를 초래하며(사람을 참으로 지치게 만들던 루소는 분명 이를 이미 경험했을 것이다) 저항행위를 유발해낸다. 비평가들이 사람들에게 그들이 '정말로' 생각하며 바라고 의도하는 바가 무엇인지를 설명해주고 싶은, 그런 통찰자 역할일 때 특히 더하다. 오래전부터 끊임없는 비판에 지쳐버린 사람들은 '사상' 대신 차라리 '논쟁'이라 말하는 게 더 낫다고 생각했다. 아니면, 반反 스탈린주의의 좌파로 한때 '엄청난 인기를 끌었던' 이탈리아 공산주의자 안토니오 그람시를 따라 '논쟁의 헤게모니'라 이야기하기 시작했다. 요즘 문화학자들이나 특집 기사 전문 기자들, 혹은 미디어 오피니언 연재 기자들은 다소 덜 해로운 '이야기'를 선호한다. 할 이야기들이 진짜 많다. 기중기 기사든 건축업자든 경영 대변인이나 노동조합위이든 애초부터 '보이지 않는 손'을 믿었던 시장 자유주의자든 사회주의적 잉여 유토피아를 그리는 계획 경제학자할 것 없이 모두가 제 이야기를 해댄다. 우리 모두 저만의 이야기가 있고, 이 모든 이야기가 모여 역사를 만든다. 우리가 우리 이야기를 만들어내는 건 아니지만 이에 관해 끊임없이 이야기해낸다.

그런데 완전히 맞는 말은 아니다. 좀 더 정확하게 말하자면 우리는 우리 이야기들을 이해하지도, 제대로 파악하지도 못한 채 이들을 만들어낸다. 어떤 일들이 일어나고 하나의 이야기가 된 다음에야 이를 이해하기 시작한다. 삶이 다 끝날 무렵에서야 제 삶을 완전히 되돌아보며 이해할 수 있듯이 말이다. 하지만 그때는 이미 우리가 죽은 뒤다.

역사의식이 존재의 소멸로 연명한다면 이는 무조건 종말론적 의식이 되는가? 악명 높은 구전에 따르면 "훗날 더 똑똑해지는 법"이라고 했다. 그리고 어느 유명한 철학가(헤겔)는 독자들에게 한 마리 새를 보여주었다. "철학이 회색빛 현실을 회색으로 그려낼 때 삶의 형태는 이미 낡아버렸으니, 회색에 회색을 덧칠한다고 해도 그 삶의 형태는 다시 젊어질 수 없으며 그저 인식만 될 뿐이다. 미네르바의 부엉이는 황혼이 깃들 무렵에야 비로소 날기 시작한다."

부엉이는 고대 로마 시대의 지혜의 여신 미네르바(그리스에서는 아테나)와 함께 등장했다. 그리고 부엉이는 어두워지면 그때야 비로소 사냥을 시작한다. 본 은유법으로 명확하게 설명하고자 했던 헤겔의 의도는 한 시대의 (자칭) 마지막 무렵, 그 시대와 역사에 관해 떠올릴 때마다 그 진가를 발휘한다. 이는 요즘에는 좀 기이하게 들리지만 프랜시스 후쿠야마가 소비에트 공산주의 붕괴 이후에 외친 '역사의 종말'이란 말에도, 또 부르주아 사회 붕괴 후 공산주의 시대가 도래할 것이란 마르크스의 예언에도 해당한다. 마르크스는 이른바 부르주아 사회의 마지막 단계가 되어서야 비로소 역사의 종말을 계급투쟁에 관한 이야기로 인식해낼 수 있었다. 그가 엥겔스와 함께 표현했던 바에 따르면 "이제 사회주의는 어떤 천재적 머리에서 우연히 발견된 게 아닌, 역사적으로 창출된 두 계급, 프롤레타리아와 부르주아 간의 투쟁에 의한 필연적인 결과물로 보인다."

바이마르공화국의 마르크스주의 지식인 지도층 중 한 명인 카를 코르슈는 좀 더 힘주어 이야기했다. "현시대의 특별한 사회적 의식 형태로써 사회의 역사적 발달에 대한 유물론은 그 자체로 이 역사적 발달의 한 부분을 구성한다. 사회적 계급투쟁에 대한 유물론은 그 자체로 사회적 계급투쟁이다."

사회적 존재에 관한 의식 이론은 바로 이러한 존재 변화를 위한 투쟁, 그 일부가 된다. 이와 같은 사고과정(혹은 사고 비약)은 '프롤레타리아 계급투쟁'에서 '이론과 실제의 조화'로 불리며 주장했던 것과 더불어 수년 전 학생운동이 일어났던 그 당시와 그 직후 고통스러운 토론들을 유발해냈던 요인들을 보여주는 예가 되겠다. 1963년, 위르겐 하버마스는 "사회철학 연구들" 총서에 이론과 실천이란 제목을 붙였다. 나이가 지긋해진 지도사 아도르노를 반항적인 남학생들은 냉랭하게 대하고 반항적인 여학생들이 강의 시간 맨가슴을 드러내며 경멸했던 반면 그보다 확연히 더 젊었던 하버마스는 실질적인 동맹자보다는 이론적인 경쟁자로 여겨지는 경우가 많았다. 1967년, 루디 두치케는 하노버 학회에서 하버마스를 대놓고 공격했다. "하버마스 교수는 마르크스에 관해 이렇게 말할 수도 있을 겁니다. 생각이 현실 속으로 파고 들어가는 것만으로는 충분하지 않다거나 현실이 생각을 재촉해대야 한다는 말은 자본주의가 일시적으로 필요했던 시기에는 맞는 말이었습니다. 그리고 이 말이 헛소리가 된 지도 오래지요. 우리 역사의 타당성에 걸맞은 물질적 전제조건들은 주어져 있습니다. 생산력은 굶주림, 전쟁 및 통제를 물질적으로 없앨 수 있을 만큼 발전되었습니다. 인간들이 만들어왔던 역사를 마침내 명확하게 인식해내고 이를 통제하며 제어해내고자 하는 것, 이 모든 건 언제나 인간의 의식적인 의지에 달려 있습니다. 다시 말해 하버마스 교수, 당신의 개념 없는 객관주의는 해방되어야 할 주체를 죽이고 있습니다." 이 주체가 과도한 교육적 간섭에 대한 두려움에서 도망칠 구실을 만들어주었던 게 이 '해방되어야 할 주체'라는 유별나게 관료적인 표현이었다는 걸 두치케는 알지 못했다. 노동계급의 거의 모든 젊은이가 결국엔 그렇게 도망쳤다.

지금 생각해보면 온갖 조롱들을 마땅히 받아야 하겠지만(여기서도 사람은 훗날 더 똑똑해진다) 어쨌든 1970년대 후반과 1980년대 초반에 있었던, 마르크스주의에 관한 학술적 해석 논쟁들과 관련된 것들은 유물론적 의식이 사회적 존재에 철학사적으로는 별로, 잔인하게는 엄청나게 영향을 미쳤던 시대가 있었음을 상기시켜 준다. 앞서 언급했던 1893년 엥겔스 편지의 수신자 프란츠 메링은 1898년에 처음으로 출간했던 반박문 『레싱 전설』에서 "오늘날 역사적 유물론에 대한 신봉은 빈곤, 박해 및 비방을 무조건 수반하기에 엄청나게 도덕적인 이상주의를 요구한다"라고 말했다. 대학교나 대중 매체에서 성공하고 싶다면 '역사적 유물론에 대한 신봉'을 비밀로 해두는 게 더 현명한 일일 것이다. 그런데 직장생활 내내 자기의 내적 신념에 반하는 말들을 내뱉을 힘과 인내심은 어디에서 얻을 수 있나?

반면 요즘에는 외부인들이 내세우는 생각들이 지금껏 전승해오며 연구현장에서도 계속해서 인용되었던 이론들을 불확실하게 만들거나 심지어 파괴할 위협까지 있는 순간, 제도적으로 안정적인 '전문가 집단'의 학자들이 그 외부인들과 그들의 생각들을 반박하는 건 그렇게 놀랍지도 않다. 이는 그저 깨달음의 문제로만 그치지 않는다. 더 높은 '깨달음에 관한 욕구'에서부터 연구 자리, 비용 및 경력들에 대한 사적인 바람들까지 달하는 사안이기도 하다. 각각의 학문 분야들(이때 각 분야는 문자 그대로 진지하게 받아들일 필요가 있다) 간의 분리 싸움들을 미국 과학철학자 토머스 쿤은 '패러다임 전환'이라 명명했다. 이는 존재와 의식과 관련하여 저글링처럼 엄청나게 자주 인용되는 지적 용어들 가운데 하나이기도 하다.

당신이 어떻게 말하는지를 내게 말해달라. 그러면 나는 당신이 누구인지를 말해주겠다. 음식에 해당하는 건 말에도 똑같이 적용된다. 부르디외가 학술적으로 표현했던 바에 따르면, 언어 습관(반드시 정신적인 내용인 건 아님)은 화자의 사회적 지위(반드시 실질적 신념인 건 아님)를 말해준다. 사회적 존재가 의식을 결정한다면 이는 언어도 결정한다. 포이어바흐를 의역하자면, 궁궐에서 말하는 법과 오두막에서 말하는 법은 다르다. 또한, 19세기 상류층 저택과 르네상스 시대의 궁궐에서 말하는 법들은 서로 다르며, 저택 부엌과 응접실에서 이야기하는 방식은 또 다르다. 마르크스의 글들에서도 존재가 진부한 방식으로 의식을 결정짓는다. 부르주아 아들이 공장장 아들인 엥겔스와 서신을 주고받을 때는 계급에서 해방해주고 싶었던 프롤레타리아를 한 개개인으로서는 꽤 멸시적으로 표현했다는 점에서만큼은 적어도 그렇다. '상황들(환경)'은 언어 속으로 계속해서 스며 들어간다. 너무도 깊이 들어가기에 이를 별도로 언급하는 것은 거의 자명한 일이다.

그런데 잘 들어보면 또 어렵다. 사람들은 현실을 이해할(때로는 접촉할) 때 필요한 개념들을 어디에서 얻는가? 스스로 이해했던(혹은 이해했다고 생각한) 바를 다른 사람들에게 보여주고자 할 때 필요한 이미지들은 어디에서 얻는가? 마르크스는 제 철학사적 이야기들('서사'란 단어를 사용하지 않기 위함)에서 역사적 발전력을 그 당시 기술 수준의 최고점을 보여주는 증기기관차들과 비교했다. 요즘엔 기껏 해봐야 정치적 결정이 늦어지는 상황을 풍자하기 위해 철도를 언급할 것이다. 하지만 역마차가 사라진 요즘, '이정표'가 더는 존재하지 않는데도 이에 관한 비유 표현들은 계속 쓰이고 있다. '타불라 라사'라는 말도 종종 쓰이고 있으나, '고대 로마인들'처럼 기억을 밀랍칠판처럼 언급하려는 사람은 적어도 더는 없을 것이다. 그렇기에 이런 진부한 문구를 사용하는 사람들은 여기서 말하는 타불라가 한때 정확하게 무엇을 의미했는지, 다시 말해 반짝반짝하게 문질러진 밀랍칠판을 의미한다는 걸 대부분 모르고 있다는 것을 가늠해볼 수 있다. 지금은 칠판을 더는 문질러대지 않고, 닦거나 지운다. 이에 기억 역시 하드디스크나 주기억장치와 더 자주 비교되는 편이긴 하나, 그렇다고 한들 이들 역시 왁스로 코팅한 나무판만큼이나 서로 간의 관련성이 거의 없다. 뇌는 컴퓨터와 대체로 자주 비교되는데, 마르크스 시대 때는 파스칼이나 라이프니츠 방식의 계산기에 더 가까웠다.

은유법들은 시대 유행의 최정점을 찍을 때도 있고 시대 발전에 뒤처질 때도 있다. 어떤 때는 이게 맞고 어떤 때는 저게 맞다. 그렇지만 시대를 앞서갔던 적은 거의 없다. 은유법의 목적은 사람들이 제대로 이해하지 못했던 바를 이해하기 쉽게 만드는 것인데, 이 은유법이 시대를 앞서가면 그 누구도 이를 이해하지 못할 것이다. 한 예로, 사람들은 '양자 비약'이 무엇을 의미하는지 대충은 알고 있어도 이 도약의 물리적 관계성은 전문가들밖에 설명해내지 못한다.

은유적 표현들이 관념들로 꽉 차 있지 않고 관념이나 사상들로 완전히 오염되어 있다면, 그런 것들은 심심풀이로 그저 언어적 광택을 약간 낸 것 외엔 노력할 가치가 없는 것들이다. 현재의 의식이 현재의 존재에 의해 계속해서 결정되는 경우는 결단코 없다. 발전 속도가 빨라질수록, 특히 기술 개발이 앞서갈수록, 오히려 훨씬 더 뒤처지기 마련이다. 이에 관한 아주 극단적인 예가 유전기술이다. 최신 방법 가운데 하나는 막스 플랑크* 연구소 홈페이지를 보면 알 수 있다. "유전자 가위, 분자 메스(일상언어로 이런저런 설명을 붙인 단어들은 발음하기도 너무 힘든 CRISPR/Cas9란 새로운 방법이 할 수 있는 것을 표현하고자 한다. 바로, 자르기), 좀 더 정확히 말하자면 특정 위치에 정확하게 유전 분자 DNA 분리. 연구자들은 이렇게 유전자를 축출하거나 절단 부분에 새로운 절단 조각들은 붙여낼 수 있다. 이러한 방식으로 유전질은 그 어느 때보다도 훨씬 더 쉽고 훨씬 더 빠르게 변화시킬 수 있게 됐다. 작용 원리는 쉽게 들리지만, 다양한 요인들이 정확하게 맞아떨어져져야만 두 개의 RNA 분자와 한 개의 단백질 분자의 자연적인 형태로 존재하는 유전자 가위가 아주 정확하게 기능할 수 있다. 그렇기에 CRISPR/Cas9 기능 방식은 30년 후에도 여전히 완전하게는 이해되지 못한다."

이 '가위'와 이것으로 시도해볼(혹은 저질러볼) 수 있는 행위에는 오로지 전문가들, 그러니까 실험실 전문가들이 아닌 우리 모두와 같은 삶의 전문가들만 내릴 수 있는 윤리적 결정들이 뒤따른다. 이는 어떻게 이루어져야 할까? 새로운 유전기술이 옛 윤리적 가치에 미칠 영향들은 어떻게 의식될까? 조금 오래된 사례에 맞춰 명확히 해보자면, 뇌사에 대한 정의에 앞서 장기 기증에 대한 윤리문제는 거론되지 않았다. 이제는 우리에게 거의 익숙해진 작업인데도, 이와 관련된 윤리관들은 전혀 능숙해지지 않았다. 시장 경제적으로 표현하자면 장기에 대한 수요가 공급보다 훨씬 더 크기에, '보이지 않는 손'의 연방 의회 의원들 일부는 구체적으로 반대 의사를 표시하지 않았던 시민들을 그들의 인식과는 무관하게 잠재적 장기 기증자가 되도록 만듦으로써 이를 진척시키고자 했다. '추정적 동의 제도'라 이름 붙였던 이 규정은 2020년 1월 수포가 되었다. 그렇지만 이는 의식과 존재가 진화론적으로 서로 상응하지 않을 때 어떤 윤리적 문제들이 부가적으로 발생하게 되는지를 선례적으로 보여준 사례였다.

언어는 이 세상을 '재생산'하지 않고 '반영'하지도 않을뿐더러, 오히려 이를 제일 처음으로 구성해내는 한 (그러길 바란다면) 둘 사이의 연결 고리가 된다. 『독일 이데올로기』에서 마르크스와 엥겔스는 확신했다. "언어는 의식만큼이나 오래됐다. 언어는 실천적인 의식이다. 타인을 위해 존재하는 것이기도 하며, 그렇기에 비로소 나 자신을 위해서도 존재하는 현실적 의식이기도 하다. 그리고 언어는 의식과 마찬가지로 타인과의 교류의 필요성, 그 욕구에서 발생한다. […] 의식은 애초부터 사회적 산물이며, 인간이 존재하는 한 그렇게 존속한다."

단지 이때 손을 잊어버려서는 안 된다. 손 덕분에 원숭이가 인간이 됐다. 동물은 막대기와 같은 물건들을 도구로 간단하게 사용해낼 뿐만 아니라, 계획 생산을 넘어 분업화까지 이루어내면서, 사회화되고 문명화되고 인간화되면서 결국 사람이 되었다. 『원숭이가 인간이 되는 과정에서 노동이 차지하는 역할』은 엥겔스의 (미완성) 작품으로 직립보행에 따라 자유로워진 두 손을 칭송한다. 육체노동과 정신노동은 우선은 분리될 수 없었고, 이 두 작업을 통해 인간은 인간 자신을 만들어냈다. 말 그대로 자연뿐만 아니라 제 본성에서도 점차 더 멀리 벗어난 채 살아갔다. 그리고 끝내 자본주의 경쟁 사회 속에서 인간은 자기 스스로 만들어낸 사회적 환경들을 완전히 낯선 것인 마냥 속수무책으로 마주한다. 발달 초창기 때 자연에 맞서 그렇게 서 있었던 것처럼 말이다. 그렇기에 자연과학적 진화론과 정치·경제적 사회 이론 사이에 관념적 반응들이 생겨날 수 있는 것이다. 한 예로, 엥겔스는 『자연변증법』에서 이렇게 기술했다. "생존 투쟁에 관한 다윈의 교리 모두 만인에 대한 만인의 투쟁이란 홉스의 교리와 경쟁에 대한 부르주아식 경제 [교리]를 […] 사회에서 생존 본능으로 옮겨놨을 뿐이다. 이러한 재주를 다 부리고 나자[…] 자연사에서 비롯된 교리를 사회사 속으로 재전달하는 일은 아주 쉬워졌다."

아도르노도 "적응의 이상理想"에 관해 이야기하던 강의 중에 이를 "부르주아 사회에서 이 어마어마한 역할을 실행하는 것" 존재를 통한 의식의 결정이라며 유사한 방식으로 설명해냈다. "그러고 나서 진화론적 생물학에서는 이를 자연 그 자체에 투영시켰다

[…]. 진화론에 도입된 후, 이는 본래 유래됐던 그 사회로 환원되었다." 그럼으로써 역사적인 자본주의적 시장 사회의 경쟁 법칙들을 불변의 자연법칙들처럼 그려냈으며, 이는 '사회진화론'이 '생존 경쟁'을 우상화하면서 극치를 달렸던 것과 크게 다르지 않았다. 사람이 만든 것을 '자연적'으로 주어진 것으로 바꿔버리고, 그러면서 비난에 대한 저항력을 갖게 되는 이념적 작업 절차를 보여주는 한 예가 되겠다.

엥겔스는 다윈의 『종의 기원』을 '완전히 멋지다'라고 생각했고 감격에 겨운 채 "자연 속에서 일어나는 역사적 발전을 증명해 보이기 위해 이토록 굉장한 시도는 지금껏 없었다"라는 내용의 편지를 마르크스에게 보냈다. 이후, 친구의 무덤 앞에서 그는 서로를 비교했다. "다윈이 유기체적 자연의 발달 법칙을 찾아냈듯이, 마르크스는 인간 역사의 발달 법칙을 발견해냈다."

마르크스의 『정치경제학 비판』은 종의 기원에 관한 다윈의 책과 같은 해에 출간되었다. 마르크스는 다윈의 이론을 그렇게 미덥지 않아 했고 엥겔스가 영광스러운 의미로 행했던 비교에 불편해했던 듯하다. 그는 '생존 경쟁'에 관한 다윈의 이론은 무엇보다 부르주아 사회의 경쟁 이론을 자연에 이입한 것이라 보았다. 그는 "모든 역사를 […] 그저 하나의 위대한 자연법칙 아래 포괄시키려 한" 독일의 저속한 진화론자를 비난했다. "이 자연법은 '생존 경쟁' […] 구절이다. 즉, 이 '생존 경쟁'이 다양한 특정 사회 유형들에서 역사적으로 어떻게 나타났는지를 분석해내는 대신, 모든 실질적인 투쟁들을 '생존 경쟁' 구절 속에 [...] 집어넣으려고만 한다. 이것이 작위적이고, 학문적으로 행하는 처하며, 허풍을 떨어대는 무지함과 지적인 나태함에 매우 적합한 방법이란 걸 인정해야만 한다."

게다가 마르크스가 전적으로 중요하게 여겼던 것이 다윈의 진화론에는 빠져 있었다. 진보! 마르크스는 사회의 역사를 하나의 발전 역사로 묘사해냈는데, 이는 발달 논리적으로(헤겔주의자인 마르크스는 역사철학적으로) 재구성해낼 수 있다. 궁극적으로 목적론적인 이 역사관은 다윈의 진화론에 지배적이었던 진화 우연성이라는 생각과는 서로 모순됐다. 더욱이 마르크스가 보기에 이러한 사건의 주체는 다윈의 경우 '진화'*로 보였던 것처럼 '역사'가 아니라 사람이었다. 엥겔스가 1845년에 작성했던 초기 논문『신성가족』을 보면 이렇게 강조되어 있다. "역사는 아무 짓도 하지 않는다, 역사는 '거대한 부도 없다' 역사는 '아무 싸움도 하지 않는다!' 오히려 온갖 짓을 행하며, 모두 갖고 있고, 싸워대는 인간, 실제이면서 살아 있는 인간이다. 자신의 (역사가 독특한 인간인 것처럼) 목적들을 달성하기 위해서 인간을 수단으로 부렸던 그런 '역사'가 아니라, 자신의 목적들을 뒤쫓는 사람들의 활동일 뿐이다."

마르크스가 10년 뒤 다윈에게 『자본론』을 선물해도 좋을지 물어봤으나 거절당했다는 이야기가 있지만, 이는 결단코 사실이

---

* 다윈은『종의 기원』초판에서 동사 형태만 사용했고, 마지막 단어는 '진화하다'였다.

아니다. 이 전설은 마르크스가 쓰지도 않았던 편지가 마르크스 유품 중에 잘못 섞이면서 벌어진 거였다. 어쨌건 마르크스는 자필로 작성한 제2판 헌정 사본을 다윈에게 보냈고 다윈은 정중하게 감사 인사를 전했다. "친애하는 선생님, 자본에 관한 선생님의 걸작을 보내주시면서 제게 보여주신 존경에 감사드립니다. 이런 선물에 제가 좀 더 걸맞은 사람이었다면 좋았을 텐데요. 제가 이 심오하고도 중요한 정치·경제 주제를 좀 더 잘 이해할 수 있는 사람이었다면 좋겠습니다."

카를 마르크스

Karl Marx

카를 마르크스는 누구였는가? "그는 구소련 철학자였고, 엥겔스의 친구였다. 무슨 말이 더 필요하겠는가? 그는 노환으로 죽었다." 이는 한 라디오방송 기자가 1985년, 부다페스트의 카를 마르크스 광장에서 이 이름의 주인공에 관해 질문했을 때 돌아온 대답이다. 베를린의 마르크스 엥겔스 포럼 거리에서 요즘 이런 질문을 던진다면 어떤 대답들을 듣게 될까?

훗날 소비에트 마르크스주의에 사로잡혔을지라도 라인강변 트리어에서 태어난 마르크스는 구소련이 아닌 프로이센 출신의 철학자였다. 요즘 시각에서도 참 혼란스러운 사실이지만, 그 당시 라인란트는 프로이센에 속해 있었고 마르크스는 1845년 시민권을 포기할 때까지 프로이센 여권 소지자였다. 이후 시민권을 되찾으려 했으나 실패했고 죽을 때까지 계속 무국적자 신분이었다. 그는 런던 유배지에서 사망했다. 65세 생일을 몇 주 앞두고 죽었기에 '노환'이라 말할 수도 없었다.

수십 년 전인 1844년 6월, 베스트팔렌의 예니는 마르크스에게 이런 글을 썼다. "사랑하는 이여, 저는 우리 미래가 엄청나게 걱정될 때가 많아요. 가깝고도 멀게 말이죠." 이때 그녀는 카를과 결혼한 지 일 년 정도 되었고 얼마 전 트리어의 부모님 댁에서 첫째 아이를 출산했다. 마르크스와 예니는 총 일곱 명의 자식들을 낳았다. 마르크스는 그가 주도했던 라인 신문이 발간 금지된 이후 파리에 머물렀다.

예니의 근심들에는 그만한 이유가 다 있었다, 그러니까 '가깝고도 먼' 시점에서. 가족들은 상속 재산을 다양하게 받았을 뿐만 아니라 엥겔스에게 지속적인 금전적 지원을 받았다. 그런데도 거의 끊임없이 계속해서 물질적 어려움을 겪으며 파리, 브뤼셀 및 런던 유배지에서 거주했다. 물론 중산층 출신의 마르크스와 귀족 계급 출신의 아내가 겪는 어려움은 부르주아 계급 수준의 어려움이었지, 프롤레타리아 계급 수준의 어려움은 아니었다. 그렇다고 해서 그들의 고통이 줄어들었던 건 아니었지만, 어쨌건 그들은 하인 신분으로 전락하지도 않았고 심지어 하인들도 몇몇 거느리고 있었다. 그 가운데엔 마르크스 가족들에게 평생토록 '신의 있던 자' 헬레나 데무트도 있었다.

그녀는 1845년부터 마르크스 가족의 시중을 들었으며 가족과 거의 다름없었기에 1890년에 사망한 다음엔 가족 장지에 함께 묻혔다. 그녀와 마르크스 사이에는 아들이 하나 있었는데, 엥겔스는 자신을 그렇게 좋아하진 않았던 예니와 제 친구 카를의 혼인 관계를 지켜주고자 그 아들을 제 자식으로 삼았다.

물질적 어려움, 자식 양육에 대한 어려움(일곱 명 중 고작 세 명만 성인이 되었었기에), 1848년 혁명 실패에 따른 정치적 상황에 대한 우려, 마르크스 이론 확장에 대한 걱정, 미완성으로 남아 있던 주요 작품 『자본론』(1867년 1권 초판) 완성에 대한 걱정. 게다가 끊임없이 계속되는 건강 문제도 있었다. 예니는 스트레스로 인한 신경 과민 장애가 있었고 1860년에는 천연두까지 앓았다. 마르크스는 자가면역질환으로 유발 가능성이 큰 화농성 '종기'를 오랫동안 앓고 있었으며, 이 때문에 몇 주 동안 앉아서 작업하지 못할 때도 많았다.

현재 급변하는 사회·정치적 관계들을 예전부터 계속해서 유지되어 오면서 현 상황들에 대한 비판이자 그러한 변화들에 대한 공로로 여겨졌던 정치·경제적 이론들에 맞춰 나가야 한다는 인식으로 일상생활 속 감정 상태들은 억압당했고 때론 훼손될 때도 있었다. 객관적인 역사적 발달에 대한 주관적 목소리가 되고자 하는 (어떤 이들은 자만이라 말했던) 권리 주장은 마르크스가 이미 지니고 있던 날카로움과 비관용의 성향을 더더욱 심화시켰다.

그의 저널리스트적 논쟁법은 그의 외모처럼 거셌고 강압적이었으며 거만하기까지 했다. 그렇지만 이는 작은 모임들에서나 영향을 주었지, 큰 모임들에서는 그렇지 않았다. 그는 혁명가가 아닌 도서관 괴물이었다. 심지어 그의 적수들 가운데에도 그의 엄청난 지식과 날카로운 분석력을 인정했던 이들이 많았다.

Sätze, die die Welt verändern

제10장

"적자생존을 언급할 때는
다른 한 사람을 더 기억하라"

찰스 다윈

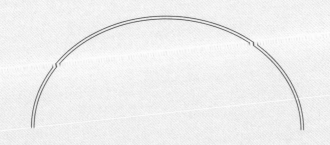

"생존 투쟁에 관해
곰곰이 생각해볼 때
우리는 다음과
같은 사실들로 스스로를
위로할 수 있다.
자연의 전쟁이
쉴 새 없이 일어나지는 않고,
죽음은 대개 순간적이며,
왕성하고 건강하며
행복한 자가 살아남아
번영한다는 사실 말이다."

—『종의 기원』

생존문제에서 해리엇만큼 잘 버틴 이도 드물 것이다. 해리엇은 1830년 무렵에 태어나 2006년에 죽었다. 다윈이 1835년 9월 갈라파고스 군도를 방문했을 때 조그마한 거북이 해리엇을 만났고 영국으로 데려갔다고 한다. 이후 해리엇은 호주로 보내졌다. 이 커다란 거북이의 나이는 확실한 듯 보였지만, 유전자 분석을 통해 해리엇은 다윈이 단 한 번도 방문한 적 없는 섬에서나 발견될 수 있는 종에 속한다는 사실이 밝혀졌다. 더욱이 다윈이 측량선 비글호를 타고 세계를 여행하던 중 '새롭게 만났던' 세 가지 사례들에도 속할 수 없었다. 해리엇 이야기는 전설이었는데 참 유감이다.

교과서 및 유명한 전공 서적들에 자주 등장했던 다윈의 핀치새 이야기도 틀렸다. 갈라파고스의 여러 섬에 서식하는, 다양한 형태의 부리들을 가진 핀치새는 다윈이 진화이론에 대한 참신한 영감을 얻는 데 그 어떤 도움도 주지 못했다. 다윈이 쓴 여행 보고서 원본을 보면 핀치새는 되레 간략하게 등장한다. 갈라파고스 제도에 관한 메모들 역시 남미 해안들 및 그 주변 섬들에 관한 기록들에 비하자면 굉장히 부수적이었다. 어쨌든 갈라파고스 제도의 한 섬은 훗날 그의 이름을 따서 다윈이라 불렸다. 갈라파고스제도의 어느 섬 앞에 있던 바위, 다윈의 아치는 2021년 5월 자연 침식으로 붕괴했다. 그렇지만 다윈 이론은 1900년 무렵 몇십 년 동안 잠시 그렇게 보였을지언정 결단코 무너지지 않았다. '저지ᄉᆼ큰'과 관련하여 1970년대 중반 고생물학자 스티븐 제이 굴드가 확신한 것처럼 "자연 선택 이론[…]이 지금까지도 […] 대체로 잘못 이해되고 잘못 인용되며 오용되고" 있을지언정(이 말은 지금까지도 옳다), 도태에 따른 종의 진화는 1940년대의 진화론, 고생물학, 분자생물학 및 유전학 간의 종합이 꾸준히 이루어진 이래 계속해서 가설이 아닌 하나의 사실로 여겨지고 있다.

그런데 해리엇의 경우는 이와는 정반대였다. 약 300만 살에 상당히 일찍 죽었던 최초의 인간 루시도 마찬가지였다. 다윈은 제여행 수첩에 수컷과 암컷은 꼬리 길이로 쉽게 구분할 수 있다고 써놨지만, 아주 오래 살았던 해리엇은 130년 동안 수컷으로 여겨졌다(해리엇은 암컷 거북이다 -옮긴이). 반면 루시는 여성이 아니었을 수도 있다. 성별만큼이나 논란 여지가 있는 건 진화 관계다. 1974년에 발굴된 루시의 화석 일부는 원인原人류 오스트랄로피테쿠스 아파렌시스의 것으로 간주하는데, 이 아파렌시스는 우리와 같은 인간으로 추정된다.

루시가 발견되기 190년 전, 괴테는 인간의 악간골을 발견했다. 이는 (몇몇 사람들에게) 충격이었다. 그때까지만 하더라도 인간에게 악간골이 없다는 것이야말로 인간과 다른 영장류들과의 차이를 보여주는 해부학적 증거였다. 아담과 하와의 자손이라는 인간의 특별한 신분이 괴테의 해부학적 발견으로 엉망진창이 됐다.

그렇다고 이 때문에 우리가 아담과 하와의 자손이 아닌 루시와 루키우스의 후예라는 의혹을 받게 된 건 아니다.

침팬지와 인간의 유전자가 거의 99퍼센트 일치함에도 진화론적으로 유인원과 아무런 관계가 없길 바라는 이들에게는* 침팬지들이 우리와는 다르게 삼키지 못한다는 사실이 조금이나마 위로가 될 거다. 설근과 후두의 해부학 구조로 호흡 및 연하 작용이 동시에 이루어질 수 있다. 즉, 식도와 기도를 구분해주기에 음식이 잘못 넘어갈 위험이 없어진다. 그런데 포유류도 아무런 어려움 없이 숨 쉬며 이와 동시에 먹을 수 있다. 병리학의 거장, 루돌프 피르호가 주장했던 것처럼 어린아이는 성인보다 침팬지에 더 가까운 걸까? "실상 원숭이의 성장사를 들여다보면 아주 인상적인 사실을 하나 발견하게 된다. 인간의 아이들과 새끼 원숭이들 간의 유사성은 성인 문명인들과 원숭이들 간의 유사성보다 훨씬 더 크다. 제 아이를 '꼬마 원숭이'라 부르는 엄마들은 인간의 아이에게도 어느 정도 동물적 특성이 있음을 무의식적으로 입증하고 있다."

반면 독일 진화론자 카를 포크트는 1863년 『인간에 대한 강연』에서 원숭이와 특히 '흑인' 간의 유사성을 주장했다. "외적 형상에서 […] 파악 가능한 특성들 대부분이 부득이하게도 원숭이들을 상기시킨다. 짧은 목, 길고 비쩍 마른 몸통, 뼈마디들, 툭 튀어나오

---

*   우리는 적색 치커리와도 유전자적으로 3분의 1 정도 일치하는데, 그렇다면 채소랑도 먼 친척뻘인 건가?

고 축 처진 배. 이 모든 것이 인간과 원숭이가 여전히 굉장히 닮아 있음을 명백하게 보여준다." 포크트는 '흑인 여성'에게서 인간 신화의 핵심을 찾아냈다. 백인 여성이 그보다 좀 더 낫지만, 백인 남성보다는 훨씬 아래라고 보았다. 본 문구에 대한 반⑦인종차별주의적 비평들은 넘치고 넘쳤다. 그런 비평을 들어야만 했다면 그는 분명 통찰능력이 없었던 거다.

아기들을 보면, 태어난 지 몇 달이 지나지 않아 후두와 설근이 아래쪽으로 내려가기 시작한다. 물론 아프리카 아기들도 마찬가지다. 하지만 새끼원숭이들의 경우, 두 살이 되도록까지 후두만 살짝 내려갈 뿐이다. 인간의 아기라면 음식물과 공기가 잠시 같은 통로로 지나가야 하기에 엄마들이 아무리 사랑해줘도 금세 사레들려 할 수 있다. 해부학적 위험들에도 곤혹스러운 불운들이 뒤따르지 않았다면, 처음으로 나불나불 내뱉어대는 말들이 인간의 아기임을 증명해줄 것이다. 어린 침팬지는 말하지 못할뿐더러 아무리 나이가 들어도 언어를 배우지 못한다. 이는 컴퓨터 지원 재교육 프로그램으로도 어찌할 방법이 없다.

아이의 성장 과정처럼 모든 종의 진화 과정 역시 말하기와 행동하기, 이해하기와 움켜잡기는 말 그대로 서로 협력하에 함께 이루어진다. 도구와 언어 사용은 쌍방으로 서로 함께 발달해왔다.

언어와 이로 인한 사회적 조직 능력(그리고 엥겔스와 마르크스라면 추가했을 노동 분업 능력) 덕분에 인간 아기들은 다른 그 어떤 포유류 새끼들보다도 더 일찍, 더 취약하고 더 무기력하게 이 세상에 태어났음에도 그 어떤 동물들보다도 가장 큰 성공을 거둔다. 이에 반은 놀라고 반은 충격받았던 다윈은 『인간의 유래』에서 다음과 같이 확언했다. "인간은 고도로 조직된 그 어떤 생물보다도 널리 퍼져나갔고 다른 유형들은 모두 인간 앞에서 뒤로 물러났다. 이 엄청난 우월함을 갖추게 된 데에 인간은 제 정신적 능력들, 제 동족들을 돕고 보호하게 만드는 사회적 속성들, 그리고 제 신체 구조에도 분명 감사할 것이다. 이러한 특성들의 엄청난 의미는 생존 싸움의 결과로 검증되었다."

   '생존 투쟁'은 인간의 사회성(그리고 때론 연대성 역시)을 방해했던 게 아니라 촉진했다. 이에 대한 대가를 두려워한다면 그 대가로 인류 희생을 치러야 할 것이다. 이를 다윈은 빅토리아시대 독자들에게 과감하게 선보였다. 어쨌건 그는 찰스 디킨스*와 동시대를 살았다. "우리는 백치들, 장애인들, 환자들을 위한 수용소를 짓는다. 우리는 빈곤법을 제정하며 우리 의료진들은 제 솜씨들을 모두 발휘하여 모든 사람이 최대한 오랫동안 제 삶을 유지해나갈 수 있게 돕는다. […] 문명사회의 취약한 자들도 이런 식으로 제 종족을 번식해나갈 수 있다." 이것이 "인간에게 극도로 해가 될 게 분명"한데도 그는 완강하게 주장했다. "의지할 데 없는 자들에게 무

---

*   다윈이 비글호 여행에서 되돌아왔던 1836년 가을, 거의 같은 시기에 디킨스는 『올리버 트위스트』를 집필하기 시작했다. 올리버는 빈민 구호 시설에서 자랐다. "아홉 번째 생일을 맞은 올리버는 창백하고 야위었으며, 다소 작은 키에 몸집은 상당히 왜소했다. 하지만 유전 및 자연의 섭리로 올리버의 가슴속에는 건강하고 꿋꿋한 정신이 자리해 있었다."

언가를 베풀어주어야 한다는 기분은 특히 [···] 공감 본능에 의한 것으로, 이는 원래 사회적 본능의 한 부분으로 유전되었으나 이후 [ ] 틈 너 녀려지고 좀 더 만연해졌다. 우리 본능 가운데 가장 우수한 부분을 훼손하지 않고서는 우리의 공감 능력을 억누를 수 없다. [···] 그렇기에 우리는 취약한 자들이 살아 있고 그들의 종족을 번식해나가는, 의심할 여지 없이 나쁜 이 결과들을 참아내야 한다.”

또 다른 부분에서 그는 (실질적인 생활방식들을 더 잘 알고 있음에도) 가난한 사람들에게 번식을 포기하길 권했다. “제 아이들을 빈곤에서 멀리 떨어뜨릴 방법을 모르는 자들은 모두 결혼하지 말아야 한다. 빈곤은 그 자체로 엄청난 불행일 뿐만 아니라, 결혼생활 속으로 태평하게 들어가 제 몸을 키워대고자 애쓰기 때문이다.”

가난한 사람들과 함께 빈곤도 사멸될 것이라는 생각은 토머스 맬서스의 이른바 ‘인구론’으로 거슬러 올라간다. 짧게 요약하자면 이렇다. 인간은 제게 주어진 환경에서 살아남을 수 있는 이들보다 더 많은 수의 자손을 남긴다. 그래야 가난과 질병 속에서도 많이 살아남으면서 (자연에 감사하게도) 어느 정도 균형을 맞추게 된다. 이러한 이유로 맬서스는 자연의 균등체계를 깨뜨릴 수 있는 영국의 빈곤 정책을 강력하게 반대했다. 그리고 바로 이 때문에 마르크스는 맬서스를 강하게 반대했다. 마르크스는 가난한 자가 아닌 빈곤과 싸워 이겨야 한다고 보았다. 사람이 사회에 걸맞아야 하는 게 아니라, 환경, 사회가 사람들에게 걸맞아야 한다는 것이다.

개개인의 삶이 공동체 삶의 목적과 관련된다는 건 구닥다리 생각이다. 플라톤이 (지금에서부터 따져보자면) 거의 2,500년 전 의술의 신에 관해 언급했던 말을 몽테뉴는 4세기 반 전에 곰곰이 되씹어봤다. "플라톤은 아스클레피오스가 조국에 도움도 안 되고 더는 일할 수도 없고 건강하고 강건한 아이들도 낳지 못하는, 낡고 허약한 몸뚱이의 삶을 치유행위로 연장하고자 애쓰진 않았을 것이라고 보았다." 이에 반해 사회적 문제들에 대한 생물학적 해석은 꽤 새로웠다. 이는 19세기 동안 계속해서 퍼져나갔으며 독일도 예외는 아니었다. 20세기 초반에는 인종 이데올로기들을 끄집어냈고 '제3 제국' 때는 인간 학살 조직 행위를 초래했다.

- 1827년, 의학 교수 카를 아우구스트 바인홀트는 부부가 아이를 가지기 전 양육 능력부터 증명해내야만 하는 법안을 발의했다. 더욱이 부랑자들, 병든 이들, 미혼의 군인들, 시종들에게는 성적 흥분을 저지하는 수술(음부봉쇄술)을 요구했다.
- 1927년, 카를 빈딩과 알프레드 호헤는 『무가치한 삶 파기에 대한 승인』을 발표했다.
- 1931년, "독일인종위생협회"는 "기본원칙들"을 발표했다. 기본원칙 2: "우리 민족에게 가장 큰 위험은 변종이다[…]. 유용한 동포들보다 덜 유용한 이들이 아이를 더 많이 가지면 변종이 생긴다." 기본원칙 11: "열등한 자손들을 생성할 이들의 번식은 최대한 막아내야 한다."
- 1933년, "유전증근절법"이 발표됐다. 이 법안에서는 다음과

같이 설명하고 있다. "토착 민족들 사이에서는 병들고 열등한 개개인의 운명이 지나치게 고려되지 않는 동안, 문명화된 민족들 사이에서는 행복한 삶 추구, 개개인의 이기심, 병들고 일상적인 생활을 해나가기 힘든 이들에 대한 보호가 유전과 선택의 자연적 효력에 점점 더 많은 영향을 미치고 있다. 즉, 생명 법칙의 선택에 따라 병들고 열등한 개개인들은 [⋯] 가임 연령이 되기도 전에 죽지만, 문명화된 민족들 사이에서는 병리적 특성들이 유전된다. 그러나 취약해진 삶의 적응 능력은 다윈이 말했던 멸종으로 이어지지 않았다. 오히려 자연적인 선택 작용은 그 반대로, 역선택으로 바뀌었다."

초기 인구 이데올로기에서 진화론적 우려 및 사회진화론적 제안사항들, 그리고 '인종 우생학' 및 국가 사회주의적 안락사 정책에 이르기까지, 이 모든 과정은 옳지 못했으나 분명 존재했다. 훗날 국가 사회주의적 병원들과 수용소들에서 행해졌던 선별 행위에 대한 책임을 초기에 등장했던 자연도태설에 묻는 인과관계 전환은 연대순으로나 역사적으로나 틀렸을 거다. 하지만 생물학적인 것과 사회적인 것을 혼합하는 데 유사점들은 존재한다. 즉 혼동과 (가끔 이데올로기적으로 의도된) 왜곡이 있다. 이는 현대 논쟁들에서도 종종 엿볼 수 있다.

다윈 역시 사회·정치적인 '맬서스 법칙'을 자연 속에서 다시금 찾아냈다. 그는 "인구에 관한 맬서스 작품들을 즐겨 읽었고, 동물과 식물의 행동들을 오랫동안 살펴보면서 곳곳에서 일어나는 생존싸움을 지각할 준비가 되었기에 이러한 조건들 속에서 유리한 변종들은 계속 유지되는 반면 불리한 변종들은 멸종되는 경향이 있다는 사실을 불현듯 깨닫게 됐다"라고 고백했다. 그런데 어째서인지 가난한 자들에게는 이 규칙이 잘 들어맞지 않는 듯했다. 그리고 "신중한 자는 결혼을 단념하고 경솔한 자는 결혼을 계획한다면" 그렇다면 "사회 내 하위 구성원들이 저들보다 더 나은 이들을 쉽게 밀어내버릴 것이다." 그러면 멸종될 거로 판단되는 더 나약한 이들이 궁극적으로 '더 나은 이들'에게서 나오게 되고, 살아남은 건강한 이들은 궁극적으로 '하위 구성원들'에게서 나오게 되는 건가? 게다가 자산, 권력, 번식의 즐거움이 제 본연의 능력들로 정당화되지는 못하는 상속자들은 또 어떻게 되는가? "인간은 재산을 모아 제 아이들에게 남긴다. 그렇기에 부잣집 아이들은 제 신체적, 정신적 생존력과 무관하게 가난한 집의 아이들보다 성공 경쟁에서 유리하다. 더욱이 대개 건강과 힘이 좋지 못해 단명한 부모를 둔 아이들은 그렇지 않은 다른 아이들보다 좀 더 일찍 상속받는다. 이들은 역시나 더 일찍 결혼하게 되고 그들의 좀 더 취약한 상태를 물려받은 아이들을 더 많이 낳게 된다."

다윈의 이론에 따라 명백하게 도출될 결론은 개개인의 성과와는 무관한 유전적 장점이 인구 전체에게는 진화적 단점이 될 수도 있다는 거였다. 유산이 없었다면 상속 및 유전에 관해 그토록 풍성하게 고민해보지 못했을 다윈은 이런 결론을 피할 방법을 알고 있었다. "하지만 축적된 자본 없이는 제 솜씨를 더는 향상해나갈 수 없기에, 재산 상속은 본질상 악에 불과하다. 그리고 그 힘은 문명화된 종족들이 계속해서 번식해나감으로써 비천한 종족들을 밀어낼 수 있도록 하는 데 근본적인 영향을 미친다. 적당한 자본 축적 역시 종자선택 과정에 해가 되지 않는다. 가난한 자가 적당히 부유해지면 그의 아이들은 적당한 투쟁들을 겨루면서 몸과 정신이 가장 숙련된 자들이 가장 큰 성공을 거두게 되는 장사나 사업을 시작하게 된다."

다윈의 이론처럼 복잡하게 얽혀진 이론들의 특징 중 하나는 (대략 표현하자면) 방향을 바꿔볼 수 있는 곡선 구간들이 몇 개 있다는 주장이다. 자연도태에 관한 생각들을 진화론에 직접 적용해보자면, 동의를 얻고자 논쟁했던 반대자들의 항변을 진화론이 이겨낼 수 있었던 건 진화론이 그저 충분한 적응 유연성을 갖고 있기 때문이다.

보편적인 일반상식이 마주하는 가장 큰 도전은 비평가들과 풍자론자들이 흔히 강조해댔던 '원숭이에서 비롯된 인간의 유래'가 아니었다. 전지전능하고 유일무이한 창조주가 창조해낸 게 아니라 삶이 발달해나가고 생명체가 적응해나가는 과정 중에 아무런 의도나 목적 같은 건 없이 그저 그렇게 이루어졌다는 게 가장 큰 도발이었다. 자연 및 인간사 발달과정 속에서 지금껏 계속된 이 우연성을 인정하는 일은 죽음을 알고 그렇기에 의미를 추구해왔던 우리 같은 영장류에는 특히나 받아들이기 힘든 일이다.

자연의 무목적성에 관한 생각은 독일의 계몽주의 대가 칸트에게도 공포였다. 1784년에 출간된『세계 시민적 관점에서 본 보편사의 이념』에서 임마누엘 칸트는 이렇게 말한다. "생물의 모든 타고난 능력은 한번은 완전하고 유용하게 펼쳐지도록 결정되어 있다. […] 사용되지 않아야 할 조직, 제 목적을 달성하지 못하는 규칙은 목적론적인 자연과학에 모순된다. 그러한 법칙들에서 벗어나면 우리는 더는 합법적이지 않고 무의미하게 놀아나는 본성을 갖게 되기 때문이다. 그리고 절망적인 운명은 이성의 안내자 자리를 꿰차게 된다."

'절망적인 운명'의 수용(및 지속)은 칸트와 동시대를 살았던 스위스 자연 연구자이자 시인 알브레히트 폰 할러가 썼던 '진화'라는 용어의 본래 의미까지 파괴해버렸다. 원래 이 말은 호문쿨루스에서 비롯된 배아의 '성장' '전개'를 뜻하기 위함이었다. 즉, 똑같은 체계에서는 늘 똑같은 게 나오는 법이라는 거다. '종자선택'에 따른 변화나 다윈이 꽤 상세하게 표현했던 '변이를 동반한 상속'이란 의미에서의 진화는 이 발달 개념의 진화로 받아들이기는 힘들다.

인간 사육자와는 달리 자연은 그 어떤 목적도 (없을뿐더러) 따르지 않는다. 하지만 그렇다고 해서 자연에 규칙이 존재하지 않는 건 아니다. 칸트가 우려했던 것처럼 자연법칙들은 창조적 의도나 계획, 목적 없이 그 영향력을 발휘한다. 각각의 환경에 우연히 가장 잘 적응해낸 개체들이 그냥 살아남는 것이고, 요즘 방식

265

으로 말하자면 그들의 '유전자'를 다음 세대로 계속 전달해나가는 것이다. 환경이 바뀌면 멸종하는 종들노 생길 수 있겠으나 그때까지 이들은 수천 년 혹은 수십만 년을 생존해왔을 수도 있다. 이런 경우 한 개개인은 학습을 통해 근근이 먹고 살아갈 정도의 도움은 받을지언정 종족 전체는 아니다. 생물학적 적응은 행동이 아닌 도태로 이루어진다. 이 관념은 칸트가 '절망적인 운명'이라 명명했던 '맹목적 우연'에 의한 것이기에 사람들은 대개 이를 견뎌내고자 일종의 자기기만으로 직면해내고 있다. 다시 말해, 사람들은 다윈을 신봉하나 생각은 장바티스트 라마르크처럼 한다. 어떤 자연 다큐멘터리든 간에 해설자들은 동물의 번식 생활을 이해하기 쉽게 설명하고자 노력한다. 이때 개코원숭이의 붉은 엉덩이나 공작들의 쫙 펼쳐진 깃들을 언급할 때면 (취미에 관해서는 논쟁하지 않고) 재미있으리만큼 천진난만하게 설명한다.

라마르크는 생물의 변화를 후손들에게 계속 전달되는 유전 및 보존적 특성들로 설명했다. 자주 언급되는 전형적인 예시는 수천 년 넘게 나무 꼭대기 나뭇잎들을 찾아다니면서 목이 점점 더 길어진 기린들이다. 이건 이득이다. 반면 기린의 다리들도 점점 더 길어졌으나 이는 이득이면서도 손해다. 길어진 다리 때문에 기린들의 목이 길더라도 충분히 길지는 않은 셈이다. 더욱이 기린들은 라마르크가 뭐라 한들 무릎 꿇는 법은 배우지도 못했고 후손들에게 물려주지도 못했기에 그 목과 머리, 주둥이로 호숫물을 마시려면 앞다리를 양쪽으로 벌려야만 한다. 이는 그다지 멋져 보이지도 않고, 재빨리 도망쳐야 할 상황에서도 다리들을 쉽사리 원위치로 되돌리지 못한다. 더군다나 기린들은 서 있는 자세로 출산하기에 새끼들은 2미터 가까운 높이에서 바닥으로 떨어지면서 태어난다. 물론 그것 때문에 머리에 뿔이 난 건 아니다. 그건 원래 그냥 그런 거다.

종의 변화에 관한 라마르크의 설명은 자연도태 이론과 전혀 맞질 않는다. 그렇지만 다윈조차도 라마르크 생각에서 완전히 빠져나오질 못했다. 다윈은 제 거대하고 복잡한 이론 속에 '습관 및 풍습'의 유전 내용도 종종 집어넣었다. 폴 발레리는 『엄청난 분량의 기록』에서 "사람들은 의자를 사용했기에 꼬리가 없다는 견해를 다윈에게 유식한 척하며 내세웠던" 어떤 예수회 사람과 관련된 일화를 들려준다. 그 예수회 사람이 고기잡이배를 예시로 들었다면 더 좋았을 뻔했다. "평상시 거룻배에서 생활하는 사람은 다리가 좀 더 짧을 수 있다." 『인간의 유래』를 보면 정말로 이렇게 나와 있다.

우리 같이 문명 속 의미추구 인간들에게 자연의 원초적 무목적성에 관한 생각은 마치 '어떻게, 어째서, 왜?'와 같은 애들 질문에 어떻게든 대답해주고자 온갖 있을 법한 (그리고 가끔은 불가능한) 이야기들을 쏟아내는 것처럼 심히 거슬리는 문제다. 이에 관해 실상 더 잘 알고 있는 연구가들도 상징적으로 표현하지 않고는 힘든가 보다. 진화생물학자 재레드 다이아몬드는 이렇게 말했다. "자연적 선택은 생존하는 후손들 수를 최대화하는 경향이 있고, 이들은 다시금 제 후손들을 남긴다. 그렇기에 진화는 가장 많은 후손을 낳는 전략을 가진 자가 이기는 전략게임이ㄹ 힐 수 있나."

　게임도, 전략도, 목적도 없다. 그리고 한 개개인의 적응 및 번식에 대한 성공 여부는 그와 그 직계 후손들이 죽은 다음에서라야 알 수 있기에 그 개개인은 어쨌건 아무것도 '얻지 못한다.' 그런 이유에서 전략게임을 한 개개인에서 '유전자'로 옮기려는 시도들이 있었다. 1970년대 중반 이후부터 유전자에 감정이 있기라도 한 것처럼 "이기적 유전자"란 말이 사람들의 생각 속을 드나들기 시작했다. 하지만 리보핵산 이기주의란 말을 고안했던 리처드 도킨스는 눈에 보이지 않기에 쉽게 파악하기 힘든 과정들을 쉽게 묘사하고자 은유적인 표현을 썼을 뿐이었다.

　가장 널리 알려진 '진화론' 문구는 '적자생존'이다. 그런데 이건 다윈이 했던 말이 아니었다. 1859년에 발표된 다윈의 대작 원제목은 '자연 선택에 의한 종의 기원, 혹은 생존 경쟁에서 유리한 종족의 보존에 대하여'다. 이후 5년 뒤, 허버트 스펜서가 『생물학의 원리』를 출간했다. 여기를 보면 다음과 같은 구절이 나온다. "이러한 가장 적합한 이들의 생존은 그들 증식의 의미를 내포하고 있다. 이 '적자생존'은 다윈 선생이 '자연 선택 또는 생존 경쟁에서 유리한 종족 보존'이라 언급했다."

　다윈은 스펜서의 표현에 관심을 가졌다. 1869년에 출간된 5판의 4장 제목은 "자연도태, 아니면 적자생존"이었다. 한편, 다윈은 제 자서전에서 스펜서를 언급했다. "그의 근본적 일반화[…] 는 철학적 관점에서는 아주 큰 가치가 있을 수도 있다. 하지만 그런 식으로는 엄밀히 말해 과학적 유용성은 전혀 없는 듯하다. 자연법들보다는 정의들의 본질을 더 많이 다룬다. […] 어쨌든 이는 나에게는 완전히 불필요했다." 솔직하지 못한 말이었다. 그저 단순한 극단화가 아니라 의미까지 바꿔준 스펜서의 표현은 다윈의 이론이 공생활 속 생존 투쟁에 잘 맞아떨어지도록 해주었다. 스펜서의 '근본적 일반화'는 다윈의 이론이 쉽게 이해되도록 도와주었고, 그 덕분에 다윈의 이론이 널리 퍼져나갈 수 있었다.

영국과는 달리 독일은 19세기 후반 다윈의 영향을 결정적으로 받았다고 볼 수 있는데, 단어들 역시 초기부터 일찌감치 행해졌던 독일어 번역으로 더 많은 역동성이 부여됐다. 이는 특히 지치지 않고 계속해서 진화론을 강연하며 실행해나갔던 여행가 에른스트 헤켈 탓이었다. 헤켈이 하지 않았던 최초의 독일어 번역 제목을 보면 '완벽한 종족들'에 관해 이야기한다. 이는 'favoured'도, 'fittest'도 제대로 반영해내지 못했다. 두 단어 간의 중대한 의미 차이와는 별개의 문제다. '유리한'이란 의미의 'favoured'는 결단코 '강한' 또는 '가장 강한' 의미와 동일시될 수 없다. 이미 주어진 환경 속에서 유리한 자들은 그보다 덜 유리한 자들보다 더한 성공을 거둔다. 그리고 이는 그 환경들이 바뀌고 한때 이득이었던 것이 새로운 요건들 속에서 불리해질 때까지 계속된다. 이 말을 사회적 영역에 적용해본다면, 물론 그럴 가치가 조금이라도 있다면, 이는 아마도 이런 뜻일 거다. 사회에서 유리한 입지의 계층들은 특정 사회적 환경 속에서는 계속해서 최고를 유지한다. 이는 그 사회적 환경이 (혁명 등으로) 바뀌고 한때 이득이었던 짓이 새로운 요건들 속에서 불리해질 때까지 계속된다.

그런데 19세기 중·후반 때는 이처럼 합리적인 이론 적용보다는 강자의 권리에 대한 사상적 관념이 더 공공연하게 퍼져 있었다. 특히 헤켈은 『누구나 이해하기 쉬운 진화론 학술 강연』에서 '생존싸움'의 역사를 거듭 반복해서 설명했다. "우대한 입지의 한 개인이 투쟁에서 승리하고 종족을 번식해나간다[…]. 그에게 승리를 가져다준 개인적 이점들은 후손에게 유전된다." 헤켈은 주장만 할 뿐 근거를 제시하지는 못했다. 헤켈도 다윈도 그레고어 멘델의 완두콩 개수나 유전법칙*을 알지 못했다. '변이'와 '유전자'란 용어는 1901년과 1910년에 각각 등장했다. 헤켈은 청중들의 관심을 끌고자 경제적 경쟁과 생물학적 도태 간의 관계를 유치하고도 간단하게 설명해냈다. "[헤켈이 강연했던] 이곳 예나에 구두장이, 재단사, 목수, 제본공 등을 모두 합친 것만큼 많은 수의 구두장이가 있다면 그들 가운데 대다수는 머지않아 망할 것이다. […] 분업은

---

*   1865년, 멘델은 브린 자연연구자협회 앞에서 자신의 『식물 잡종에 대한 실험』 논문을 발표했다. 여기서 파생된 유전법칙들은 1900년이 되어서야 비로소 재발견되었다. DNA의 이중나선구조는 1953년 왓슨과 크릭이 발견했다. 좀 더 정확하게 말하자면, 이들이 모형을 만들어냈다. 두 사람이 발표한 논문에 따르면, 우선 이 모델은 "유전적 유전질에 대한 복제 메커니즘의 가능성"을 보여준다. 인간 유전체의 최초 배열은 생물학자, 크레이그 벤터의 회사에서 2000년에 발견해냈다. 그 이후부터 인간의 삶이 우리가 읽는 책인 것처럼 인간 유전자에 대한 '해독' 소문이 파다하게 퍼져나갔다. 1990년에 시작된 세계 인간유전체 사업은 2022년 1월 완전히 종료되었다.

[…] 생존싸움의 직접적인 결과다."

경제적 관점에서 볼 때 생존싸움의 또 다른 결과는 살인이다. 영국 주간 신문《이코노미스트》의 편집자 월터 배젓은 1872년 『물리학과 정치학』에서 "자연 선택의 원칙들에 대한 활용과 정치 사회로의 계승에 관한 생각"을 했다. "영국 식민주의자의 마을이 호주 토착민들의 부족보다 어떤 점에서 더 우월한지를 한 번 생각해보자. 영국인들은 한 가지, 그것도 핵심적인 측면에서 의심할 여지 없이 더 월등한 위치에 있다. 그들은 원할 때마다 전쟁을 벌여 호주인들을 이겨낼 수 있다. 그들 마음에 드는 것들을 모두 빼앗아 올 수 있다. 그리고 그들이 선택한 사람들을 모두 죽일 수 있다."

다윈은 제 세계 일주 여행 보고서에서 배젓 같은 혐오스러운 제국주의 자부심은 없이, 그리고 꽤 비통해하면서 다음과 같이 확언했다. "유럽인이 향하는 곳은 어디에서건 죽음이 그곳 원주민들을 뒤쫓는 듯하다. 광활한 아메리카 대륙, 폴리네시아, 희망봉, 호주에서 우리는 이를 관찰할 수 있고 늘 똑같은 결과를 얻는다. 하지만" 그리고 이 말은 좀 안심한 것처럼 들리지만 "파괴자로서 그런 식으로 등장하는 건 백인만 그런 게 아니다. 말레이시아계 폴리네시아인은 동인도 제도의 몇몇 지역들에서 피부색이 어두운 토착민들을 내몰아 세웠다. 다양한 종의 동물들과 마찬가지로 다양한 인종들도 서로서로 영향을 미치는 듯하다. 어쨌건 늘 더 강한 자가 더 약한 자를 멸종시킨다."

요약하자면, '자연도태'는 다른 사람을 선택할 수 있는 사람에게 유리하다.

이 능력에 대한 피지배층의 두려움 역시 다윈으 川글오 위에서 알게 됐다. 그는 "엄청나게 멍청했던 한 흑인과의" 만남에 관해 설명했다. "내 말을 그에게 제대로 전달하고자 나는 손짓·몸짓까지 더하며 큰 소리로 말했다. 이때 나는 그의 얼굴 가까이에 내 손을 가지고 갔다. 추측건대 그는 내가 격분했고 그를 때리려 한다고 생각했던 듯하다. 왜냐하면, 그는 두려움에 가득 찬 눈빛으로 눈을 반쯤 감은 채 그 자리에서 손을 떨구고 서 있었기 때문이다. 그가 생각하기에 제 얼굴로 날아올 듯한 주먹을 막아내는 게 두렵기까지 했던, 이 키 크고 건장한 남자의 눈빛에서 보인 놀람, 혐오 및 수치심을 읽었던 그날의 기억을 나는 절대로 잊지 못할 것이다. 이 남자는 가장 무기력한 동물의 노예 상태보다도 더한 굴욕 상태에 길들어져 있었다."

비인간적인 단어, '선별'이 만들어지기까지의 역사적 과정에서 한쪽은 주인의 자부심, 다른 한쪽은 노예의 순종으로 나뉘는 이 갈림길은 식민주의의 정신적 동인이 되었다. 이는 영국, 프랑스, 그리고 벨기에만 해당했던 건 아니었다. 1890년대 초반 동아프리카에서 제국 판무관으로 있었던 카를 페터스는 독일 식민 정책의 주요 목적은 "취약한 다른 민족들의 비용 지출을 기반으로 자국민을 위한 무자비하고 과감한 풍요로움"이라 말했다. 여기서 이야기하고자 하는 건 강자의 권리보다는 그들의 목적이다. 강자의 권리는 어차피 도덕적 정당화일 뿐이다. 그렇지 않으면, 강자는 권력을 보호하고 노골적인 폭력에 대한 굴복을 익숙한 복종으로 바꿀 법을 만든다. 이는 루소는 『사회계약론』에서 이미 언급했다. "강자라 해도 자기의 힘을 권리로, 그리고 그에 대한 복종을 의무로 바꾸지 않는 한, 영구히 지배자가 될 만큼 강하지는 않다."

페터스가 '자국민을 위한 무자비하고 과감한 풍요로움'이라 주장하는 동안, 헤켈의 친구 알프레드 플뢰츠는 강령적 제목의 책 『우리 인종의 우월함과 약자 보호. 인종 위생학 및 이것과 인간적인 관념, 특히 사회주의와의 관계에 관한 연구』를 집필했다. 1895년에 출간된 이 작품은 "약자들에 대한 보호가 늘어나면서 우리 인종의 우월성을 위협하는 위험 요인들을 걱정스럽게 바라보는" 이른바 "사회 실무가들"을 대상으로 했다. 다윈도 이와 비슷한 우려들을 했다. 단, '우리의 인종'이 아닌 '문명화된 사회'와 '인간 종족'에 대한 우려였다. 게다가 다윈은 '공감 본능'이야말로 '우리 본성의 가장 고귀한 부분'임을 상기시켰다. 플뢰츠는 이에 연연하지 않았다. 그에게는 "인간적이고 인종 위생학적인 요구사항들에 대한 [명목상의] 합의" 문제였다. 빈곤에 따른 사회적 도태는 인종 발굴을 위한 수단이 아니라는 것이다. "요즘의 자본주의 경제 체제는 몇몇 진화론자들의 주장들처럼 순전히 인종 우생학적인 요건들과는 완전히 맞아떨어지지 않는다." 플뢰츠는 민족 형성이 개별싸움에 대한 사회진화론적 교리와 이와 상응하는 자유 시장 경쟁 관념이 아닌 진화론적 사회주의 생각들에서 영향을 받는다고 보았다. 바로 세습적인 특성들에 대한 연대적 조종으로 전체 수준

향상. 바로 이 때문에 '인종 우생학' 용어의 창시자는 제 커리어가 끝날 무렵, 국가 사회주의적 인종 광신주의에 개인저으로니 이넘석으로 양립할 수 있었다.

이미 몇 년 전, 다윈의 사촌이었던 프랜시스 골턴이 다윈의 종들의 기원과 관련하여 영재성의 유전에 대해 고심했다. "몇 세대들이 계속 이어지는 동안 잘 선택된 결혼으로 영재 인종이 나올" 가능성은 분명 있다는 것이다. 그는 경제적으로 가난한 이들이나 정신적으로 능력이 부족한 이들이 일찍 결혼하거나 적극적으로 아이를 가질 때 발생할 부정적인 결과들과 관련하여 다윈이 우려했던 바들을 이야기했다. 지적으로 유능하고 경제적으로 부유한 상속자였던 그에게는 이 둘 다 직접적인 관련이 있었다. 품종 개량을 통해 정신적 특성들을 향상하고 확대해나간다는 취지에서 그는 '우생학'이란 용어를 사용했다.

골턴이 우생학을, 플뢰츠는 '인종 위생학'을, 그리고 토머스 헉슬리는 '진화론'을 선전했다. 진화론의 형용사 표현인 '진화론적'은 요즘 대부분 경멸적인 의미로 사용되는데, 이 단어의 창안자인 헉슬리는 의견 다툼들이 있을 때마다 저만 옳다고 강하게 밀어붙였기에 그를 반대하는 자들이 그를 '다윈의 불도그'라 욕해댈 정도였다.

'진화론'에서 '우생학'을 거쳐 '인종 우생학'으로 일종의 정신적 진화가 이루어졌는가에 관해서는 늘 의견이 분분했다. 프리드리히 니체는 요란스러운 증인인 동시에 공범이었다. "무엇이 좋은

가? 권력의 감정, 권력 의지, 인간에게서 힘을 높이는 모든 것. 무엇이 나쁜가? 약자들의 모든 것. […] 약자들과 실패한 자들은 망해야만 된다[…]. 그리고 사람은 그들을 도와줘야만 한다."

사람들은 더는 이렇게 생각하지 않는다. 하지만 문제는 여전히 해결되지 않았다. 사회생물학자 에드워드 윌슨의 말에 따르면, "유전자 치환에 따른 배아 설계는 곧 실험을 통해 현실이 될 것이고 이후엔 유전병 퇴치에 도입될 것이다. 언젠가는 의료 현장에서 일상적인 치료 과정이 될 것이다. 분명 아주 집중적으로 논의될, 완전히 새로운 윤리·도덕적 논쟁들의 결과들에 따라 배아 단계에서 정상적인 아이들에 대한 유전적 수정 작업은 조만간 생명의료 산업의 주요 분야가 될 수 있다. 나는 이러한 형태의 우생학적 조작이 절대로 허용되지 않길 바라며 도덕적인 근거들을 바탕으로 그렇게 믿고도 있다." 윌슨은 이 글을 2012년에 썼다. 그 이후부터 생물공학과 유전자 공학은 계속 발전해나갔다. 이들이 어디로 '나아갈'지는 하늘의 별들이 아닌 전문서적 및 논문들에 나와 있다. 그리고 이는 그 글들을 쓴 저자들이나 겨우 이해할 법하다.

찰스 다윈

Charles Darwin

1809~1882년

다윈은 아주 건강한 사람은 아니었다. 56세 때 그는 병명 진단과 관련된 것을 직접 공개했다. "지난 25년간 극심한 경련성 가스가 밤낮 가리지 않고 매일 참. 종종 구토함, 그중 두 번은 한 달 내내 그랬음. 구토 전 오한, 히스테리 울음, 죽어가는 기분이거나 반무기력해짐, 게다가 아주 멀겋고 많은 양의 오줌. 요즘엔 구토가 일어나거나 가스가 차기 전 매번 이명, 어지러움, 시력장애, 눈앞에 검은 점들이 나타남." 하지만 덜 건강한 이들도 살아남을 수 있고 (다윈은 전혀 아는 바가 없었던) 제 유전자를 후손들에게 물려줄 수도 있다. 이는 다윈과 그의 사촌 동생 엠마 사이에서 태어난 웨지우드를 통해 증명되었다. 엠마는 다윈과 1839년에 결혼하여 총 10명의 아이를 낳았다. 다윈은 1851년 열 살배기 딸 애니의 죽음에서 전혀 벗어나질 못했다. 또 다른 딸은 1842년, 영아였을 때 죽었다. 아들은 이후 성홍열에 걸려 죽었다.

다윈의 결혼 역시 글로 써보며 저울질한 결과였다. '결혼' 또는 '결혼하지 않음.' 결혼: 아이들, "사랑하고 함께 어울릴 수 있는 대상 - 어쨌건 개보다 나음." "가정, 그리고 집을 돌봐주는 사람 - 여자가 떠들어대는 수다 소리와 음악이 주는 안락함." 결혼하지 않음. "아이들이 뜻하는 걱정과 비용은 없음" "강제로 친척들을 방문해야 하거나 소소한 일들을 포기할 필요가 없어짐" "아내가 런던을 좋아하지 않을 수도 있음, 그러면 이 결정은 유배가 됨".

바로 이 유배를 다윈은 1842년 런던 남쪽의 어느 시골 마을로 이사하면서 스스로 결정했다. 아버지의 유산 덕분에 그는 죽을 때까지 그곳에서 가정교사로 일하며 살았다. 1831년 12월부터 1836년 10월까지 비글호를 타고 전 세계를 항해한 다음엔 런던과 주변 동네들을 거의 벗어나지 않았다. 기껏 해봐야 건강 회복에 도움이 될 (그러나 늘 한시적으로밖에 성공하지 못했던) 물을 사용하여 행하는 치료, 수치료법을 받고자 잠깐 나갈 정도였다.

오랫동안 지연된 출판을 위해 종의 기원에 관한 생각들을 마침내 글로 써 내려가기 전, 다윈은 아주 조그마한 꽃게들에 8년간 자신의 모든 시간을 집중적으로 투자했다. 『종의 기원』 초판은 1859년에 출간되었다. 그러나 이는 반세기 가까이 어린 앨프리드 월리스가 유사한 관점으로 집필한 글이 발표된 이후('존재를 위한 투쟁' 관련 내용)였기에 다윈의 생각에 의문이 제기되기도 했었다.

그렇지만 양쪽 모두 신중한 태도를 보임으로써 우선순위에 대한 다툼은 벌어지지 않았다. 실상 '진화이론'은 서로 상관없는 이론들까지 포함된 여러 다양한 이론들의 묶음이라 볼 수 있으며, 다윈의 첫 번째 시도들은 1837년까지 거슬러 올라간다. 그러나 '진화론'이라 불리기 시작했던 건 1860년대 초부터였다.

동물과 식물 배양에 관한 글을 쓴 뒤 다윈은 1871년, 인간의 혈통에 관한 책을 발표했다. 이후 인간과 동물의 감정 표현에 관한 책, 그의 조부인 에라스무스 다윈의 자서전, 식물 세계에 관한 책 등을 잇달아 여러 권 출간했다. 후손들을 위해 간결하게 집필된 그의 자서전은 사후에 나왔고, 초판은 칸트의 미망인 부탁에 따라 검열된 버전으로 발간되었다.

집필 작업을 위해 다윈은 엄청나게 많은 자료를 수집했다. "베이컨의 원칙들을 나는 엄격하게 지켰고 어떤 특정 이론에 얽매이지 않고 관련 사실들을 최대한 포괄적으로 수집해냈으며, 특히 번식 제품들에 중점을 두었다. 나는 사전 인쇄된 설문지들을 발송했고, 숙련된 사육사와 정원사들과 이야기 나눴으며, 아주 많은 글을 읽었다." 그는 수천 명에 달하는 전문가들과 연락을 취했다. 그중에는 그의 교리를 전하는 참된 선교사들이나 다윈이 높게 평가하며 초대까지 했었던 독일 의학자이자 동물학자 에른스트 헤켈도 있었다. 평신도들도 관찰한 내용이나 조언들을 편지로 써 다윈에게 보냈다. 다윈은 주목받지 못하는 천재가 아니었다. 은둔적인 성향인데도 그는 공식적으로 인정받으며 우대받는 유명인사였다.

종종 있는 험담들로는 어떤 해도 미치지 못하는, 이 명예로운 자리는 다윈이 다른 몇몇 추종자들과는 달리 논쟁과 도발들은 피해야 한다는 사실을 알고 있었다는 점과도 관련이 있다. 공식적으로 종교에 관한 제 의견을 표명해야 할 때면 영국 국교들과 부딪히지 않도록 그는 신중을 기울였다. 다윈의 저서들은 가톨릭교회의 금서 목록에 단 한 번도 오르지 않았다. 웨스트민스터 성당에서 치러졌던 그의 장례식에는 군주들 장례식에나 연주되던 헨델 찬송가가 울려 퍼졌다. "그의 육체는 평화로이 묻혔으나 그의 이름은 평생토록 살아남아 있을 것입니다." 이 역시 일종의 '적자생존'일 것이다.

Sätze, die die Welt verändern

제11장

"'신은 죽었다'를
최초로 말한 것은 아니다"

프리드리히 니체

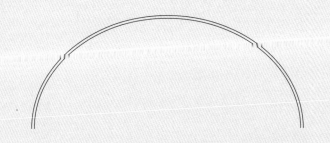

"신은 죽었다!
우리가 그를 죽인 것이다!
살인자 중의 살인자인
우리는 이제 어디에서
위로를 얻을 것인가?"

—『즐거운 학문』

니체를 웃음거리로 만들기는 쉽다. 힘에 대한 약해빠진 허세, 동정심에 대항해대는 측은한 열정, 하찮은 허풍, 증오로 더럽혀진 증오에 대한 공격, 조야해져버린 교수직, 조기 은퇴한 초인주의, 그리고 마지막으로 바보 같은 반당나귀 짓거리. "우리는 모두 긴 귀를 가진 당나귀가 무엇인지 알고 있다, 심지어 몇몇 사람들은 경험을 통해 알기도 한다. 자, 그렇다면, 나는 내가 제일 작은 귀를 갖고 있다고 감히 주장한다. […] 나는 탁월한 반당나귀이며, 그렇기에 역사적인 괴물이다. 그리스어로, 그리고 비단 그리스어로만도 아닌, 나는 안티크리스트다."

　　니체의 정신적 영향력, 특히 『차라투스트라는 이렇게 말했다』의 영향력을 이해하기란 쉽지 않다. 평상시엔 니체를 전혀 경멸하지 않던 토마스 만조차도 1947년 한 강연에서 이렇게 말했다. "식별하기 힘든 머리에 비웃음의 장미 화관을 쓰고, 다리로는 춤추며, '강해져라!' 외쳐대는, 이 얼굴도, 형체도 없는 괴물이자 바람잡이, 차라투스트라는 새로운 창조물이 아니다. 그는 웅변술, 흥분된 말장난, 고통스러운 목소리와 의문스러운 예견, 값싼 위엄의 환영, 때론 감정적으로 대개는 쪽팔리게, 유치함의 경계에서 이리저리 흔들려대는 비형체이다."

283

요즘 방식으로 말하자면, 차라투스트라에 관한 '허위 광고'는 어디에서부터 시작된 건까? 덕•1토 니제가 살아 있던 1897년, 그의 비판적 추종자 레오 베르크가 비웃어댔다. "그런데 니체가 제 마법의 주문을 외쳐댄 후, 독일에서는 한순간 모든 게 초인간이 되었다. 사람들은 [예술가로서, 시인으로서] 자신의 특별 권리들을 [⋯] 주장했다. 사람들은 죄를 지었고 여자들을 유혹했으며 술에 잔뜩 마셔댔다. 오로지 차라투스트라의 영광을 위해." 그러나 니체의 (특히 남자들에게) 엄청난 영향력에는 더 많은 중요한 이유가 있었다.

- 도스토옙스키와 니체의 삶 및 고난들을 언급하면서 토마스 만은 "감수성이 풍부하고 아주 건강한 남자들 무리와 세대들이 질병으로 비상해진 아픈 천재의 작품에 빠져들고, 놀라워하고, 칭찬하고, 찬양하고, 속행해나가고, 저들끼리 서로 변화하고, 집에서 구운 건강빵으로는 살아갈 수 없는 문화에 이를 남겨준다."
- 그런데 아픈 천재가 무엇보다 아픈 시대 때 기적을 경험할 수도 있지 않나? 버트런드 러셀은 2차 세계대전 동안 집필한 『서양 철학의 역사』에서 다음과 같이 이야기했다. "니체의 가르침들을 우리는 어떻게 받아들여야 할까? [⋯] 어떤 방식에서건 유용할까? 어떤 객관적인 내용이 포함되어 있는가? 아님, 아픈 이가 품은 권력에 대한 환상들일 뿐인가?"

그리고 이렇게 덧붙였다. "이게 그저 질병 증상 중 하나에 불과하다면, 이 질병은 현대 세계에서 엄청나게 퍼져나갈 수밖에 없다."

• 마찬가지로 2차 세계대전 동안 "19세기 사상 내 혁명적 붕괴"를 논했었던 카를 뢰비트는 『헤겔에서 니체로』란 정신사 논문에서 "니체는 마르크스와 키르케고르 이후 부르주아-그리스도교 세계의 몰락을 근본적인 분석의 주제로 삼았었던 유일한 사람"이라고 평했다. 그리고 "18세기 때 루소가 그랬던 것처럼 니체는 19세기 때 현존하는 세상을 비평했다. 그는 루소와 정반대였다. 유럽 문명을 강렬하게 비판했다는 건 비슷하지만, 니체의 비판 기준들은 인간에 대한 루소의 생각들과는 완전히 반대였기 때문이다." 덧붙여지길, 니체는 종종 볼테르 자아상을 언급하며 루소를 '도덕의 독거미'라 욕했다고 한다. 뢰비트는 다음과 같이 강조했다. "신은 죽었다는 '엄청난 사건'을 니체는 인류의 완전한 인간성으로 간주함으로써 신의 죽음이 저 자신이 되고픈 사람들에게는 '죽음의 자유'라는 걸 함께 깨우치게 됐다." 신이 죽어버린 인간은 스스로 극복해내야만 하고 '초인간'으로 상승해나가야 하며 자신의 행동과 바람을 저 스스로 정당화해야 한다.

• 1947년, 호르크하이머와 아도르노는 공동 집필한 『계몽의 변증법』에서 "니체는 헤겔 이래 계몽의 변증법을 깨우친 몇

285

안 되는 사람들 가운데 한 명이었다. 권력 간의 모호한 관계를 니체는 명확하게 표현했다"라고 말했다. 베이컨이 지취적으로 가르쳤던 것처럼 아는 게 힘이라면, 이는 자연에서든 인간에게든 더더욱 끔찍한 일이다. 베이컨에겐 행복한 미래를 선사했던 것이 니체에게는 절망스러운 과거였다. 게다가 니체는 도덕적 문제 앞에 놓인 이성의 실패를 조롱해댔고 이를 권력의 문제라 여겼다. 이 때문에 진보를 믿던 이들에게 거부감을 샀다. "살인에 대한 근본적 반론을 이성에서 끄집어내는 건 불가능함을 은폐하지 않고 전 세계로 크게 외쳐댔던 건 증오에 불을 지펴댄 꼴이었고, 진보주의자들은 이와 함께 […] 오늘날까지도 니체를 추궁하고 있다."

• 1950년대 말, 한나 아렌트는 니체의 "도덕적 현상들의 근본에 대한 뛰어난 통찰력"을 명확하게 인정했다. 집요함, 관심, 권력 욕구가 없는 한 도덕도 없다.

• 한편, 위르겐 하버마스는 니체가 특히 1920년대에 보여줬던 "특유의 매력"이 끝났다고 역동의 시작점인 1968년도에 선언했다. "니체의 판단 및 속단에 대한 격정, 데카당스 철학의 인상적인 공식들과 '긍정적인 성향'의 매혹적인 동의는 급진적으로 보이며 서구식 전통들과는 멀어진 지식인들의 세대의 관념적 특성과 문제 제기를 결정지었다. […] 이 모든 게 끝났고 대부분 불명료해졌다. 니체는 더는 그 어떤 영향력도 미치지 못한다."

- 하지만 페터 슬로터다이크가 2001년 어느 토론 자리에서 마치 동종요법을 철학적으로 비유하여 언급했듯이 니체는 이러한 단절 기간이 지난 이후에도 "특정 중독 문제들을 다루는 도발 치료사[…]"로서 지속적인 영향을 미쳐왔다.

어떤 식으로든 간에 이러한 판단들은 모두 맞는 소리다. 또한, 니체 스스로 『인간적인, 너무나 인간적인』에서 함축적으로 표명했던 다음의 내용은 보편적으로 옳다. "거센 물결은 수많은 바위와 덤불들을 휩쓸어가고, 강한 정신은 수많은 어리석고 혼란스러운 생각들을 가져간다."

그런데 신의 죽음에 관해 이야기해댔던 건 니체가 유일하지도 처음이지도 않았다. 격언에서 인용된 『즐거운 학문』 구절은 광장 앞에 서 있는 '광인'이 신을 믿지 않은 지 꽤 되었고 그의 말에 전혀 동요되지 않은 사람들 앞에서 제 불만과 자책들을 고래고래 소리쳐댄 것이었다. 존재하지도 않고 존재한 적도 없었던 신은 죽일 수도 없다. '광인'은 신의 죽음에 자신이 죽지 않으려면 그 역시 자기 자신을 뛰어넘어 '초인간'이 되어야만 한다는 생각으로 꽤 미쳐있던 상태였다. 말 그대로 신과 저 자신에게 정신이 나가 있던 니체는 이를 스스로 떠넘겨 받았다. 그의 친구이자 한때 보호자이기도 했던 프란츠 오버베크는 광기에 휩싸인 니체가 "죽음의 신의 후계자로서 저에 관한 형언하기도 힘든 끔찍한 이야기들을 들려"주었다고 말했다.

'광인'은 사람들의 조롱 때문에 자신의 메시지를 너무 일찍 가지고 왔다고 말했다. 범행은 이미 오래전에 저질러졌다 이 일은 쾨니히스베르크에서 발생했고 범행도구는 『순수이성비판』이었다. 다른 장에서 데카르트를 높이 평가했던* 철학 기자 하인리히 하이네는 범행 경과에 관해 이렇게 보고했다. 칸트는 "하늘로 돌진했고 수비대원들을 모두 죽여버렸다." '광인'도 '살인'이 칼로 행해졌다고 말했다. "이 세상의 왕은 입증되지 않은 채 제 핏속에서 헤엄치고, 이제 더는 자비로움도, 아버지의 친절함도, 현세의 금욕에 대한 내세의 보상도 없다, 영혼의 불멸성은 조만간 끝이 날 것이다." 사람이 어떻게 저렇게 살아갈 수 있겠는가? 하이네에 따르면, 칸트는 『순수이성비판』에서 신의 입증 불가능성을 입증한 이후 그의 오래된 집사 람페의 얼굴에서 눈물이 흘러내리는 걸 봤다고 한다. 이때 그는 신을 필요로 하는 인간의 욕구에 연민을 느꼈고, 『실천이성비판』에서 믿음에 대한 믿음이 되살아날 수 있게 도왔다.

집사 람페만 경악했던 건 아니었다. 철학자, 헤겔 역시 1802년 종교철학 강의 중에 경악하고 말았다. "신은 죽었다. 영원한 모든 것, 참된 모든 것이 존재하지 않으며, 신에 대한 부정 그 자체, 이는 가장 끔찍한 생각이다. 제일 큰 고통, 완전한 절망감, 더 높은 모든

---

*   데카르트 장에서 그가 신의 존재를 증명하려고 애썼던 부분에 관한 구절들 참고.

288

걸 포기하는 일이 이와 관련된다." 그의 적수 쇼펜하우어는 좀 더 의연했다. "종교적인 사람은 철학에 다다르지 못한다. 그에게는 철학이 필요 없다. 정말로 철학적인 사람은 종교적이지 않다. 끌어주는 끈 하나 없이 그는 걸어간다. 위험하다, 하지만 자유롭다!"

쇼펜하우어의 뛰어난 사색가 니체의 반종교적 열정들은 어디에서 비롯된 것인가? 그리스도교와 신약, 일반적으로는 그리스도교, 특별하게는 그리스도교 사제들, 그리고 일상생활 속 독실한 신앙인들이 보이는 신의 남용과 수익권, 이들에 대한 끊임없는 비난들은 어디에서 비롯된 것인가? 이에 관해 『안티크리스트』에는 이렇게 나와 있다. "제때에 감기를 낫게 해주거나 소나기가 막 쏟아지려 할 때 마차에 타라고 일러주는 신 따위는 너무도 허무맹랑하여, 그런 신은 설령 존재할지언정 없애버려야만 할 것이다." 이 책에서 그는 그리스도교를 '질병'처럼 묘사했고("그리스도교는 정신적으로 안녕한 모든 것에 적대적이다" "병적인 이성만이 그리스도교 이성으로 활용될 '수' 있다") 교회 종사자들을 거짓말쟁이자 사기꾼이라 낙인찍었다. "정직함에 대한 가장 온건한 요구 측면에서도 오늘날 사람들은 신학자와 사제, 교황이 하는 말은 한마디 한마디가 잘못되었을 뿐 아니라, 거짓말이라는 사실을 하고 있음을 알고 있어야만 한다. […] 모두가 잘 알고 있듯이 사제 역시 '신'은 더는 존재하지 않는다는 것을 알고 있다."

『이 사람을 보라』에서 니체는 종교적 혐오감에 치를 떨어댔고("종교들은 천민들의 사안이고, 나는 종교적인 사람과 접촉한 뒤에 손을 씻지 않고는 견딜 수가 없었다") 신의 창조는 삶에 위협적이라 지탄했다. "'신'이란 개념은 '삶'의 반대 개념으로 고안되었다. 해롭고 유독하고 비방적인 모든 것, 삶에 대한 지독한 적개심 전체가 하나의 통일체가 되어 이 개념에 집약되어 있다!"

『도덕 계보』에서 그는 구약과 신약을 대립시켰다. "구약에 전적으로 경의를 표하자! 구약에서 나는 위대한 인간들, 영웅적인 광경, 지상에서 가장 드문 것, 즉 강력한 마음이 갖는 최고의 순진성을 발견한다. 더 나아가 나는 그 속에서 하나의 민족을 발견하게 된다. 이에 반해 신약에서는 가끔 목가적인 달콤함을 잊지 않고자 편협한 종파주의만을, 영혼의 로코코풍만을, 오직 요란한 허식이나 구석지고 이상한 것만을, 비밀집회의 공기만을 발견하게 된다 […] 겸손함과 거만함은 서로 가깝다. 거의 무뎌진 감정들의 다변성. 열정이 아닌 열정. 곤혹스러운 무언극. 이때 좋은 교육이 분명 부재해 있었다. 이 독실한 소인小人들이 행하는 것처럼, 그 작은 부덕한 자들에게서 그토록 많은 존재를 만들어낼 수 있는가!"

『서광』에서 니체는 최근에 새롭게 발견해낸 친척을 유쾌하게 떠올렸다. "일찍이 사람들은 자신들이 신의 후예임을 가리키며 인간의 영광스러움을 만끽하려고 했다. 이는 이제 금지된 길이 되어버렸다. 원숭이가 다른 혐오스러운 동물들과 함께 인간의 문 앞에 서서는 호의적으로 제 이를 드러내고 있기 때문이다." 니체 역시 이런 인간들에게 적의를 보이며 이해하지 못하겠다는 듯 비웃어댔다. "당신 자신들에 대한 아름다운 의식이 영원하길 바랐는가?

뻔뻔스럽지도 않은가? 당신들을 영원히 견뎌내야만 할 다른 것들에 관해서는 전혀 생각하지 않는가? 수천 분의 작은 시간 개념을 가진 당신 지구인들은 영원한 보편적 존재에게 영원히 성가신 존재가 되려고 한다!"

"아, 꼬마 목사님!" 학생이던 튀링겐 목사 아들에게 사람들은 곧잘 이렇게 불렀다. 하지만 이는 '종교적 감정'으로 아팠던 자에 대한 험담일 뿐, 그리스도교의 '역사성'이나 그리스도인의 심리 상태에 대한 정당한 표현은 아니었다. "그리스도교의 무덤에서"는 『서광』에 나오는 정확한 시대 진단적 아포리즘 제목이다. "정말로 활동적인 사람들은 지금 내적으로는 그리스도교가 없다. 그리고 지적 중산층 가운데 좀 더 느긋하고 사려 깊은 사람들에게는 그저 잘 매만져진, 즉 기이하게 단순화된 그리스도교만 있을 뿐이다. 궁극적으로 우리에게 가장 좋은 걸 사랑 안에서 모두 베풀어주는 신. 하지만 이로써 그리스도교가 부드러운 도덕주의로 넘어섰다는 점에 주목할 필요가 있다. '신, 자유, 불멸성'뿐만 아니라 호의와 올바른 신념, 그리고 이러한 호의와 올바른 신념이 온 세상에 퍼져나갈 것이라는 믿음까지도. 이는 그리스도교에 대한 살해다."

일반적인 그리스도교는 이제 그 자체로 위기에 처해 있다. 올바른 신념과 호의는 사제들의 올바르지 않은 행동들과 교회의 조직적 악의성으로 훼손됐다. 그리스도교의 태만함은 무관심과 냉담함으로 변질하거나, 화가 난 채 등을 돌리게 만든다. 목자들에게는 양들도, 뒤를 따를 후예들도 없다. 교회의 의자들은 텅 비어 있고, 본국 '인원' 수 부족으로 예전에 전교됐던 이들의 후손들이 제단 앞에 서 있다. 두 세대 전까지만 하더라도 아프리카를 위한 헌금함에 돈이 부족하면 교회 문 뒤편 구석에서 '닉 네거(고개를 숙여 인사하는 흑인 아이를 뜻하는 말 -옮긴이)'들이 고개를 끄덕여대던 곳에, 지금은 백인 선교사들의 자손들이 축복을 받고자 흑인 사제들에게 손을 내민다. 2021년 독일 가톨릭교회는 약 36만 명의 신자를 잃으면서 신자 수 감소 신기록을 세웠다. 그때까지 가장 많은 신자 손실은 2019년, 약 27만 3,000명이었다. 2021년 신자 수는 2,200만 명이 채 안 된다. 개신교도 줄어들고 있다. 1956년, 전체 인구의 96퍼센트가 가톨릭 또는 개신교 신자였다. 1990년은 72퍼센트였다. 2060년이 되면 전체 인구의 대략 30퍼센트밖에 안 될 거로 예상된다.

이러한 감소는 신자들이 없어진다는 것만 뜻하지 않는다. 젊은이들이 더는 따르지 않기에 교회들도 사라진다. 부모의 종교 개념과 무관하게 사회적으로 자명했던 유아세례는 세계대전 후 첫 10년간 그 중요성이 독일 민주공화국(옛 동독)과 비교 가능할 정도가 됐다.

이에 반해 아프리카, 아시아, 남아메리카, 그리고 미국의 (경쟁을 두려워하는 교회 비평가들이 파벌 종교 집단으로서 그 모습을 드러내고자 애썼던 모습을 경제 용어들로 표현해보자면) 이른바 '성경 벨트' 지역에서는 그리스도교 종교 부흥 운동이 붐을 이뤘다. 하지만 수적 비례를 고려해보면 확고하게 자리 잡고 있던 그리스도교 교회들은 조만간 종파 크기에 의해 무너질 수도 있다. 즉, 로마에서 종교 권력을 넘겨받으면서 세계적인 규모로 성장했던, 그런 종파들의 초기 시점으로 되돌아갈 수도 있다.

그리스도-카리스마 운동들을 고려해보면 '계몽된 유럽'의 교회들이 더는 주지 못하는 위로, 즐거움, 행복을 보장해줄 수 있는 종교는 마르크스의 표현처럼 여전히 '민중의 아편'임을 추측해볼 수 있다. 그의 진술은 2018년 마르크스의 200주년을 맞아 공교롭게도 개신교 저널 『크리스몬』이 상기시켰다. "마르크스는 『헤겔의 법철학 비판』에서 '종교는 억압된 피조물의 탄식이며, 심장 없는 세상의 감정이고, 영혼 없는 상태의 영혼'이라고 말했다. 종교는 인간에게 역경과 고난을 초래하는 요인들과 싸워나가라고 이들을 격려하는 대신 사후세계를 기약하며 이들을 달랠 뿐이다. 마르크스는 말을 이어갔다. '종교는 민중의 아편이다.'"

고통을 완화해주는 대신 중독의 위험이 있는 마취제와 종교를 비교한 건 마르크스가 처음이 아니었다. 칸트는 『이성의 한계 안에서의 종교』에서 임종이 머지않은 이들 곁에서 평소와 같은 엄숙한 태도로 이들의 영혼을 위로하는 성직자들을 비난했다. 아직 시간이 남아 있는 동안 그들의 의식을 깨우는 게 아니라 죽어가는 자들에게 "의식의 아편을 준다"고 보았다.

한편, 루소는 인간적인 창조를 믿었다. 그런 그를 니체를 포함한 유물론자들은 불쾌해했다. 루소의 『신 엘로이스』를 보면, 기도를 즐겨 드리던 줄리가 어느 한 편지에서 그녀의 아주 논리적인 배우자에 관해 이야기하는 내용이 나온다. "기도는 영혼의 아편이라 말한다. 적당히 사용하면 기분을 좋게 하고, 영감을 불어넣고, 강인하게 해준다. 너무 많은 양은 잠들게 하거나 화나게 하거나 죽게 만든다. 나는 내가 그렇게 되지 않길 희망한다."

그런데 니체가 제대로 된 사고를 거의 불가능하게 만드는 두통과 거의 실명에 가깝게 만드는 안통을 어느 정도 참아내려고 하나의 도피처로써 아편을 실제 투약했다는 소문도 있다. 고통과 광기에 완전히 망가져버린 니체가 제 마지막 서신들 가운데 하나에 '그리스도'란 서명을 남기고, 안전거리를 유지하라고 늘 당부했던 아버지 같은 동료 교수 야코프 부르크하르트에게 보낸 편지에서는 다음과 같이 단언했다는 점에서 뜬금없는 소문은 아닌 듯하다. "끝으로 저는 신보다는 바젤 교수로 있는 게 훨씬 더 좋을 것 같습니다." 완전히 미친 소리 같지만, 이해도 된다. 요즘 누가 신이 되고 싶어 하나?

그리고 신들은 (당분간은) 불멸의 존재다. 신들을 위해 제 목숨을 끊거나 타인의 목숨을 빼앗은 자들은 매번 부활한다. 합리적, 서구적, 현세적 관점들로 보자면 자살 폭탄 테러범들은 교활한 테러리스트들이다. 그러나 저 자신에게나 같은 종교를 믿는 이들에게는 신성한 순교자다. 이슬람 국가들에서도 신은 죽지 않고 죽임을 당했다. 2022년 12월, 이란에서 시위들이 벌어지던 동안 '신에 맞선 전쟁'을 시도했다는 죄명으로 몇몇 이들이 이슬람법에 따라 사형당했다. 정식 용어는 무하라바(또는 모하라베)로 코란의 "보아라, 알라와 그의 특사들을 공격하고 이 세상을 혼란스럽게 하는 자가 치를 대가는 죽거나 십자가에 못 박히거나 손과 발이 번갈아 잘리거나 나라에서 쫓겨나는 것뿐이다."라는 구절을 인용한 것이다.

이와 동시에 신을 버린 과학·기술적 서구 세계에서는 초월성 설명에 대한 여백들을 '영혼 창조설' 또는 '지적 설계론'의 형태의 새로운 근본주의들이 채워나간다. 잘 조직된 세계 환경은 창조주를 전제로 이루어지며 어느 정도는 논리적인 입법자의 존재를 암시한다. 이는 18세기 계몽주의자들 사이에선 흔한 철학적 레퍼토리 중 하나였고, 그래야만 유물론에 완전히 굴복하지 않을 수 있었다. 이에 따르자면 신은 성경들이 아닌 자연환경들 속에서 제모습을 드러낸다. 실러가 그리스의 신들이란 시에서 "내 앞에 신성이 전혀 보이지 않으니"라며 "신들이 사라진 자연"을 비통해했다면, 그가 제대로 보지 못했던 건 아닐까? 아니면 그는 염소 다리와 뿔을 가지고 태어나, 햇볕이 뜨거운 정오 무렵 곤히 잠든 님프들 주변을 배회하는 목신 판이 그리웠던 걸까?

시계 수리공이 시계를 만드는 것처럼, 이 세상을 창조하고는 제 길을 알아서 가도록 내버려 두는 입법자인 신은 인간적이고도 지극히 인간적인 개념이다. 더군다나 이 세상은 그렇게 훌륭하게 보이지 않을 때도 있고, 가끔은 사악한 데미우르고스(물질적 세계를 지배하는 존재로 기본적으로 악의 편 -옮긴이)가 만들어낸 산물처럼 보일 때도 있다. 악마도 당연히 죽었다. 귄터 안더스는 "우리가 천국뿐만 아니라 (다행히) 지옥도 함께 잃어버려" 기뻐했다. "니체의 '신

은 죽었다'라는 말은 악마는 죽었다는 말과도 상응한다. 이 죽음
이 신의 죽음보다 앞선 게 아니라면 만이다." 신의 죽음에 대한 일
반적인 도덕적 충격 반응은 되레 공포이기에 악마가 사라졌다는
반응은 그저 놀랍기만 하다. 신이 없으면 모든 게 허락되지 않나?
니체와 유사한 가치관을 가졌던 러시아인 도스토옙스키는 이 질
문에 완전히 사로잡혀버렸다. 하지만 신의 도움 없이 현세 윤리를
만들어내는 건 어쩌면 정말로 '초인간 과제', 초인적인 일일지도
모른다.

포이어바흐는 역사 속에서 인간이 인간에게서 신들을 만들어
낸 다음 이들과 맞서왔다고 보았다. 마르크스는 인간이 제 고유의
동물적 본능을 오랫동안 계속해서 다룬 끝에 인간까지 만들어냈
다고 보았다. 이와는 반대로 다윈은 자연이 우연히 인간을 만들어
냈다고 보았다. 니체는 이 모든 걸 다 뒤섞었다. 그는 인간을 만들
어내는 신을 고안해낸다. 그럼으로써 이 인간은 인간을 고안해내
는 신을 고안해낸다. 기타 등등. 미치고 환장할 노릇이다.

아돌프 히틀러에게는 이 모든 게 진심, 아무런 상관이 없었던
것 같다. 그는 니체의 전집 초판에 "아돌프 히틀러가 사랑하는 베
니토 무솔리니"라 적고는 돼지가죽 장정으로 된 이 멋진 책을 무
솔리니의 60번째 생일 축하 선물로 보냈다. 그저 무솔리니가 받
아보지 못했을 뿐이다. 그는 1943년 7월, 생일 나흘 전에 체포되어
어느 비밀 장소에 감금되었다.

히틀러 곁에서 맴돌길 좋아했던 니체의 니체팔이 여동생 엘

리자베스는 오빠의 책들에 쓰인 히틀러의 서명을 굉장히 마음에 들어했을 것이다. 금세 역겨워했던 니체도 그렇게 받아들였는지는 적어도 의심스럽긴 하다. 비록 국가 사회주의에 대한 니체의 '정신적 친밀함'은 무엇보다 그가 큰소리 떵떵 쳐대며 풀어놓은 '금발의 야수' 때문에 지금까지도 의견이 분분하지만 말이다. 그 당시 국가 사회주의자들에게 니체는 되레 수상쩍은 인물이었다. 국가 사회주의 교육자 에른스트 크리크는 악의적으로 이렇게 말했다. "대체로 니체는 사회주의를 반대했고, 국가주의를 반대했으며, 인종에 관한 생각을 반대했다. 이 세 가지 사상들의 방향들을 가늠해보면 우수한 국가 사회주의자를 니체가 내어줬을 수도 있다."

니체의 생각 속에 담긴 사회적 자극들, 좀 더 정확하게 말해 반사회적이고 비사회적인 자극들을 혐오하자면, '나치 질문'에 대한 그 어떠한 답도 필요하지 않다. '등한시되던 자들' '군중'과 '영원한 노예' 그리고 군주들의 삶에 긍정적이고 필수적인 전제조건이었을 그들의 어려움과 죽음에 관한 구절들로 이미 충분할 것이다.

니체의 '신은 죽었다'란 말은 니체의 것만은 아니었지만, 그의 말은 다른 이들보다 훨씬 더 인상적으로 큰 영향을 미쳤다. 니체가 죽고 약 25년 뒤, 지그문트 프로이트는 종교는 근대 학문이 남긴 인상 속에 점점 더 사라져가는 환상이라 말했다. 이때 프로이트가 '학문'에 걸었던 기대들은 착각에 불과했던 것임이 판명됐고, 요즘에는 그 확실성 때문에 되레 의문스럽게 보인다. 종교적으로 예상되는 바를 그는 충분하게 언급했다. 그는 종교에는 더는 미래가 없다고 봤다. "평범한 농민의 딸은 자신을 이곳에서 구출해줄 왕자가 찾아올 거라는 환상 따위를 만들어낼 수 있다. 가능하다. 이런 비슷한 경우들이 몇 차례 있었다. 메시아가 나타나 황금시대를 열어줄 가능성은 훨씬 더 적다."

니체 역시 앞으로 우리에게 일어날 일들, 긍정적으로 기대되는 낙관적인 순간들을 고려했다. "미래와 관련해서 우리는 인간들이 거주하는 지구 전체를 아우르는, 인류 보편적인 목적들에 대한 엄청난 비전을 역사상 처음으로 갖게 된다. 이와 동시에 우리는 자만하지 않은 채 이 새로운 과업을 스스로, 어떤 초자연적인 도움 없이도 행해 나갈 힘을 깨닫게 된다. 그렇다. 우리의 계획이 바랐던 대로 되지 않았다면, 우리의 힘을 과대평가했던 거다. 어쨌건 우리는 우리 자신 말고는 그 누구에게도 빚을 지지 않았다. 지금부터 인류는 인류가 원하는 바를 인류 자신과 함께 전적으로 시작해나갈 수 있다." 결국에는 불안하고 두려울 수 있다.

프리드리히 니체

Friedrich Nietzsche

1844~1900년

니체의 삶은 짚불 같았다. 아님, 악몽에 더 가까운가? 그가 다섯 살이 채 안 됐을 때 그의 아버지는 세상을 떠났다. 뇌 질환으로 추정된다. 열다섯 살 때 그는 아주 자신만만하게, 그리고 명석하게 다음과 같이 기록했다. "나는 지금 깨달음, 보편적 교육에 대한 엄청난 충동에 사로잡혀 있다." 20대 중반, 그는 말을 타다가 떨어졌고 이 사고로 생긴 가슴 통증 때문에 모르핀을 맞았다. 리처드 바그너를 알게 됐고 (한동안) 존경했다. 교수 자격 취득 과정을 이수하지 않고도 바젤 대학교 고전 어문학 교수로 임명되었고, 스위스에 거주한 이래 프로이센 시민 자격이 더는 유지되지 않았음에도 그는 독일-프랑스 전쟁에 군의관으로 자원하여 몇 주간 함께했다. 그러다가 루르강 유역에서 병에 걸리면서 바젤로 보내졌다.

30대 중반, 그는 봉급 인하 요청과 함께 조기 은퇴하였고 그 후부터는 이탈리아를 떠돌아다녔다. 그해 겨울 난방이 제대로 되지 않은 셋방에서 뻣뻣해진 손가락으로 격언들을 낙서처럼 계속해서 써 내려갔다. 40대 중반 그는 미쳐버렸다. 50대 중반, 그는 바이마르에 살던 여동생 엘리자베스의 보호(그리고 감시) 아래 죽음을 맞이했다.

1889년 1월, 마부가 말을 채찍질하며 함부로 대하는 모습에 연민을 느낀 철학적 염세가 니체가 말의 목을 감싸 안았다고 한다. 하지만 이 토리노 말 사건이 절반만 맞는 소리인지 아니면 완전히 지어낸 이야기인지는 더는 판가름하기 힘들다. 질병의 원인역시 밝혀지지 않았다. 그의 아버지도 앓았던 뇌경색 때문이었을까? 유전적으로? 아니면 사창가를 갔다가 감염된 매독에 의한 것이었을까? 사창가를 찾아갔던 건 맞지만, 니체가 이상한 '매음굴'에서 그저 미친 듯이 피아노만 쳐댔었는지 아니면 '그걸' 과감하게 행했었는지는 알 수 없다. 그러나 니체가 정신적으로 무너졌던 때세계 정복에 관한 환상과 인류 교육에 대한 계획에도 불구하고, 자신의 차라투스트라 천재성을 제대로 드러내 보이지 못했던 건맞다. 어쩌면 니체는 자신의 글들이 훗날 미칠 이 엄청나고도 끔찍한 영향력을 그의 심히 커져버린 자신감 속에서 이미 알고 있었는지도 모른다. 특히 그가 정신적으로 완전히 무너지기 직전에 집필한 『이 사람을 보라』에서 (이렇게 표현해야 할 거다) 한껏 분출됐던것처럼 말이다. 이 책의 각 장 제목들은 "내가 이토록 현명한 이유"

"내가 이토록 똑똑한 이유" "내가 이토록 좋은 책들을 쓰는 이유" 등이었다. 이러한 '좋은 책들'의 성공을 그는 더는 경험해볼 수 없었다. 전설적인 루 안드레아스-살로메 등 몇몇 사람들은 그의 생각들에 놀라워했지만(또 가끔 조롱해대기도 했지만), 그의 생각은 공식적으로는 한동안 그저 제한적인 울림만 줄 뿐이었다. 그의 작품들이 열렬하게 읽히긴 했어도 판매된 권수는 늘 세 자리에 불과할 정도로 많지 않았다.

활달했던 루는 니체가 청혼해대던 젊은 여성들 가운데 한 명이었다. 대개 친구들이 여자들을 데려왔고 어떤 때는 자신이 데려온 여자에게 직접 '관심'을 보인 이들도 있었다. 어머니와 여동생도 혼자 사색에 잠기던 니체를 결혼시키고자 애썼다. 집안일은 두 사람의 몫이었고, 니체는 대개 알고 싶지도 듣고 싶어 하지도 않았던 부를 그들은 늘 집요하고 성가실 정도로 신경 썼다. 니체는 거듭 반복해서 가족과 연을 끊으려 시도했었지만 성공하지는 못했다. 결혼문제에서만큼은 그의 입장은 한결같았고, 그가 청혼한 여자들 가운데 일부가 어쨌건 '원하지 않았던' 이유도 있었다. 그의 의식이 깨어 있던 삶이 끝나갈 무렵, 니체는 『도덕 계보』에 명확히 선을 그었다. "결혼한 철학자는 한 편의 희극이다." 정신적으로 무너지기 약 일 년 전, 그는 이렇게 기록했다. "나는 지금껏 43년을 살아왔고 어렸을 때와 마찬가지로 여전히 혼자다."

Sätze, die die Welt verändern

"다른 사람이 당신에게 하지 않길 바라는 것"에 대하여

그리고 철학적 전환점

✦

"누구도 변명할 수 없도록 자연법은 능력이 가장 떨어지는
사람조차도 쉽게 알 수 있도록 다음과 같이 요약되어 있다:
남이 너에게 행하기를 원치 않는 일은 너도 남에게 행하지 마라."

— 토머스 홉스, 『리바이어던』

"남이 해주길 바라는 대로 남에게 행하라는 합리적인 정의의
저 숭고한 원리 대신 그다지 완전하지는 못하지만,
더 유용하다고 할 만한 저 자연적 착함에 대한 또 다른 원칙,
'타인의 불행을 되도록 적게 하여 너의 행복을 이룩하라'를
모든 사람의 마음속에 품게 하는 것이 연민이다."

— 장 자크 루소, 『인간 불평등 기원론』

"남이 나에게 해준 그대로 나도 남에게 해주고,
이에는 이, 눈에는 눈으로 복수하라는 것은 조물주가
우리에게 제시한 위대한 법칙인 것처럼 보인다."

— 애덤 스미스, 『도덕감정론』

"정언 명령은 오로지 유일한 법칙이며, 이것은 즉 그 준칙이
보편적 법칙이 될 것을, 그 준칙을 통해 네가 동시에 의욕할 수 있는,
오직 그런 준칙에 따라서만 행위하라."

— 임마누엘 칸트, 『윤리 형이상학의 정초』

✦

우선, 에른 블로흐가 남긴 경고부터 살펴보자. "칸트주의 윤리를 '남이 너에게 행하기를 원치 않는 일은 너도 남에게 행하지 마라'와 같은 구절로 축약할 수 있다고 생각하는 자는, 이처럼 요약을 좋아하는 친구는 더는 공부하지 않는 게 좋겠다." 블로흐는 그렇게 얇지 않은 책 『의지와 표상으로서의 세계』를 집필한 철학자, 아더 쇼펜하우어를 블로흐는 '요약을 좋아하는 친구'로 생각할까? 쇼펜하우어는 『칸트 철학 비판』에서 칸트의 '도덕 법칙'은 "자세히 들여다보면, 'quod tibi fieri non vis, alteri ne feceris'라는 단순한 옛날 규칙을 간접적으로, 좀 더 화려하게 표현했을 뿐이다"*라고 말했다.

비난은 예상된 것이었다. 칸트의 동시대인들은 정언명령을 오래된 격언들과 연결 지었기에 칸트는 『윤리 형이상학의 정초』의 각주 부분에서 이를 부정했다. "사람들은 이 간단한 quod tibi non vis fieri etc.라는 말이 하나의 규범이나 원칙이 될 수 있을 거라고는 생각하지 않는다." 예를 들어, 이 말은 범법자가 판사의 처

---

* 일반적으로 알려진 완전한 문장은 'quod tibi fieri non vis, alteri ne feceris'로, 남이 너에게 행하기를 원치 않는 일은 너도 남에게 행하지 마라는 의미다.

벌에 반발할 여지를 만들어줄 수 있기에 이미 그러한 이유에서 적합하지 않을 거다.

어떤 식으로든 간에 이 문구는 서양사에서 전통처럼 전해 내려오는 말로, 유럽에서 겨울철마다 즐겨 먹는 생강빵 문화와 비교 가능할 정도다. 벌꿀을 발라 구운 빵, 파니스 멜리투스는 '고대 로마인들'도 먹었다. 이 문구를 세베루스 알렉산더 황제가 말했다고 할 때도 종종 있다. 예수도 산상수훈 때 같은 걸 요구했다. "남이 해주기를 원하는 대로 그대들도 남에게 해주어라." 또한, 교부 아우구스티누스도 『고백록』에서 "우리 스스로 원하지 않는 바를 다른 사람에게 행해선 안 된다는 양심에 대한 통찰"을 부정문 형태로 언급했다.

홉스는 격언 속 교훈들을 '원칙들'이라 명명하며 좀 더 가볍게 생각했다. 그런데 사실 그렇지 않다. 적어도 칸트가 『윤리 형이상학 정초』, 『실천이성비판』 및 『윤리 형이상학』에서 거듭 반복해서 다양하게 정의하고, 명확하게 규정하며, 또 모호하게 말했던(이 점에서는 쇼펜하우어가 완전히 틀린 건 아니었던) 정언명령의 원칙들만큼은 그렇지 않다. 칸트는 앞선 격언 부분에 인용된 정의를 확립해내지는 못했다. 두 문단 뒤를 보면, "의무에 대한 일반적인 명령은 다음과 같이 말할 수도 있겠다. 당신의 행동 원칙이 당신의 의지에 따라 일반적인 자연법칙이 될 수 있는 것처럼 행동하라"라고 나온다. 이후 칸트는 "정언명령의 일반적 공식"을 좀 더 간소화하여 재정의했다. "일반적인 법이 될 수도 있는 원칙에 따라 행동하라." 그러나 『실천이성비판』에서는 좀 더 복잡하게 표현되어 있다. "당신 의지의 원칙이 일반적인 법의 원칙으로서 항상 타당할 수 있도록, 그렇게 행동하라."

'정언명령' 말고도 칸트는 『윤리 형이상학의 정초』에서 (여기서는 그냥 넘어가도 좋을) '가언 명령'과 '실천 명령'을 정의했다. "그러므로 실천 명령은 다음과 같은 것일 것이다. 너는 너 자신의 인격에서나 다른 모든 사람의 인격에서나 인간성을 언제나 동시에 목적으로 대하고, 결코 한낱 수단으로 대하지 않도록 그렇게 하라."

그런데 '명령'이란 건 도대체 뭘까? '준칙'과는 어떻게 구분될까? 『실천이성비판』에서 '명령'은 "행위의 객관적 강제를 표현하는 당위에 의해 표시되는 규칙으로, 이성이 의지를 완전히 규정한다면 행위는 반드시 이 규칙에 따라서 일어난다는 것을 의미한다. 그러므로 명령들은 객관적으로 타당하며, 그렇기에 주관적 원칙들인 준칙들과는 전적으로 구분된다." 여기에서 언급된 '당위'는 의무를 가리키며, 칸트에 따르자면 이러한 당위성 없이는 '진정한' 도덕성을 생각해볼 수 없다. "모든 도덕적 판단들에서 가장 중요한 것은, 모든 원칙의 주관적 원리에 최대한 정확하게 주의를 기울이는 것이다. 그럼으로써 행동들의 모든 도덕성이 그 행동들이 만들어낼 사랑과 애착이 아닌 의무와 법에 대한 존중의 필요성에 따라 규정되는 것이다." 이때 이야기하는 '법칙'은 한 나라의 국법이 아니라 도덕 법칙을 말하는 것으로, 그 타당성은 '행복 추구'와는 무관하다. 게다가 도덕 법칙은 자연법칙들에 속하지 않으며,

(칸트 시대의 신학적 도발로써) 신의 명령들에 따른 게 아니다. 이는 "자유 관념"을 통해서만 정당화될 수 있다.

고트프리트 켈러*는 선행이 그 행동에 대한 칭찬을 바라는 욕심에 의해 동기화될 수 있음을, 다시 말해 결국엔 이기적인 행위이며 그렇기에 칸트의 기준들로 보자면 도덕적으로 무의미할 거라 보았다. 이 같은 우려를 그는 반半 자서전적 성격의 소설, 『녹색의 하인리히』의 주인공을 통해 기이한 방식으로 그려냈다. 이기적인 감정들이 행동의 도덕성을 해칠 수도 있다는 양심의 가책은 타인에게 도움을 베풀고자 하는 이들을 심히 당황케 만들면서 그들의 친절한 행동까지 막아버리게 된다. "내게 있는 얼마 안 되는 것들을 길 위의 불쌍한 사람에게 베풀고 싶으면서도 동시에 신이 흡족해하실 것을 생각했기에, 나는 사욕에 의해 행동하고 싶지 않아 그 불쌍한 자를 지나쳐버렸던 적이 많았다. 그렇지만 그러면 그에게 동정심이 생겨 나는 되돌아간다. 되돌아가는 동안 내 이기심은 바로 이 후회가 훌륭하고 가치 있는 일이라 다시금 생각하게 만들고, 나는 내가 마침내 이성적으로 생각할 수 있을 때까지 또다시 뒤돌아선다. 어찌 됐든 이 불쌍한 자는 그가 원하는 바를 얻어낼 수 있어야 한다. 그게 핵심이다! 하지만 가끔은 이런 생각이 너무

---

*   켈러는 1848년 혁명 동안 하이델베르크에서 장학금을 받으면서 이 소설의 초판 작업을 했다. 이때 그는 대학들에서 선호하지 않았던 철학가 포이어바흐가 시청에서 진행한 공개 강연들을 들었다.

늦게 들어 그에게 줄 선물은 여전히 내 가방 안에 들어 있고 나는 더 이상 견딜 수가 없다. 그렇기에 나는 내가 아무런 생각 없이 내 의무를 다하고 이게 칭찬받을 만한 일이었음을 뒤늦게서야 깨닫게 될 때 언제나 아이처럼 기뻐한다."

엄격한 의미에서 도덕적이길 바란다면 감각적 성향이나 사욕들과는 관련돼서는 안 될 의무적 도덕 행위에 대한 칸트의 주장은 거절당하기 일쑤였고 가끔은 노골적으로 거부당하기도 했으며 '부차적인 덕목들'에 대한 경멸로 이어지기도 했다. 감정, 사랑, 공감이 없다는 이유에서다. 이때 예나 지금이나 계속해서 간과되고 있는 것은 감정들의 불확실성, 사랑의 변덕, 동정심의 제약이다. 칸트의 말을 빌려 이야기하자면, "자세히 살펴보면 자비심 어린 특성이 아무리 사랑스럽더라도 덕목의 품위는 갖고 있지 않다는 걸 알 수 있다. 인류의 상당 부분이 아무런 잘못 없이 끔찍한 불행을 당해야만 하는 [...] 크나큰 전쟁에 관한 소식은 무덤덤하게 접하면서, 고통받는 아이, 비굴하고 불행한 귀부인의 모습에는 가슴 아파한다."

'프로이센식'이란 꼬리표가 여전히 자주 붙는 부차적 덕목들에 대한 건방진 경멸은 이러한 덕목들이 근대 기능사회를 전반적으로 완전히 지배하고 있다는 사실을 은폐해버린다. 이러한 사회의 구성원들은 대부분 일시적으로 국한되지 않고 여기저기 만연해 있는 타인의 쾌락주의에 고통스러워하며 본인 스스로 무리하게 될 것이다.

성향과는 무관한 의무적 윤리에 대한 신뢰성은 분명 높이 평가할 만하며 복권할 가치가 있다. 개인적 동기들과는 무관한 연대성 윤리로 재구성해볼 수 있다. 이 연대성을 제도적으로 보증할 수 있다면 더 좋을 테고 말이다. 동정심은 기대할 수 있긴 하나 사랑과 같은 감정이기에 강요할 수는 없다. 그런데 연대성은 다르다. 이는 조직 가능하다.

하지만 모든 게 훨씬 더 복잡하다. 의무와 성향 간의 양자택일 말고도 신념과 책임 윤리 간의 선택 문제도 있고, 오로지 외적으로 선한 행동에 의한 가톨릭의 독실함과 오로지 신앙에 의한 프로테스탄트의 정당성 간의 이자택일 문제도 존재한다. 비텐베르크의 루터가 이 정당성에 관해 그토록 열심히 설교해서 쾨니히스베르크의 칸트에게까지 그 여운이 남겨졌을 정도다. 착한 행동으로 천국에 들어가려 하거나 면죄부 판매처럼 좋은 돈을 내고 천국행 표를 사려는 건 비난받을 만하지만, 그러한 행위와 돈으로 도움을 받은 사람들은 별로 신경 쓰지 않는다. 역으로 진정한 내적 신앙은 그저 외적인 믿음보다 더 신뢰적일 수도 있다. 하지만 외적 행동이 그의 믿음과 전혀 맞지 않으면 의심은 더욱 높아지고, 그저 겉으로만 그럴듯하게 보이는 위선적이고 편협한 믿음이자 행동 없이 말뿐인 신앙 고백이 된다.

아도르노의 도덕적 고찰들은 '아우슈비츠 이후'의 것들로, 그는 행동이 뒷받침되지 않는 단순한 자비심을 신랄하게 비난했다. "행동 하나만으로는 평가하기 어렵듯 행동으로 나타나지 않는 선행도 마찬가지다. 구체적인 행동이 개입되지 않은 절대적 신념은 절대적 무관심, 비인간성으로 타락하게 될 것이다." 이 비난은 정언명령에도 해당한다. 정언명령의 도덕적 가치는 행동 결과들과는 상관없이 의무에 의한 행동 동기와만 연결되기 때문이다. 정언명령에 따르자면, 결과는 좋지 않되 의무적으로 행한 선행이 결과는 좋되 동정심으로 행한 선행보다 도덕적으로는 더 가치 있다. 공부방에만 들어앉아 있던 철학자에게는 정말로 그랬을 수도 있다. 하지만 위기 상황을 직접 맞닥뜨리고 있는 이들에게는 그렇지 않다.

그런데 칸트가 개개인의 행동들에 대한 도덕적 가치에는 관심이 없었다는 사실에 주목할 필요가 있다. 비록 거듭 반복해서 개별 사례들을 다루었을 뿐만 아니라, 어떤 누군가가 살인자를 피해 몸을 숨기고 있음에도 정언명령의 절대성에 따라 그 살인자에게조차 거짓말을 해서는 안 된다고 유추하게 만드는 실수 등을 범했지만 말이다. 이에 대해 안네 프랑크는 어떤 말을 했을까? 1944년 8월 1일, 15세 소녀는 다음과 같이 굳게 다짐한다. "어떻게 하면 내가 진심으로 원하는 그런 사람이 될 수 있을까? 하지만 나는 꼭 그렇게 되고 말 거야. 만약 이 세상에 살아 있는 사람이 오직 나 혼자뿐이라면 말이야." 이는 안네의 일기장에 남겨진 마지막 문장이다. 안네는 3일 뒤 암스테르담 프린센흐라흐트의 뒤채에서 잡히고 마는데, 누군가가 그녀의 은신처를 밀고했기 때문이었다.

칸트의 철학 윤리의 본심은 자유와 이성에서부터 덕을 갖추게 되는 주장을 충족해내기 위해 사람들이 따르고 싶어야만 하는, 언제 어디서든 적용 가능한 도덕 규칙을 성립하는 것이다 이러한 시도에 대해 헤겔은 '공허한 형식주의'라 평했지만, 칸트가 봤을 때는 아무런 문제가 되지 못했고 오히려 정언명령의 보편적 타당성에 대한 전제조건이었다. 그렇지만 헤겔은 항변했다. "당신의 원칙들이 보편적인 법칙들로 정립될 수 있다는 말은, 우리가 해야 할 일에 대한 구체적 원칙들이 이미 정해져 있을 때라야 효용이 있을 것이다. 우리는 보편적인 법칙 규정을 결정할 수 있는 원칙이 필요하기에, 그러한 원칙은 이러한 내용을 전제로 한다."

그러나 일상적인 도덕 법칙에서는 원칙도 철학자도 필요하지 않다. 『실천이성비판』의 거의 마지막 부분에서 칸트는 이를 의기양양하게 설명한다. "학자나 이론가들뿐만 아니라, 상인들이나 여성들도 있는 사교 모임의 대화 과정을 주의 깊게 살펴보면, 이야기와 농담 이외에도 환담, 다시 말해 불평·불만 역시 자리를 차지하고 있다는 사실을 깨닫게 된다[…]. 그러나 모든 불평·불만 중에서도 한 사람의 성품을 결정짓는 이런저런 행동의 도덕적 가치에 관한 것보다 […] 모임에 일종의 활력을 불어넣는 것은 없다." 반면 칸트는 '그저' 이게 어떻게 행해지는지를 명확하게 밝히고 설명해야만 했다. 물론 이는 결단코 쉬운 일이 아니었다. 이에 『윤리 형이상학의 정초』는 최대한 겸손한 태도로 마무리된다. "그래서 우리는 비록 도덕적 명령의 실천적이고 절대적인 필연성을 이해하지는 못하나 이것을 이해하지 못한다는 사실을 이해한다. 이는 원칙적으로 이성의 한계에까지 도달해보려는 철학에 대해 요구해볼 수 있는 모든 것이다."

이에 관해서는 역사적, 정치적, 도덕적 상황들과 관련하여 지금까지도 다양한 반응들이 나오고 있다. 아도르노는 역사적으로 정당한 도덕적 행동의 중요성을 고려하며 다음과 같이 설명했다. "히틀러는 부자유한 상태의 인간들에게 새로운 절대명령을 강제로 부가했다. 아우슈비츠가 반복되지 않게, 이와 비슷한 일들이 결단코 일어나지 않게 당신들의 생각과 행동을 정비하라."

하지만 인류 역사상 전무후무한 이 같은 범죄도 역사적으로 멀어질수록, 안전거리가 넓혀질수록 그에 대한 반응은 점차 약해진다. 미래에 대한 두려움이 커질수록 과거에 대한 경악은 줄어든다. 요즘에는 어떤 무언가가 반복되지 않는 것보다는 아예 나타나지 않도록 하는 것에 초점을 맞추는 정언명령들이 형성될 것이다. "새로운 유형의 인간 행동에 적합한 명령은[…], 다음과 같을 것이다. '당신 행동에 따른 결과들이 이 세상 실제 인간들의 삶의 지속성과 양립되도록 행동하라.'" 아니면 "긍정적으로 표현해서, '인간 미래의 완전성을 당신 의지의 공동 표적으로서 당신의 현재 선택에 포함하라.'"

이를 한스 요나스는 1979년 『책임의 원칙: 기술 시대의 생태학적 윤리』에 언급했다. 책임은 신념과 다시금 맞부딪힌다. 사회학자, 막스 베버는 1919년에 행했던 강연, '직업으로서의 정치'에서 그 차이를 명확하게 제시했다. "윤리적으로 지향되는 행동들은 근본적으로 서로 완전히 다르고 모순적인 원칙들 둘 사이에 모두 존재할 수 있다는 것을 우리는 분명하게 알고 있어야 한다. '신념 윤리적' 또는 '책임 윤리적'으로 지향될 수 있다. 책임 없는 신념 윤리와 신념 없는 책임 윤리가 똑같다는 말이 아니다. [⋯] 그러나 신념 윤리적 원칙들 [⋯] 또는 책임 윤리적 원칙들에 의거, 제 행동의 (예측된) 결과들에 대한 대가를 치러야만 한다는 건 완전히 상반된다.'

책임 윤리에 대한 베버의 결정은 분명했다. 그런데 윤리문제들이 이걸로 정말 해결될까? '어린아이들 질문'은 어떨까? 도스토옙스키의 소설 『카라마조프가의 형제들』에서 이반이 동생 알료샤에게 묻는다. "만일 네가 결국에 가선 사람들을 행복하게 만들고 궁극적으론 그들에게 평화와 안정을 주기 위한 목적으로 네 손으로 직접 인류를 위한 법칙의 건물을 지어 올리는데, 하지만 이 일을 위해선 어쩔 수 없이 겨우 다 하나의 조막만 한 창조물을 [⋯] 죽도록 괴롭히지 않으면 안 되게 생겼어. [⋯] 너라면 이런 조건에서 건축가가 되는 것에 동의할 수 있을까?" 알료샤는 그럴 수 없다고 거절한다. 이에 이반은 일종의 부정적인 정언명령을 만들어낸다. "그러면 그 건물의 혜택을 입게 된 사람들이 직접, 고통받은 어린아이의 보상받지 못한 피를 대가로 해서 자기들의 행복을 받아들이겠다. 받아들이고서 영원토록 행복하겠다는 데 동의한다면 너는 이런 생각을 용납할 수 있겠니?"

도덕적으로 더 중요한 건, 이런 범죄는 더는 발생하지 말아야 한다는 신념일까, 아니면 막아내지 못한 그러한 범죄행위 때문에 구원받지 못한 인류에 대한 책임일까? 예수가 십자가에 못 박혔을 때 그는 비록 어린아이가 아닌 30세였긴 했지만, 믿음 있는 그리스도교인들은 그들의 행복이나 구원을 '순교자가 부당하게 흘리는 피를 대가로 얻는 것'에 지난 2,000년간 계속 동의해왔다.

그리고 이러한 근본적인 윤리·도덕적 토론들 가운데 또 다른 하나, 사람은 말하는 대로 살아가야만 하는가? 도덕을 훈계하는 이들이 이를 지키지 않는다면 이 도덕은 정당할 수 있는가? 바꿔 말해, 성인聖人들은 그들의 성덕聖德으로 불행을 초래해도 되는가? 이 문제에 관해 우리는 예상도 되고 우려도 하겠지만 그 누구도 다른 누구를 비난하지 못하고 확신에 찬 채로 설득해낼 수도 없다.

한 예로, 책임 윤리적 관점에서 볼 때 2016년 성인으로 추대된 마더 테레사의 행동은 말할 것도 없이 논쟁의 여지가 있다. 콜카타 구호 시설의 상황은 생각했던 것보다 훨씬 더 좋지 못했다. 그러나 구조보다 선교가 먼저였다. 게다가 구조 활동은 선교, 다시 말해 대외적 목적에 의해 동기화된 것이므로, 칸트는 정언명령의 요건들에 따라 이는 윤리적인 행동이 아니라고 평가했을 수도 있다. 또한 다른 수녀들은 나병 환자들을 돌보는 의학적 전문 교육을 받지 않았다는 비판에 마더 테레사가 한 대답은 칸트의 윤리적 미덕에 대한 자기 목적적 개념과 꼭 맞아떨어진다. 마더 테레사는 중요한 건 성공이 아니라 '믿음에 대한 충실함'이라 말했다.

마하트마 간디의 신화 역시 환멸을 피하지는 못했다. 강인한 조직력과 뛰어난 통제력, 엄청난 카리스마를 가진 간디에 대해 그의 전우, 사로지니 나이두는 악의적인 '재담'을 남겼고 이 때문에 평생토록 빈곤하게 지내야 할 마큼 혹독한 대가를 치뤘나. 산디의 도덕적 행동에서 수단이 목적보다 우선시되는 한, 이는 칸트가 말하는 도덕적 행동과 비교해볼 수 있다. 인도 독립운동가이자 훗날 인도의 첫 번째 총리가 되었던 자와할랄 네루는 1934년, 아시람에 있었던 불화들 때문에 엄청난 시민 항명 운동을 벌였고 감옥에 갇히게 됐다. 이때의 일을 그는 다음과 같이 기록했다. "사람은 수단을 신경 써야 한다. 그러면 목적은 저절로 이루어질 것이다. 이를 설명하는 데 간디는 결단코 지치지 않을 것이다."

간디도 '황금률'을 정의했다. "행동의 황금률은 [⋯] 상호 간의 인내다, 왜냐하면, 우리는 모두 똑같이 생각하지 않으며, 또 진실을 조각조각으로 다양한 관점에서 바라보고 있기 때문이다. 양심은 모두에게 똑같지 않다. 그렇기에 개개인의 행동에는 좋은 지도자가 되어도, 이 행동 원리를 모두에게 부과하려고 하면 다른 사람들의 양심의 자유에는 엄청난 침해일 수 있다. [⋯] 참된 이해관계와 정당한 법칙들에 대한 인간의 생각들은 상이하다." 이러한 인내에 대한 가르침은 칸트의 관념적 엄숙주의와는 상반되나 간디의 개인적인 실천방식과는 상응했다. 그는 확신했다. "내가 말하거나 쓴 것이 아닌, 내가 한 행동이 남는다."

윤리적 가르침의 가치는 그 교훈을 대표하거나 구현한 당사자에게 따라 달라지는 걸까? 그리스 현자였던 소크라테스는 기획된 죽음을 통해 자신의 가르침에 대한 값을 치렀고, 프로이센 교수였던 칸트는 절도 있는 삶을 통해 자신의 가르침에 대한 값을 치렀다. 카를 마르크스는 박사과정에 있던 당시 그 차이점을 제 학생 노트에 기록해두었다. 소크라테스의 "철학은 […] 확실히 저만의 지혜다. 그만의 좋은 존재 되기[…]는 제 행동을 기반으로 한 도덕적 가르침으로, 칸트가 정언명령을 내세웠을 때와는 완전히 다른 주관성이다. 이때 경험적 주체로서 그가 이 명령과 어떤 관계인지는 전혀 중요하지 않다." 이후 마르크스는 헤겔식 법철학에 대한 비판에서 자신의 정언명령을 정립했다. "종교에 대한 비판은 인간이 인간에게 가장 높은 존재라는 가르침, 다시 말해 인간이 무시되고, 속박당하고, 버려지며 업신여겨지는 존재가 되는 상황들을 모두 뒤엎어버리는 정언명령과 함께 끝이 난다."

인간은 자신이 살아가는 사회에서 속속들이 영향을 받는다. 하지만 자신에게 영향을 주었던 것들을 바꿀 기회들도 존재한다. 이를 더 이상 고려할 수 없다면 자유도 생각할 수 없다. 양심의 소리는 이 사회의 내면의 소리, 프로이트가 말한 초자아다. 그렇다고 그냥 단순히 사회의 메아리인 건 아니다. 반박할 수 있고, 방향을 틀어볼 수도 있으며, 그럴 각오가 되면 극단적으로 저항해댈 수도 있다. 바젤의 니체 교수는 '선악의 저편'이란 건 없다는 제목의 글에서 쾨니히스베르크의 칸트 교수를 공격해보고자 했다. "늙은 칸트는 경직되고 점잖은 위선과 함께 우리를 변증법적 비밀의 통로로 유인하면서 결국에는 그의 '정언명법'으로 이끈다. 정확하게 말하자면 우리를 타락시킨다. 이런 광경은 낡은 도덕주의자들과 도덕 설교자들의 교활한 속임수를 간파하는 데 있어 적지 않은 즐거움을 느끼는 우리 같이 까다로운 자들을 웃게 만든다." 미에 관한 칸트의 정의에서 쇼펜하우어가 '즐거움'을 말했듯이, 니체는 칸트의 윤리 철학에서 '즐거움'을 이야기한다. 미학 규정에서의 '무관심한 즐거움'은 실상 도덕 규정에서의 의무에 의한 무관심한 행동과 비슷하다.

『인간적인 것, 너무나 인간적인 것』에서 니체는 『선악의 저편』에서 해댔던 악담보다는 좀 더 합리적으로 칸트의 도덕은 "모든 사람에게 바라는 행동을 각 개개인에게" 요구하고 있다고 말한다. "이는 참 순진한 생각이다. 인류 전체가 행복해질 행동방식들을, 즉 어떤 행동들이 바람직한지를 모든 사람이 두말할 것도 없이 다 알고 있다는 듯이 말이다. 이 이론은 자유 무역 이론처럼 보편적 조화가 기본적인 개선 법칙에 따라 저절로 주어져야만 한다는 것을 전제로 한다."

∞

마지막으로 '마무리' 하나. 『실천이성비판』에서 나온 이 구절은 예전에도 자주 인용되었고 지금도 여전히 계속 인용되고 있다. "그에 대해서 자주 그리고 계속해서 숙고하면 할수록, 점점 더 새롭고 점점 더 큰 경탄과 외경으로 마음을 채우는 두 가지 것이 있다. 그것은 내 위에 있는 별이 빛나는 하늘과 내 속에 있는 도덕률

이다." 인용문은 대부분 여기서 끝난다. 예기치 못한 '최악의 상황'
은 이제부터다. "무수한 세계 집합의 첫째 광경은 동물적 피조물
로서의 나의 중요성을 없애버린다. 동물적 피조물은 그것으로 그
가 된 질료를(어떻게 그리된 것인지는 모르겠지만) 짧은 시간 동안 생
명력을 부여받은 후에는, 다시금 (우주 안의 한낱 점인) 유성에 되돌
려줄 수밖에 없다. 이에 반해 두 번째 광경은 예지로써의 나의 가
치를 나의 인격성을 통해 한없이 높인다. 인격성에서 도덕 법칙은
동물성에서, 더 나아가 전 감성 세계에서 독립해 있는 생을 나에
게 개시한다."

색인

격언(Motto)은 1597년에 출간된 베이컨의『수상록』에서 기인한 것으로, 비커스(Vickers)의『Bacon』15쪽에서 인용했다. 각주에 설명된 헤겔 문장들은 헤겔 작품집 20권,『Vorlesungen über die Geschichte der Philosophie』, 74쪽에서 인용된 것이다.

소크라테스

격언 부분: Platon,『Apologie』, 13쪽. 알키아비아데스 이야기: Platon, 『Symposion』의 30번째 문단부터 시작, 여기서는『Meisterdialoge』, 269쪽 이하. 수치 표시: Irmscher,『Sokrates』, 7쪽 이하. 여러 다양한 저자들이 내린 평가들이 현저하게 서로서로 다를 때가 종종 있음. Platon,『Phaidon』in 『Meisterdialoge』, 119쪽~121쪽. Kant,『Köche ohne Zunge』, 69쪽. Rousseau, 『Abhandlung über die Frage』, 42쪽. Russel,『Philosophie』, 164쪽, 104쪽. 4대 '성인'이란 말: Jaspers,『Die große Philosophen』, 120쪽. 소크라테스의 변론 부분: Jaspers,『Die große Philosophen』, 114쪽. 칸트 부분: Pleger,『Sokrates』, 227쪽. 데카르트 부분: Schultz,『Descartes』, 107쪽. 자기 지각의 '까다로운 작업'에 관한 부분: Kant,『Kritik der reinen Vernunft』, Bd. 1, 제1판 서론, 13쪽, 다른 부분들은 Martin,『Sokrates』, 150쪽. Bloch,『Subjekt - Objekt』, 126쪽. Sartre, 『Wahrheit und Existenz』, 41쪽 이하. Gadamer,『Wahrheit und Methode』, 345쪽, 348쪽. 플라톤의 파이드로스 부분:『Meisterdialoge』, 293쪽. Nietzsche, 『Geburt der Tragöde aus dem Geiste der Musik』, 77쪽,『Götzendämmerung』, 19쪽. 마르크스 부분:『MEW-Ergänzungsband. Schriften, Manuskripte, Briefe bis

320

1844』, 1부, 85쪽. 크세노폰 부분: Jaspers, 『Philosophen』, 113쪽. 메이의 애너벨은 유튜브에서 쉽게 찾아볼 수 있음. 에르하르트 부분: 『Spiegel』, 30호(1965년). Hegel, 『Vorlesungen I』, 460쪽. Nietzsche, 『Geburt der Tragödie』, 77쪽. 쉘러 부분: Safranski, 『Meister』, 240쪽. 플라톤의 대화, '테아이테토스(Theaitetos)'에 나오는 소크라테스 부분: Böhme, 『Der Typ Sokrates』, 135쪽. 플라톤의 심포지엄 부분: 『Meisterdialoge』, 253쪽. Arendt, 『Vita activa』, 18쪽. Arendt/Jaspers, 『Briefwechsel』, 325쪽. Hegel, 『Vorlesungen I』, 503쪽, 510쪽, 441쪽, 514쪽, 516쪽. Smith, 『Theorie』, 423쪽 이하. 소크라테스의 변론 부분: Pleger, 『Sokrates』, 56쪽. Hegel, 『Vorlesungen I.』, 511쪽. 프라톤의 파이드로스 부분: 『Meisterdialoge』, 208쪽. Nietzsche, 『Die fröhliche Wissenschaft』, 230쪽(Nr. 340). Arendt/Jaspers, 『Briefwechsel』, 354쪽. Montaigne, 『Essais』, 121쪽. 각주 부분: 인터넷 사이트 "Verrückt nach Sokrates", vns.somee.com. Schopenhauer, 『Die Welt』, Bd. II., 590쪽. 플라톤의 파이드로스 부분: 『Meisterdialoge』, 117쪽, 151쪽 이하. 바울이 아테네 방문 시 인구수 부분: Hildebrandt, 『Saulus/Paulus』, 147쪽. 성경, 사도행전 17장, 18장, 바울 사도가 코린토 신자들에게 보낸 첫째 서간 1장, 20절~23절. Kant, 『Beantwortung』, 9쪽. Platon, 『Apologie』, 13쪽.

베이컨

격언 부분: 『신기관』 1권의 3번째 격언, Krohn, 『Bacon』, 91쪽. Hegel, 『Vorlesungen I』, 78쪽. Bacon, 『Essays』, 35쪽. Bacon, 『Neu-Atlantis』, 179쪽. 소크라테스에 관한 베이컨 부분: Krohn, 『Bacon』, 115쪽. Bacon, 『Essays』, 80쪽. Bacon, 『Neu-Atlantis』, 205쪽. Foucault, 『Die Ordnung des Diskurses』, 43쪽. Bacon, 『Neu-Atlantis』, 206쪽~208쪽. Anders, 『Ketzereien』, 270쪽. 라이프니츠 부분: Specht, 『Descartes』, 74쪽. 탑 실험에 관한 이야기: Koyre, 『Galilei』, 65쪽 이하. 각주 부분: 러셀, 『Philosophie』, 553쪽. 대학에 관한 베이컨 부분: Krohn, 『Bacon』, 25쪽. Kant, 『Kritik der reinen Vernunft』, 23쪽. 아리스토텔레스에 관한 베이컨 부분: Krohn, 『Bacon』, 33쪽. '늙은이'에 관한 베이컨 부분: 『신기관』, §

84. 베이컨에 관한 포이어바흐 부분: 『Geschichte der neuern Philosophie』, § 10. Engels/Marx, 『Heilige Familie』, 135쪽 이하. Feuerbach, 『Geschichte der neuern Philosophie』, § 19. 베이컨 부분: Vickers, 『Bacon』, 47쪽 & Krohn, 『Bacon』, 26쪽. 하버마스가 니체를 인용한 부분(괄호): 『Erkenntnis und Interesse』, 359쪽; 요약 부분도 마찬가지. Horkheimer/Adorno, 『Dialektik der Aufklärung』, 7쪽 이하. Spengler, 『Untergang』, 506쪽. Hofmannsthal, 『Brief des Lord Chandos』, 47쪽, 50쪽 이하. 리프크네히트 부분: 『Kleine politische Schriften』, 133쪽, 173쪽. Weber, 『Protestantische Ethik』, 189쪽. 베이컨 부분: Krohn, 『Bacon』, 51쪽. Bacon, "높은 지위에 관하여", 『Essays』, 33쪽 이하. Hobbes, 『Leviathan』, 67쪽. 데카르트 부분: Merton, 『Auf den Schultern』, 73쪽. 전기 부분: 하비 부분: Russell, 『Philosophie』, 553쪽. 홉스가 한 말을 들었던 자에 관한 부분: Vickers, 『Bacon』, 14쪽.

데카르트

격언 부분: Descartes, 『Discours』, 65쪽. 칸트의 뇌 크기 및 키(각주): Schmitz, 『Schillers Schadel』, 문단 776, 1289. 네안데르탈인 뇌 크기: Roth/Dicke의 글, Engels, 『Darwin und seine Wirkung』, 353쪽. Descartes, 『Leidenschaften』, 13쪽, 31쪽 이하. Kant, 『Anthropologie』, 465쪽. Descartes, 『Meditationen』, 28쪽, 27쪽, 39쪽. 데카르트의 철학의 원리 부분: 『Discours』, 163쪽, 편집자 주 4. Feuerbach, 『Geschichte』, § 68, § 55. 각주에 언급된 포이어바흐 아버지의 견해: Winiger, 『Feuerbach』, 66쪽. Schopenhauer, 『Kritik der Kantischen Philosophie』, 571쪽 이하. Descartes, 『Meditationen』, 55쪽 이하, 3. Pascal, 『Schriften』, 138쪽. Descartes, 『Prinzipien der Philosophie』, § 36. Kant, 『Kritik der reinen Vernunft』, A 603. Heine, 『Zur Geschichte』, 55쪽 이하. Hegel, 『Vorlesungen III』, 123쪽, 187쪽. Berlin, 『Freiheit』, 166쪽. Arendt/McCarthy, 『Im Vertrauen』, 76쪽 이하. 메르센의 데카르트 부분: Specht, 『Descartes』, 40쪽 이하. Descartes, 『Discours』, 115쪽 이하. Marx, 『Das Kapital』, Bd. 1, 411쪽, 각주 111. 각주에 인용된 마르크스 격언: Neffe, 『Marx』, 삽화 11. 라이프니츠 부분: Leibniz, 『Briefwechsel』,

168쪽 이하, 엘리자베스 부분은 177쪽, 두 번째 라이프니츠 구절은 206쪽 이하. Damasio, 『Descartes' Irrtum』, 328쪽 이하. '쉬운 언어' 인용 부분: fz-juelich.de/portal/DE/Service/LeichteSprache/leichtesprache_node.html. 볼테르 부분: Perler, 『Descartes』, 244쪽. Descartes, 『Discours』, 47쪽, 33쪽, 13쪽. Descartes, 『Meditationen』, 19쪽. Descartes, 『Prinzipien』, § 3. Russell, 『Philosophie』, 570쪽. Descartes, 『Briefwechsel』, 381쪽. 전기 부분: Decartes, 『Meditationen』, 3쪽, 11쪽. 데카르트 부분: Perler, 『Descartes』, 30쪽 이하.

홉스

격언 부분: Hobbes, 『Leviathan』, 96쪽. Schopenhauer, 『Welt als Wille』, Bd. I., 455쪽 이하. Arendt, 첫 번째 부분은 『Elemente und Ursprunge』, 251쪽, 두 번째 부분은 『Macht und Gewalt』, 69쪽. Hobbes, 『Leviathan』, 98쪽. Smith, 『Theorie』, 530쪽, 1. Hobbes, 『Leviathan』, 162쪽, 134쪽, 139쪽. Kant, 『Gemeinspruch』, 156쪽, 161쪽. 『Kritik der reinen Vernunft』, 640쪽. Hobbes, 『Leviathan』, 219쪽. 베이컨 부분: Suerbaum, 『Das elisabethanische Zeitalter』, 153쪽. Montaigne, 『Essais』, 166쪽. Schmitt, 『Leviathan』, 85쪽 이하. 설교집 부분: Suerbaum, 『Das elisabethanische Zeitalter』, 515쪽. Hobbes, 『Leviathan』, 171쪽. 로크 부분: Hoffe, 『Hobbes』, 214쪽. Rousseau, 『Gesellschaftsvertrag』, 7쪽, 10쪽 이하. 다른 구절들은 Rousseau, 『Abhandlung über den Ursprung und die Grundlagen der Ungleichheit unter den Menschen』, 57쪽 & Kondylis, 『Der Philosoph und die Macht: Anthologie』, 122쪽, 123쪽. Habermas, 『Theorie und Praxis』, 103쪽. Montesquieu, 『Geist』, 99쪽 이하. Hobbes, 『Leviathan』, 248쪽, 110쪽 이하, 165쪽. Marcuse, 『Vernunft und Revolution』, 156쪽. Habermas, 『Theorie und Praxis』, 72쪽, 74쪽. 루터 성경, 욥, XLI-24. 킹 제임스 성경 온라인 버전. org/Job-Chapter-41. 홉스의 시민론 부분: Kersting, 『Hobbes』, 61쪽 이하. 『Leviathan』, 37쪽, 71쪽, 75쪽, 66쪽, 95쪽. 루소 부분: Kondylis, 『Der Philosoph und die Macht: Anthologie』, 121쪽. Kant, 『Idee』, in: 『Schriften zur Anthropologie 1』, 37

쪽 이하. Berlin, 『Ideen』, 86쪽 이하. 전기 부분: Hobbes, 『Leviathan』, 70쪽 이하. 두 번째 구절은 281쪽.

루소

격언 부분: Rousseau, 『Rousseau richtet Jean-Jacques』, in: 『Schriften』, Bd. 2, 569쪽. '첫 번째 문장들' 부분: 『Abhandlung über den Ursprung [⋯] der Ungleichheit, 230쪽. 『Gesellschaftsvertrag』, 5쪽. 『Julie』, 5쪽. 『Émile』, 9쪽. 『Bekenntnisse』, 9쪽. 『Träumereien』, 639쪽. 홀바흐에 관한 부분: Thomä/Henning/Mitscherlich-Schönherr(Hg.), 『Glück. Ein interdisziplinäres Handbuch』, Stuttgart, Weimar, 2011년, 178쪽 이하. Rousseau, 『Rousseau richtet Jean-Jacques』, in: 『Schriften』, Bd. 2, 570쪽. 『Émile』, 13쪽. Lévi-Strauss, 『Traurige Tropen』, 385쪽. 볼테르 부분: Henning Ritter의 머리말, in: Rousseau, 『Schriften』, Bd. 1, 15쪽. 『Abhandlung über den Ursprung und die Grundlagen der Ungleichheit』의 주석 IX, in: 『Schriften』, Bd. 1, 281쪽. 디드로 부분: Lepape, 『Diderot』, 408쪽. 피히테 부분: Klaus/Buhr, 『Philosophisches Wörterbuch』, Bd. 1, 463쪽. 쉴러의 논의 부분: Göpfert (Hg.), 『Werke in drei Bänden』. Bd. 2; München, Wien, 1966년, 568쪽. Kant, 『Anthropologie』, in: 『Werke』, Bd. XII., 680쪽 이하. 루소의 머리말 부분: 『Schriften』, Bd. 1, 181쪽 이하. Nietzsche, 『Jenseits von Gut und Böse』, 58쪽 & 『Götzendämmerung』, 84쪽 이하. Freud, 『Unbehagen』, 83쪽. Voltaire, 『Candide』, 104쪽 이하. 『Émile』, 196쪽. 레싱 부분: Oelmüller, 『Aufklärung』, 294쪽. 디드로 부분: Arasse, 『Guillotine』, 11쪽 이하. 아렌트가 야스퍼스에게 보낸 편지 부분: 『Briefwechsel』, 629쪽. 『Vita activa』, 39쪽. 흄 부분: Russell, 『Philosophie』, 원본 699쪽 강조 부분. 칸트의 『Mutmasslicher Anfang』 부분: 『Schriften zur Anthropologie 1』, 93쪽. 『Émile』, 18쪽 이하, 20쪽. 플라크스란트 부분: Zaremba, 『Herder』, 127쪽. 페스탈로치 부분: Soetard, 『Rousseau』, 80쪽. 『Émile』, 69쪽, 205쪽. Spaemann, 『Rousseau』, 132쪽. 『Émile』, 192쪽.

스미스

격언 부분: Smith, 『Wohlstand der Nationen』, 451쪽. Streminger, 『Smith』, 170쪽. Smith, 『Theorie』, 316쪽 이하. 뷰캐넌 부분: Marx, 『Kapital』, 758쪽 각주. Smith, 『Theorie』, 317쪽. Smith, 『Wohlstand』, 21쪽. Weber, "사회과학적 지식의 '객관성'", in: Weber, 『Soziologie』, 203쪽. 그림 형제 동화, 『Kinder- und Hausmärchen』, 427쪽. Smith, 『Theorie』, 526쪽. Marx, 『Kapital』, Bd. 1, 190쪽. Rousseau, 『Émile』, 304쪽. Mandeville, 『Die Bienenfabel』, 321쪽 이하. Montesquieu, 『Geist der Gesetze』, 125쪽. Kant, 『Idee zu einer allgemeinen Geschichte』, 45쪽. Herder, 『Ideen』, 407쪽. Hegel, 『Grundlinien』, 353쪽. Bloch, 『Subjekt - Objekt』, 234쪽 이하. Hirschman, 『Leidenschaften』, 121쪽. Sen, 『Gerechtigkeit』, 213쪽. Marx, 『Grundrisse』, 74쪽. Smith, 『Wohlstand』, 657쪽, 269쪽, 452쪽. 스미스 강연 부분: Streminger, 『Adam Smith』, 60쪽. Smith, 『Wohlstand』, 740쪽. 하이에크의 『Die Verfassung der Freiheit』 인용 부분: Kurz, 『Smith』, 74쪽. Galiani, 『Vesuv』, 203쪽 이하. 60가지 사례들: Kennedy, 『Adam Smith and the Invisible Hand: From Metaphor to Myth』, in: 『Econ Journal Watch』, Bd. 6/2, 2009년 5월, 255쪽. Friedman, 『Kapitalismus』, 21쪽. Smith, 『Wohlstand』, 800쪽 이하. Hank, 『Ende der Gleichheit』, 35쪽 이하. 『Programmmagazin des Deutschlandfunks』, 2021년 12월호, 12쪽. Sen, 『Gerechtigkeit』, 165쪽 각주. 전기 부분: 학생 부분: Marx, 『Kapital』, Bd. 1, 646쪽 각주.

칸트

(굉장히 축약된) 격언 부분: Kant, 『Kritik der Urteilskraft』, § 56, 278쪽 이하. Kant, 『Köche ohne Zunge』, 27쪽. 『Anthropologie』, 621쪽 이하. Kant, Köche ohne Zunge』, 38쪽 이하. 칸트 구절들: 『Kritik der Urteilskraft』, 125쪽 이하, 115쪽 각주. Schopenhauer, 『Kritik der Kantischen Philosophie』, 708쪽. Kant, 『Urteilskraft』, 145쪽 이하. Schopenhauer, 『Kritik der Kantischen Philosophie』,

711쪽, 580쪽. Hume, 『Regel des Geschmacks』, 22쪽. Gadamer, 『Wahrheit und Methode』, 33쪽 이하, 152쪽 이하. Kant, 『Kritik der Urteilskraft』, 147쪽. Loos, 『Ornament und Verbrechen』, 276쪽. 포이어바흐 부문: 『Gesammelte Werke. Herausgegeben von Werner Schuffenhauer』, Bd. 10, 230쪽. Kant, 『Anthropologie』, 666쪽, 669쪽, 572쪽. 『Was ist Aufklärung?』, 11쪽. Garve, 『Moden』, 17쪽 이하. Kant, 『Anthropologie』, 572쪽. Bourdieu, 『Unterschiede』, 290쪽, 767쪽. Kant, 『Kritik der Urteilskraft』, 123쪽. Adorno, 『Negative Dialektik』, 387쪽 & 『Ästhetische Theorie』, 27쪽, 『Minima Moralia』, 42쪽. Gracián, 『Handorakel』, 14쪽 이하. Schwanitz, 『Bildung』, 395쪽. 셰익스피어의 『햄릿』은 빌란트(Wieland) 번역본, 112쪽. Arendt/Jaspers, 『Briefwechsel』, 357쪽. 전기 부분: Kant, 『Metaphysik』, 394쪽. Kant, 『Anthropologie』, 551쪽. 칸트가 자신의 건강에 관해 언급한 부분: Kühn, 『Kant』, 183쪽. 쾨니히스베르크에 관해 언급한 부분: 『Anthropologie』 머리말, 400쪽 각주. 칸트의 살림살이 목록: Gulyga, 『Kant』, 112쪽. Karamsin, 『Briefe』, 46쪽 이하. 학생 수 부분: Kühn, 『Kant』, 85쪽. 강의 횟수: Gulyga, 『Kant』, 289쪽. 동시대인의 이야기 부분: Kühn, 『Kant』, 414쪽. 칸트가 후펠란트에게 보낸 편지 내용: Geier, 『Kants Welt』, 269쪽.

포이어바흐

격언 부분: Feuerbach, 『Die Naturwissenschaft』, 367쪽. Lichtenberg, 『Aphorismenbücher』, 20쪽. Nietzsche, 『Ecce Homo』, 107쪽 이하. Feuerbach, 『Naturwissenschaft』, 367쪽. Moleschott, 『Lehre』, 1쪽, 119쪽. 1858년 출간 판 인용. Feuerbach, 『Naturwissenschaft』, 367쪽 이하. 각주에 인용된 뷔히너의 『Hessische Landbote』 부분: 『Sämtliche Werke』, 211쪽, '보이체크' 인용 부분은 168쪽. 각주에서 언급된 내용은 『Kommunistisches Manifest』, 60쪽. Feuerbach, 『Sämtliche Werke』, Bd. 1 머리말, 여기서는 『Gesammelte Werke』, Bd. 10, 189쪽 이하. Feuerbach, 『Wider den Dualismus』, in: 『Gesammelte Werke』, Bd. 10, 144쪽 이하, 142쪽 이하. Feuerbach, 『Das Geheimnis des Opfers』, 48쪽.

Radbruch, 『Feuerbach』, 358쪽. Moleschott, 『Lehre』, 198쪽. 포그트에 관한 부분: Spenninger, 『Stoff』, 93쪽. 다윈에 관한 부분: Engels, 『Darwin』, 79쪽. Feuerbach, 『Gesammelte Werke』, Bd. 10, 230쪽. 포크트에 관한 부분: Spenninger, 『Stoff』, 94쪽. Lenin, 『Materialismus und Empiriokritizismus』, 333쪽. Camus, 『Der Mensch』, 120쪽. Feuerbach, 『Wesen des Christentums』, 9쪽, 33쪽, 41쪽 주석, 279쪽. Habermas, 『Theorie und Praxis』, 250쪽. Engels, 『Feuerbach』, in: 『MEW』, Bd. 21, 272쪽, 289쪽. Nietzsche, 『Genealogie』, 95쪽. Lukacs, 『Geschichte und Klassenbewußtsein』, 322쪽. 마르크스의 포이어바흐 테제 6 부분: 『MEW』, Bd. 3, 6쪽. Löwith, 『Von Hegel zu Nietzsche』, 334쪽. Simmel, 『Philosophische Kultur』, 185쪽 이하. 『Soziologie der Mahlzeit』, in: 『Soziologische Ästhetik』, 183쪽. Marx, 『Grundrisse』, 13쪽. Elias, 『Über den Prozeß』, Bd. 1, 166쪽 이하. 리머에 관한 부분: Oellers, 『Weimar』, 247쪽. 블룸뢰더에 관한 부분: Schödel, 『Blumröder?』, 454쪽. 『Die Zeit』 2022년 2월 24일 기사. 도이치란트푼크 방송에 관한 부분: 『Das Magazin』, 2022년 6월호, 38쪽. 『Die Gartenlaube』, 1872년 1호. 『Deutsche Ideologie』, in: 『MEW』, Bd. 3, 28쪽. 엥겔스의 추도 연설: Mehring, 『Lessing-Legende』, 397쪽. 전기 부분: 목욕물에 관한 부분: Winiger, 『Feuerbach』, 105쪽.

마르크스

격언 부분: Marx, 『Zur Kritik der Politischen Ökonomie』, 8쪽 이하. Fukuyama, 『Rettet die Mittelschicht』, in: 『Cicero』, Nr. 2 - 2012. Schumpeter, 『Kapitalismus』, 27쪽. Klaus/Buhr, 『Philosophisches Wörterbuch』, Bd. 1, 364쪽. 포이어바흐 부분: Korsch, 『Marx』, 127쪽 & Feuerbach, 『Gesammelte Werke』, Bd. 10, 136쪽. Brecht, 『Dreigroschenoper』, 69쪽 이하. Rousseau, 『Julie』, 239쪽. Hobbes, 『Leviathan』, 56쪽. 쇼펜하우어 부분: Safranski, 『Schopenhauer』, 399쪽. 니체 부분: Ricoeur, 『Die lebendige Metapher』, 262쪽. Freud, 『Das Unbehagen』, 128쪽. 만하임의 "존재 구속성" 및 공사장 사례는 Bader et al.,

『Einführung』, 25쪽. Lévi-Strauss, 『Traurige Tropen』, 140쪽. Marx, Zur Kritik der Politischen Ökonomie』, 8쪽. 엥겔스 부분: Mehring, 『Lessing-Legende』, 516쪽. 『Kommunistisches Manifest』, 27쪽, 45쪽 이하. Hegel, 『Grundlinien』, 28쪽. 엥겔스 부분: Jones, 『Marx』, 677쪽. Korsch, 『Marx』, 55쪽. Dutschke, 『Geschichte ist machbar』, 76쪽. Mehring, 『Lessing-Legende』, 404쪽. 막스 플랑크 연구소: mpg. de/11018867/crispr-cas9. 『Deutsche Ideologie』, 30쪽 이하. Engels, 『Dialektik der Natur』, in: 『MEW』, Bd. 20, 565쪽. Adorno, 『Lehre von der Geschichte』, 291 쪽 이하. 엥겔스가 마르크스에게 보낸 편지 부분: Sperber, 『Marx』, 398쪽. 엥 겔스의 추모 연설 부분: Sperber, 『Marx』, 552쪽. 마르크스 부분: Klaus/Buhr, 『Philosophisches Wörterbuch』, Bd. 2, 1113쪽. Marx/Engels, 『Die heilige Familie』, 98쪽. 다윈 부분: Neffe, 『Marx』, 487쪽. 전기 부분: 부다페스트 행인의 대답 부분: Ash, 『Ein Jahrhundert』, 282쪽. 예니가 마르크스에게 보낸 편지 내용: 『MEW-Ergänzungsband』, Bd. 1, 650쪽.

다윈

격언 부분: Darwin, 『Über die Entstehung der Arten』, 97쪽. Gould, 『Darwin』, 7쪽. 각주의 적색 치커리 유전자 관련 부분: 진화생물학자, 에른 스트 마이어에 대한 추도사, Axel Meyer, "Der Meister des Warum", in: 『Die Zeit』 2005년 2월 10일 기사. 침팬지와 인간의 유전자 서열에 관한 부분: cordis.europa.eu/article/id/24369-genetic-sequencing-reveals-chimpsand-humans-so-near-and-yet-so-far/de. Virchow, 『Menschen und Affenschädel』, 22쪽. 포크트 부분: Kuckenburg, 『Neandertaler』, 35쪽. 후두 이동 관련 부분: spektrum.de/news/der-ersteschritt/619122. Darwin, 『Abstammung』, Bd. 1, 72쪽, 200쪽 이하. 각주 인용 부분: Dickens, 『Oliver Twist』, 13쪽. 다윈의 혼인 관련 부분: 『Abstammung』, Bd. 2, 427쪽. Montaigne, 『Essais』, 550쪽. '인종 우생학적' 기 본원칙 관련 부분: Kaiser et al., 『Eugenik』, 62쪽 이하. GzVeN 설명 부분: Kaiser et al., 『Eugenik』, 153쪽. 맬서스에 관해 다윈이 언급한 부분: Gould, 『Darwin』,

14쪽. 결혼에 관한 두 번째 구절: 『Abstammung』, Bd. 2, 427쪽. 유전 및 상속에 관해 다윈이 언급한 부분: 『Abstammung』, Bd. 1, 201쪽 이하. Kant, 『Idee』, 35쪽. Valéry, 『Cahiers』, 214쪽 이하. Darwin, 『Abstammung』, Bd. 1, 295쪽. Diamond, 『Schimpanse』, 163쪽 이하. 스펜서 부분: Engels, 『Darwin』, 111쪽. Darwin, 『Mein Leben』, 118쪽. Haeckel, 『Natürliche Schöpfungsgeschichte』, 207쪽, 219쪽. 배젓의 "Das fetischisierte Gen. Eine Polemik", in: 저자의 『Hat Gott noch eine Zukunft?』, 131쪽 인용. 각주에 나온 인간유전체 사업 부분: ncbi.nlm.nih.gov/assembly/GCF_009914755.1/. Darwin, 『Beagle』, 569쪽 이하, 54쪽 이하. 페터스 부분: 『Die Deutschen und ihre Kolonien』, in: 『Zeit-Geschichte』, Nr. 4 - 2019, 36쪽. Rousseau, 『Gesellschaftsvertrag』, 9쪽. Ploetz, 『Tüchtigkeit unserer Rasse』, S. V, 227쪽, 183쪽. 골턴 부분: Jacob, 『Die Maus』, 152쪽. Nietzsche, 『Antichrist』, 11쪽 이하. Wilson, 『Die soziale Eroberung』, 121쪽 이하. 전기 부분: 건강 관련 부분: Neffe, 『Darwin』, 321쪽. 결혼 비교 부분: Darwin, 『Mein Leben』, 268쪽 이하. 작업방식에 관한 부분: Darwin, 『Mein Leben』, 128쪽 이하. 헨델 부분: Engels, 『Darwin』, 37쪽.

니체

격언 부분: Nietzsche, 『Die fröhliche Wissenschaft』, 141쪽 이하, Nr. 125. 격언들이 문단이나 장이 아닌 여기저기 섞여 언급된 격언 관련 서적들을 인용할 경우, 부가적으로 숫자를 부여하여 해당 구절들을 이곳뿐만 아니라 다른 편집판들에서도 쉽게 찾아볼 수 있게 함. Nietzsche, 『Ecce Homo』, 128쪽, Nr. 2. Mann, 『Nietzsche's Philosophie』, 683쪽. 베르크 부분: Nolte, 『Nietzsche』, 260쪽. Mann, 『Dostojewski mit Maßen』, in: 『Große kommentierte Frankfurter Ausgabe』, Bd. 19. 1.; Frankfurt a. M. 2009, 54쪽. Russell, 『Philosophie』, 773쪽. Löwith, 『Von Hegel zu Nietzsche』, 193쪽, 281쪽, 205쪽. Horkheimer/Adorno, 『Dialektik der Aufklärung』, 42쪽, 107쪽. Arendt, 『Vita activa』, 241쪽. 니체에 대한 하버마스 선언 부분: 『Logik der Sozialwissenschaften』, 505쪽. Sloterdijk,

『Die Sonne und der Tod』, 9쪽. Nietzsche, 『Menschliches, Allzumenschliches』, 328쪽, Nr. 541. 오버베크 부분: Weischedel, 『34 große Philosophen』, 312쪽. Heine, 『Zur Geschichte』, 110쪽. 헤겔 부분: Kaube, 『Hegels Welt』, 437쪽. 쇼펜하우어 부분: Abendroth, 『Schopenhauer』, 28쪽. 『Antichrist』, 68쪽, Nr. 52, 67쪽, Nr. 52, 47쪽, Nr. 38. 『Ecce Homo』, 185쪽, 192쪽. 『Genealogie』, 146쪽. 『Morgenrote』, 47쪽, Nr. 49, 186쪽, Nr. 211, 80쪽, Nr. 92. 『chrismon』. evangelisch.de/artikel/2015/31477/ist-religion-opium-fuers-volk. Kant, 『Die Religion』, in: 『Metaphysik』, 733쪽 각주. Rousseau, 『Julie』, 733쪽. 니체가 부르크하르트에게 보낸 편지 내용: Safranski, 『Nietzsche』, 388쪽. Koran, Sure 5, 119쪽. 실러의 시 부분: Göpfert (Hg.), 『Werke in drei Bänden』. Bd. 2, München, Wien, 1966년, 675쪽. Anders, 『Ketzereien』, 131쪽. 히틀러 부분: Felsch, 『Wie Nietzsche』, 30쪽. 크리크 부분: Safranski, 『Ein Meister』, 349쪽. Freud, 『Die Zukunft einer Illusion』, 111쪽. Nietzsche, 『Menschliches, Allzumenschliches』, 457쪽, Nr. 179. 전기 부분: 니체가 젊은 시절에 남긴 메모 관련 부분: Safranski, 『Nietzsche』, 370쪽. 『도덕의 계보』에 남긴 소견: Safranski, 『Nietzsche』, 103쪽. 나이 관련 부분: Safranski, 『Nietzsche』, 386쪽.

그리고 철학적 전환점

격언 부분: Hobbes, 『Leviathan』, 120쪽 이하, Rousseau, 『Ursprung der Ungleichheit』, in: 『Schriften 1』, 221쪽, Smith, 『Theorie der ethischen Gefühle』, 121쪽, Kant, 『Grundlegung zur Metaphysik der Sitten』, 52쪽. 블로흐의 경고 부분: Bloch, 『Subjekt - Objekt』, 33쪽. Schopenhauer, 『Kritik』, 703쪽 이하. Kant, 『Grundlegung』, 64쪽 주석. 루터 성경, Mt VII-12. Augustinus, 『Bekenntnisse』, 53쪽. Kant, 『Grundlegung zur Metaphysik der Sitten』, 52쪽 이하, 74쪽. 『Kritik der praktischen Vernunft』, 140쪽. 『Grundlegung zur Metaphysik der Sitten』, 63쪽. 『Kritik der praktischen Vernunft』, 126쪽, 203쪽. 『Grundlegung zur Metaphysik der Sitten』, 106쪽. Keller, 『Der grüne Heinrich』, 326쪽. 칸트 부분: Kronauer,

『Vom Nutzen und Nachteil des Mitleids』, 91쪽. Adorno, 『Negative Dialektik』, 291쪽. Frank, 『Tagebuch』, 313쪽. Hegel, 『Grundlinien der Philosophie des Rechts』, 252쪽 이하. Kant, 『Kritik der praktischen Vernunft』, 289쪽. 『Grundlegung zur Metaphysik der Sitten』, 109쪽 이하. Adorno, 『Negative Dialektik』, 358쪽. 요나스 부분: Negt, 『Kant und Marx』, 61쪽 이하. 베버 강연 부분: Weber, 『Soziologie』, 174쪽 이하. Dostojewski, 『Brüder Karamasoff』, 399쪽 이하. 간디 부분: Sunil Khilnani, 『Mahatma Gandhi』, in: 『Lettre International』, Nr. 90 - 2010, 105쪽. 간디 부분: Pankaj Mishra, 『Gandhis Vermächtnis』, in: 『Lettre International』, Nr. 26 - 2019, 120쪽. 간디 부분: Sunil Khilnani, 『Mahatma Gandhi』, in: 『Lettre International』, Nr. 90 - 2010, 105쪽. Marx, 『MEW-Ergänzungsband』. Bd. 1, 87쪽. 마르크스 부분: Negt, 『Kant und Marx』, 47쪽. Nietzsche, 『Jenseits von Gut und Böse』, 10쪽. 『Menschliches, Allzumenschliches』, 46쪽. Kant, 『Kritik der praktischen Vernunft』, 300쪽.

참고문헌

각각의 주요 인물들에 대한 도서 목록들을 이곳에 전부 담을 수는 없었다. 학술 문헌들이나 작품집들의 목록도 마찬가지다. 인용했거나 그 외 다른 방식으로 사용된 자료들 가운데 쉽게 접근 가능한 문헌들 위주로 간략하게 언급해두었다. 개별 논문들은 '그 외 참고문헌'에 기재해두었다.

소크라테스

소크라테스가 남긴 저서는 없다. 끝마친 게 하나도 없었다기보다는 광장에서 오로지 구두로만 연설했던 것으로 추측된다. 소크라테스는 본인이 아무것도 모른다는 사실을 알고 있었다. 이는 중세 때 수기로 작성된 여러 다양한 문서들 가운데 플라톤의 글들과 대화들을 통해 밝혀진 내용이다.

- Apologie des Sokrates; in: Platon. Samtliche Werke in drei Banden. Band I. Hrsg. Erich Loewenthal; Darmstadt, 2014. 번역본: 프리드리히 슐라이어마허, 『소크라테스의 변론(Des Sokrates Verteidigung)』. 가장 오래된 필적은 9세기 말 무렵의 것이었다. 플라톤이 이 글을 정확하게 언제 기록했는가에 관해서는 의견이 분분하다. 또한, 소크라테스가 법정에서 펼쳤다던 3가지 변론에 관해서도 그 신빙성은 입증되지 않고 있다. 플라톤은 그 일이 발생한 지 얼마 안 됐을 때 최대한 진실하고 충실하게 기록해뒀던 걸까? 아님, 이는 몇 년 뒤에 집필된 철학적 문학 소설인 걸까?
- Platon. Meisterdialoge. Phaidon, Symposion, Phaidros. Eingeleitet von Olof Gigon. Ubertragen von Rudolf Rufener; Frankfurt a. M., Olten, Wien o. J.
- Platon. Phaidon, Politeia. Sämtliche Werke 3. In der Übersetzung von Friedrich Schleiermacher. Hrsg., Walter F. Otto, Ernesto Grassi, Gert Plambeck; Hamburg, 1958.
- Böhme, Gernot: Der Typ Sokrates; Frankfurt a. M., 1998.
- De Crescenzo, Luciano: Sokrates. Sein Leben und Denken; Zürich, 1988.
- Figal, Günter: Sokrates; München, 2006.
- Irmscher, Johannes: Sokrates. Versuch einer Biografie; Leipzig, 1989.
- Kierkegaard, SØren: Über den Begriff der Ironie mit ständiger Rücksicht auf Sokrates; Düsseldorf, Köln, 1961.
- Martin, Gottfried: Sokrates mit Selbstzeugnissen und Bilddokumenten; Reinbek, 1996.
- Pleger, Wolfgang H.: Sokrates. Der Beginn des philosophischen Dialogs; Reinbek, 1998.

베이컨

- Essays oder praktische und moralische Ratschläge; Übersetzung von Elisabeth Schücking, Hrsg., Levin L. Schücking. Nachwort von Jürgen Klein; Stuttgart, 2011. 영어로 집필된 제1판 10권은 1597년에 출간됐다. 이를 확충한 제2판이 1612년에 나왔으며 30편이 추가됐다. 계속해서 또 다른 버전들이 나왔으나 일부는 승인되지 못했다. 베이컨이 살아 있을 때 마지막으로 출간된 판은 1625년에 나왔으며, 18편이 한 번 더 추가됐다. 베이컨의 유언 집행인, 빌헬름 로올리(William Rawley)가 1638년 라틴어 버전을 출간했는데, 토머스 홉스도 이에 참여했었다.
- Franz Bacon's Neues Organon; Berlin, 1870. 번역은 율리우스 하인리히 폰 킬크만(Julius Heinrich von Kirchmann)이 했다. 인터넷 출처: zeno.org. 1620년, 런던에서 라틴어로 처음 출간됐던 『신기관』은 좀 더 방대했으나 계획으로 그쳐졌던 『대혁신(Instauratio Magna)』의 일부이다.
- Neu-Atlantis; in: Heinisch, Klaus J. (Hrsg.): Der utopische Staat. Morus.
- Utopia. Campanella - Sonnenstaat. Bacon - Neu-Atlantis; Reinbek, 1972. 라틴어로 단편적으로 쓰였던 글은 베이컨이 죽은 후 1년 뒤인 1627년에 출간되었다.
- Krohn, Wolfgang: Francis Bacon; München, 2006.
- Vickers, Brian: Francis Bacon. Zwei Studien; Berlin, 1988.

데카르트

- Discours de la Methode pour bien conduire sa raison et chercher la verite dans les sciences. Bericht uber die Methode, die Vernunft richtig zu fuhren und die Wahrheit in den Wissenschaften zu erforschen. ed. Holger Ostwald; Stuttgart, 2019. 불어 원판은 1637년에 네덜란드 레이던에서 익명으로 출간되었다.
- Meditationen. ed. Christian Wohlers; Hamburg, 2020. 토머스 홉스를 비롯한 다른 사상가들의 항변, 그리고 이에 대한 데카르트의 답변들로 보완된 『제일철학에 관한 성찰 (Meditationes de Prima Philosophia)』 라틴어 원판은 1641년, 파리에서 출간되었다.
- Prinzipien der Philosophie; 인터넷 출처: zeno.org. 율리우스 하인리히 폰 킬크만 (Julius Heinrich v. Kirchmann)의 1870년 번역본을 다루고 있다. 『철학의 원리(Principia philosophiae)』 초판은 1644년 암스테르담에서 출간됐다.
- Ueber die Leidenschaften der Seele; 인터넷 출처: books.google.com. 이 역시 율리우스 하인리히 폰 킬크만의 1870년 번역본을 다루고 있지만, 그는 이 작품을 "데카르트가 쓴 가장 취약한 글"이라 평했다(143쪽, 주석 109). 불어 원판은 1649년, 파리에서 출간되었다.
- Regulae ad directionem ingenii. Regeln zur Ausrichtung der Erkenntniskraft. Kritisch revidiert, übersetzt und herausgegeben von Heinrich Springmeyer, Lüder Gabe, Hans Günter Zekl; Hamburg, 1973. 초판은 네덜란드어로 번역되어 1684년에 암스테르담에서 출간되었다. 그리고 1701년에 굉장히 오류가 많았던 라틴어 버전이 나왔다. 데카르트가 살아 있었을 때로 추정되지만 그가 직접 마무리 짓지는 않았던 글이 19세기 중반, 하노버 출신의 라이프니츠 상속 물품들 가운데 발견되었다. 원본은 전해지지 않고 있다.
- Der Briefwechsel mit Elisabeth von der Pfalz. Französisch/Deutsch. Herausgegeben von Isabelle und Olivier Ribordy; Hamburg, 2015.

- Engelen, Eva-Maria: Descartes; Leipzig, 2005.
- Gaukroger, Stephen: Descartes. An Intellectual Biography; Oxford, 2002.
- Perler, Dominik: René Descartes; München, 1998.
- Poser, Hans: Descartes. Eine Einführung; Stuttgart, 2020.
- Prechtl, Peter: Descartes zur Einführung; Hamburg, 2000.
- Schultz, Uwe: Descartes; Hamburg, 2001.
- Specht, Rainer: René Descartes mit Selbstzeugnissen und Bilddokumenten; Reinbek, 2006.

홉스

- Leviathan oder Stoff, Form und Gewalt eines kirchlichen und bürgerlichen Staates. Herausgegeben und eingeleitet von Iring Fetscher. Übersetzt von Walter Euchner; Frankfurt a. M., 1984. 영어 원본은 1651년에 출간되었다. 라틴어 초판은 1668년, 그리고 분량을 줄인 라틴어 수정판은 1670년에 나왔으며 둘 다 암스테르담에서 발간되었다. 그다음 영문판은 약 200년 뒤에서야 발표되었다.
- Grundzüge der Philosophie. Vollständiger, durchgesehener Neusatz mit einer Biographie des Autors, bearbeitet und eingerichtet von Michael Holzinger [auf Grundlage der Übersetzungen von Max Frischeisen-Köhler von 1915/1918]; Berlin, 2014. 우선 1642년 파리에서 세 번째 부분(De Cive - 시민에 관하여)이 라틴어로 발표됐으며, 첫 번째 부분(물체에 관하여)은 1655년, 두 번째 부분(인간에 관하여)은 1658년 런던에서 출간되었다.
- Feuerbach, Paul Johann Anselm: Anti-Hobbes oder über die Grenzen der höchsten Gewalt und das Zwangsrecht der Bürger gegen den Oberherrn; Erfurt, 1798.
- Höffe, Otfried: Thomas Hobbes; München, 2010.
- Kersting, Wolfgang: Thomas Hobbes zur Einführung; Hamburg, 2002.
- Schmitt, Carl: Der Leviathan in der Staatslehre des Thomas Hobbes. Sinn und Fehlschlag eines politischen Symbols; Hamburg, 1938.
- Schröder, Peter: Hobbes; Stuttgart, 2012.
- Tönnies, Ferdinand: Thomas Hobbes, der Mann und der Denker. Zweite, erweiterte Auflage der Schrift "Hobbes Leben und Lehre"(Stuttgart, 1896); Osterwieck/Harz, Leipzig 1912.

루소

- Abhandlung über die Frage, ob die Wiederherstellung der Wissenschaften und Künste zur Läuterung der Sitten beigetragen hat?; in: Henning Ritter (Hg.), Jean-Jacques Rousseau. Schriften. Bd. 1; Frankfurt a. M., Berlin, Wien, 1981. 루소의 첫 번째 '담론'은 1749/50년 가을과 겨울에 있었던 디종(Dijon) 아카데미의 현상 공모 퀴즈에 대한 답변으로, 디드로가 적극적으로 수정하여 제출한 뒤 1750년 7월 1등을 차지했다. 디드로가 애쓴 판은 1751년 연초에 출간되었다. 이곳에 인용된 독일어 문구는 1779년 번역본의 편집 버전이다.
- Abhandlung über den Ursprung und die Grundlagen der Ungleichheit unter den

Menschen; in: Ritter (Hg.), Rousseau. Schriften. Bd. 1; Frankfurt a. M., Berlin, Wien, 1981. 루소의 두 번째 '담론'은 1754년 후반기 디종 아카데미 현상 공모 퀴즈에 대한 반응으로 그 후년에 출판되었다. 이곳에 인용된 독일어 문구는 1756년 모제스 멘델스존(Moses Mendelssohn)의 번역본 편집 버전이다.

- Julie oder Die neue Héloïse. Briefe zweier Liebenden aus einer kleinen Stadt am Füße der Alpen; München, 1978. 제1판은 1760. 이는 첫 번째 독일어 번역본의 개정판으로 원본이 나온 지 몇 달 지나지 않아 출간되었다. 십중팔구 여러 명의 번역가가 참여했었기에 이로 인한 '불일치성'을 보였다. 이는 모제스 멘델스존에 의해 비판되었다.
- [Contrat social:] Vom Gesellschaftsvertrag oder Grundsätze des Staatsrechts. In Zusammenarbeit mit Eva Pietzcker neu übersetzt und herausgegeben von Hans Brockard; Stuttgart, 1977. 제1판은 1762년. 이 책은 1762년 6월, 『에밀』과 함께 제네바에서 공식적으로 소각되었다.
- [Émile:] Emil oder Über die Erziehung. Vollständige Ausgabe in neuer deutscher Fassung besorgt von Ludwig Schmidts; Paderborn, München, Wien, Zürich, 1985. 이 '교육 소설'은 『사회계약론』처럼 1762년에 출간되었다.
- Rousseau richtet über Jean-Jacques. Gespräche; in: Ritter (Hg.), Rousseau. Schriften. Bd. 2; Frankfurt a. M., Berlin, Wien, 1981. 1770년대 상반기 때 나왔으나 1782년 사후에서야 비로소 출간되었다. 이곳에 인용된 독일어 문구는 1787년 번역본의 편집본이다.
- [Confessions:] Die Bekenntnisse. Übersetzt von Alfred Semerau, durchgesehen von Dietrich Leube; München 1981. 1770/71년 공식적으로 낭독되고 당국의 금지가 떨어진 뒤, 인쇄용 원고는 1782년 사후에 출간되었다.
- Traumereien eines einsamen Spaziergängers; in: Ritter (Hg.), Rousseau. Schriften. Bd. 2; Frankfurt a. M., Berlin, Wien, 1981. 루소의 마지막 작품은 미완성작이었고 『고백록』처럼 1782년 사후에 출간되었다. 이곳에 인용된 독일어 문구는 1782년 번역본의 편집본이다.
- Cassirer, Ernst; Starobinski, Jean; Darnton, Robert: Drei Vorschläge, Rousseau zu lesen; Frankfurt a. M., 1989.
- Landgrebe, Christiane: Zurück zur Natur? Das wilde Leben des Jean-Jacques Rousseau; Weinheim, Basel, 2012.
- Soetard, Michel: Jean-Jacques Rousseau. Leben und Werk; München, 2012.
- Spaemann, Robert: Rousseau. Mensch oder Bürger. Das Dilemma der Moderne; Stuttgart, 2008.
- Starobinski, Jean: Rousseau. Eine Welt von Widerständen; München, Wien, 1988.

스미스

- Theorie der ethischen Gefühle. Nach der Auflage letzter Hand übersetzt und mit Einleitung, Anmerkungen und Registern herausgegeben von Walther Eckstein; Hamburg, 2004. 제1판은 1759년 런던에서 출간되었다. 스미스가 살아있는 동안 총 여섯 권의 개정판이 출간되었다.
- Wohlstand der Nationen. Nach der Übersetzung von Max Stirner herausgegeben von Heinrich Schmidt; München, 2020. 제1판은 1776년 런던에서 출간되었다.

- Aßlander, Michael S.: Adam Smith zur Einführung; Hamburg, 2007.
- Kurz, Heinz D. (Hg.): Adam Smith (1723 - 1790) - Ein Werk und seine Wirkungsgeschichte; Marburg, 1990.
- Raphael, David D.: Adam Smith; Frankfurt a. M., New York, 1991.
- Ross, Ian Simpson: Adam Smith. Leben und Werk; Düsseldorf, 1998.
- Streminger, Gerhard: Adam Smith. Wohlstand und Moral. Eine Biographie; München, 2017.

칸트

- Kritik der reinen Vernunft; 2 Bde., Frankfurt a. M., 1980(12권으로 제작, 편집은 Wilhelm Weischedel, III 편 & IV 편). 제1판은 1781년, '다시금 이리저리 개선된 판'은 1787년에 출간되었다. 둘 다 라트비아 리가(Riga)에서 발표되었다.
- Idee zu einer allgemeinen Geschichte in weltbürgerlicher Absicht; in: Schriften zur Anthropologie, Geschichtsphilosophie, Politik und Pädagogik 1; Frankfurt a. M., 1991(12권으로 제작, XI 편). 본문은 1784년에 작성되었다.
- Beantwortung der Frage: Was ist Aufklärung?; in: Bahr, Ehrhard (Hg.), Was ist Aufklärung? Thesen und Definitionen; Stuttgart, 1974. 1784년에 처음 출간되었다.
- Grundlegung zur Metaphysik der Sitten. Herausgegeben von Theodor Valentiner; Stuttgart, 2020. 제1판은 1785년, 아주 많이 개선된 두 번째 판은 1786년에 출간되었다. 둘 다 리가에서 나왔다.
- Kritik der praktischen Vernunft; Frankfurt a. M., 1968(12권으로 제작, VII 편. 이 책에는 『윤리 형이상학 정초』도 포함). 제1판은 1788년 리가에서 출간되었다.
- Kritik der Urteilskraft; Frankfurt a. M., 1979(12권으로 제작, X 편). 제1, 2, 3판은 각각 1790년, 1793년, 1799년에 출간되었고 모두 베를린에서 나왔다.
- Über den Gemeinspruch: Das mag in der Theorie richtig sein, taugt aber nicht für die Praxis; in: Schriften zur Anthropologie, Geschichtsphilosophie, Politik und Pädagogik 1; Frankurt a. M., 1991(12권으로 제작, XI 편). 텍스트는 일단 1793년 9월 『베를린 월보 (Berlinische Monatsschrift)』에 실렸다.
- Die Religion innerhalb der Grenzen der bloßen Vernunft; in: Die Metaphysik der Sitten; Frankfurt a. M., 1989(12권으로 제작, VIII 편). 처음 출간된 건 1793년이었다.
- Die Metaphysik der Sitten; Frankfurt a. M., 1989(12권으로 제작, VIII 편). 1797년에 처음으로 두 권으로 분리되어 출간되었다.
- Anthropologie in pragmatischer Hinsicht; in: Schriften zur Anthropologie, Geschichtsphilosophie, Politik und Pädagogik 2; Frankurt a. M., 1982(12권으로 제작, XII 편). 제1판은 1798년, '두 번째 개정판'은 1800년에 출간되었으며, 둘 다 쾨니히스베르크 (Königsberg)에서 나왔다.
- Köche ohne Zunge. Notizen aus dem Nachlaß. Auswahl und Vorwort von Jens Kulenkampff; Göttingen, 1997.
- Geier, Manfred: Kants Welt. Eine Biographie; Reinbek, 2003.
- Gulyga, Arsenij: Immanuel Kant; Frankfurt a. M., 1985.

- Kühn, Manfred: Kant. Eine Biographie; München, 2003.
- Negt, Oskar: Kant und Marx. Ein Epochengesprach; Göttingen, 2003.
- Oelmüller, Willi: Die unbefriedigte Aufklärung. Beiträge zu einer Theorie der Moderne von Lessing, Kant und Hegel; Frankfurt a. M., 1979.
- Schopenhauer, Arthur: Kritik der Kantischen Philosophie (부록: Die Welt als Wille und Vorstellung; in: Sämtliche Werke, textkritisch bear beitet und herausgegeben von Wolfgang Frhr. von Löhneysen; Bd. I, Darmstadt, 1989).

포이어바흐

- Geschichte der neuern Philosophie von Bacon von Verulam bis Benedikt Spinoza; Leipzig, 1976. 강의 내용을 기반으로 집필되었으며 1833년에 처음으로 출간되었다. 인터넷 출처: zeno.org.
- Das Wesen des Christentums. Nachwort von Karl Löwith; Stuttgart, 2005. 제1판은 1841년에 출간되었다.
- Wider den Dualismus von Leib und Seele, Fleisch und Geist; in: Gesammelte Werke. Herausgegeben von Werner Schuffenhauer; Bd. 10, Berlin(DDR), 1990. 제1판은 1846년에 출간되었다.
- Die Naturwissenschaft und die Revolution; in: Gesammelte Werke; Bd. 10. 텍스트는 1850년, 『Blätter für literarische Unterhaltung』 시리즈물에 실렸다.
- Das Geheimnis des Opfers oder Der Mensch ist, was er ißt; in: Gesammelte Werke. Herausgegeben von Werner Schuffenhauer; Bd. 11, Berlin(DDR), 1990. 포이어바흐가 신경 썼던 판을 위해 집필되었으며 1866년에 10권 출간되었다.
- Engels, Friedrich: Ludwig Feuerbach und der Ausgang der klassischen deutschen
- Philosophie; in: MEW, Bd. 21, Berlin(DDR), 1975.
- Marx: 마르크스의 '포이어바흐 논문들'은 마르크스 참고문헌 참조.
- Radbruch, Gustav: Feuerbach. Bearbeitet von Gerhard Haney. Gesamtausgabe Band 6; Heidelberg, 1997. (이 책은 법률 개혁가, 안젤름 포이어바흐를 '주인공'으로 하고 있지만, 그의 아들 루트비히에 관한 이야기도 여러 구절에서 많이 등장함)
- Schmidt, Alfred: Emanzipatorische Sinnlichkeit. Ludwig Feuerbachs anthropologischer
- Materialismus; München, Zürich, 1988.
- Winiger, Josef: Ludwig Feuerbach. Denker der Menschlichkeit. Biographie; Berlin, 2004.

마르크스

- Ökonomisch-philosophische Manuskripte; in: MEW-Ergänzungsband. Schriften - Manuskripte - Briefe bis 1844. Erster Teil; Berlin(DDR), 1974. 1844년에 출간되었다.
- Thesen über Feuerbach; in: MEW, Bd. 3; Berlin(DDR), 1969. 1845년에 집필되었고, 수정판을 엥겔스가 자신의 포이어바흐 관련 글의 부록으로 1888년에 발표하였다. MEW 판은 마르크스 메모장과 편집본 내용 역시 포함하고 있다.
- 프리드리히 엥겔스와 함께: Die heilige Familie oder Kritik der kritischen Kritik. Gegen

Bruno Bauer & Consorten; Berlin(DDR), 1973. 초판은 1845년에 나왔다.
- 엥겔스와 함께: Die deutsche Ideologie. Kritik der neuesten deutschen Philosophie in ihren Repräsentanten Feuerbach, B. Bauer und Stirner, und des deutschen Sozialismus in seinen verschiedenen Propheten; in. MEW, Bd. 3; Berlin(DDR), 1969. 마르크스와 엥겔스 가 1845/46년에 함께 작업했으나, 그들이 살아있던 동안에는 어느 정기 간행물에 그저 한 장 만 발표됐었다.
- Manifest der Kommunistischen Partei; in: Karl Marx & Friedrich Engels: Manifest der Kommunistischen Partei. Grundsätze des Kommunismus. Mit einem Nachwort von Iring Fetscher; Stuttgart, 1972. 마르크스가 집필한 『공산당 선언』은 1848년 2월 런던에서 독일어 로 제일 처음 출간되었다.
- Grundrisse der Kritik der Politischen Ökonomie. (Rohentwurf) 1857 - 1858. Anhang 1850 - 1859; Berlin(DDR), 1974. 관련 기록들은 1939년, 모스크바 마르크스-엥겔스-레닌 연구소(Marx-Engels-Lenin-Institute)에서 처음 출간하였다.
- Zur Kritik der Politischen Ökonomie; Berlin(DDR), 1978(MEW, 13편). 초판은 1859년에 나 왔다.
- Das Kapital. Kritik der politischen Ökonomie. Erster Band. Buch I: Der Produktionsprozeß des Kapitals; Berlin(DDR), 1977(MEW, 23편). 초판은 1867년에 출간 되었다. MEW 판은 1890년 엥겔스가 애썼던 제4판에 이어 발표되었다.
- Hosfeld, Rolf: Karl Marx. Philosoph und Revolutionär. Eine Biographie; München, 2018.
- Jones, Gareth Stedman: Karl Marx. Die Biographie; Frankfurt a. M., 2020.
- Korsch, Karl: Karl Marx. Marxistische Theorie und Klassenbewegung; Reinbek, 1981.
- Neffe, Jürgen: Marx. Der Unvollendete; München, 2017.
- Sperber, Jonathan: Karl Marx. Sein Leben und sein Jahrhundert; München, 2013.

다윈
- Die Fahrt der Beagle. Tagebuch mit Erforschungen der Naturgeschichte und Geologie der Länder, die auf der Fahrt von HMS Beagle unter dem Kommando von Kapitan Fitz Roy, RN, besucht wurden. Deutsch von Eike Schonfeld; Hamburg, 2006. 다윈이 여행 중 기록한 내용은 1839년 피츠 로이(Fitz Roy)가 영국 해군성을 위해 집필한 여러 권의 보고서 안에 포함되어 발표되었다. 그 후 수정 작업을 거쳐 1845년 단행본으로 출간되었다.
- Über die Entstehung der Arten durch natürliche Zuchtwahl oder die Erhaltung der begünstigten Rassen im Kampf um's Dasein. Nach der letzten englischen Ausgabe wiederholt durchgesehen von J. Victor Carus. Herausgegeben, eingeleitet und mit einer Auswahlbibliographie versehen von Gerhard H. Müller; Darmstadt, 1992. 원본은 1859년 런던에서 출간되었다. 카루스(Carus) 번역본은 1870년부터 매번 수정·검토되어 수차례 출 판되었으며 마지막 발행은 1899년이었다.
- Die Abstammung des Menschen und die Zuchtwahl in geschlechtlicher Beziehung. Aus dem Englischen übersetzt von David Haek; 2 Bde., Leipzig o. J. (1894). 원본은 1871 년 두 권으로 출간되었고, 확장판은 1874년에 나왔다.
- Mein Leben. 1809 - 1882. Vollständige Ausgabe der >Autobiographie<. Herausgegeben

von seiner Enkelin Nora Barlow. Aus dem Englischen von Christa Kruger; Frankfurt a. M., 2008. 그의 아들, 프랜시스가 발행했고 가족들, 특히 미망인의 바람에 따라 축약된 제1판은 1887년에 나왔다. 노라 발로우(Nora Barlow)가 준비했던 판은 1958년이 되어서야 출간되었다.

- Engels, Eve-Marie: Charles Darwin; München, 2007.
- Engels, Eve-Marie (Hg.): Charles Darwin und seine Wirkung; Frankfurt a. M., 2009.
- Gould, Stephen Jay: Darwin nach Darwin. Naturgeschichtliche Reflexionen; Frankfurt a. M., Wien, Berlin, 1984.
- Neffe, Jürgen: Darwin. Das Abenteuer des Lebens; München, 2008.

니체

- Die Geburt der Tragädie aus dem Geiste der Musik (1872).
- Der griechische Staat (1872).
- Die Philosophie im tragischen Zeitalter der Griechen (1873).
- Vom Nutzen und Nachteil der Historie für das Leben (1874).
- (앞서 언급된 모든 작품의 출처: Hans Heinz Holz (Hg.): Friedrich Nietzsche. Studienausgabe in 4 Bänden. Band 1; Frankfurt a. M., 1973.)
- Menschliches, Allzumenschliches I und II; in: Giorgio Colli, Mazzino Montinari (Hg.): Kritische Studienausgabe; Bd. 2, München, 1999. 가장 처음 출간됐던 건 1878년, 1879년, 그리고 1880년이었다.
- Morgenröte. Gedanken über die moralischen Vorurteile; München, 2021. 첫 번째 출간은 1881년이었다.
- Die fröhliche Wissenschaft; Stuttgart, 2000. 가장 처음은 1882년에 4권, 1887년에 5권 '책들'로 출간되었다.
- Also sprach Zarathustra. Ein Buch für alle und keinen; München o. J. 1883년에서 1885년까지 4권에 걸쳐 출간되었다.
- Jenseits von Gut und Böse. Vorspiel einer Philosophie der Zukunft; München o. J. 초판은 1886년에 나왔다.
- Zur Genealogie der Moral. Eine Streitschrift; Stuttgart, 1988. 초판은 1887년에 나왔다.
- Der Antichrist. Fluch auf das Christentum; in: ders.: Der Antichrist. Ecce Homo. Dionysos-Dithyramben; o. O. 1979. 1888년 9월 집필되었으나 처음으로 출간된 건 1894년이었다.
- Ecce Homo. Wie man wird, was man ist; in: ders.: Der Antichrist. Ecce Homo. Dionysos-Dithyramben; o. O. 1979. 니체가 1889년 1월 정신적으로 무너지기 직전, 1888년 10월과 11월에 집필되었다. 처음으로 출간된 건 1908년이었다.
- Götzendämmerung; Hamburg 2017. 초판은 1889년에 나왔다.
- Felsch, Philipp: Wie Nietzsche aus der Kalte kam. Geschichte einer Rettung; München, 2022.
- Köhler, Joachim: Zarathustras Geheimnis. Friedrich Nietzsche und seine verschlusselte Botschaft; Nördlingen, 1989.

- Mann, Thomas: Nietzsche's Philosophie im Lichte unserer Erfahrung; in: Gesammelte Werke in dreizehn Bänden; Bd. IX, Frankfurt a. M., 1990.
- Nolte, Ernst: Nietzsche und der Nietzscheanismus. Mit einem Nachwort; Nietzsche in der deutschen Gegenwart; München, 2000.
- Safranski, Rüdiger: Nietzsche. Biographie seines Denkens; Frankfurt a. M., 2002.
- Sloterdijk, Peter: Über die Verbesserung der guten Nachricht. Nietzsches fünftes 'Evangelium'; Frankfurt a. M., 2001.
- Sommer, Andreas Urs: Nietzsche und die Folgen; Stuttgart, 2017.
- Stegmaier, Werner: Friedrich Nietzsche zur Einführung; Hamburg, 2011.

그 외 참고문헌

Abendroth, Walter: Arthur Schopenhauer in Selbstzeugnissen und Bilddokumenten; Reinbek, 1976.
Adorno, Theodor W.:
- Zur Lehre von der Geschichte und von der Freiheit (1964/65). Herausgegeben von Rolf Tiedemann; Frankfurt a. M., 2001.
- Minima Moralia. Reflexionen aus dem beschädigten Leben; Frankfurt a. M., 1991.
- Negative Dialektik; Frankfurt a. M., 1980.
- Ästhetische Theorie. Herausgegeben von Gretel Adorno und Rolf Tiedemann; Frankfurt a. M., 1980.
Ambrosi, Marlene: Helena Demuth. Die treue Seele im Hause Marx & Engels; Trier, 2018.
Anders, Günther: Ketzereien; München, 1996.
Arasse, Daniel: Die Guillotine. Die Macht der Maschine und das Schauspiel der Gerechtigkeit; Reinbek, 1988.
Arendt, Hannah:
- Elemente und Ursprünge totaler Herrschaft. I. Antisemitismus, II. Imperialismus, III. Totale Herrschaft; München, Zürich, 1986.
- Vita activa oder Vom tätigen Leben; München, Zürich, 1987.
- Macht und Gewalt; München, Zürich, 1990.
Arendt, Hannah; Jaspers, Karl: Briefwechsel 1926 - 1969. Herausgegeben von Lotte Kohler und Hans Saner; München, Zürich, 1987.
Arendt, Hannah; McCarthy, Mary: Im Vertrauen. Briefwechsel 1949 - 1975. Herausgegeben von Carol Brightman; München, Zürich, 1995.
Ash, Timothy Garton: Ein Jahrhundert wird abgewählt. Aus den Zentren Mitteleuropas 1980 - 1990; München, Wien, 1990.
Augustinus, Aurelius: Bekenntnisse; München, 1983.
Ayer, Alfred A.: Voltaire. Eine intellektuelle Biographie; Frankfurt a. M., 1987.

Bader/Berger/Ganßmann/v. d. Knesebeck: Einführung in die Gesellschaftstheorie 1. Gesellschaft, Wirtschaft und Staat bei Marx und Weber; Frankfurt a. M., New York, 1976.

Beckett, Samuel: Dramatische Dichtungen in drei Sprachen; Frankfurt a. M., 1981.

Berlin, Isaiah: Freiheit. Vier Versuche; Frankfurt a. M., 1995.

Berlin, Isaiah; Jahanbegloo, Ramin: Den Ideen ihre Stimme zurückgeben. Eine intellektuelle Biographie in Gesprächen; Frankfurt a. M., 1994.

Bibel:

- Die Bibel. Die Heilige Schrift des Alten und Neuen Bundes. Vollständige deutsche Ausgabe; Freiburg im Breisgau, 1965.

- D. Martin Luther. Biblia. Das ist die gantze Heilige Schrifft Deudsch auffs new zugericht. Wittenberg 1545. Herausgegeben von Hans Volz; 3 Bde., München, 1974.

Bloch, Ernst: Subjekt - Objekt. Erläuterungen zu Hegel; Frankfurt a. M., 1972.

Blom, Philip: Böse Philosophen. Ein Salon in Paris und das vergessene Erbe der Aufklärung; München, 2011.

Blumenberg, Hans: Lebenszeit und Weltzeit; Frankfurt a. M., 2001.

Boudon, Raymond: Ideologie. Geschichte und Kritik eines Begriffs; Reinbek, 1988.

Bourdieu, Pierre: Die feinen Unterschiede. Kritik der gesellschaftlichen Urteilskraft; Frankfurt a. M., 1997.

Brecht, Bertolt: Die Dreigroschenoper; Frankfurt a. M., 1975.

Büchner, Georg: Sämtliche Werke. Herausgegeben von Klaus Stapf. Sonderausgabe; Wiesbaden o. J.

Camus, Albert: Der Mensch in der Revolte. Essays; Reinbek, 1976.

Damasio, Antonio R.: Descartes' Irrtum. Fühlen, Denken und das menschliche Gehirn; Berlin, 2005.

Dawkins, Richard: Das egoistische Gen; Reinbek, 1996.

Derrida, Jacques: Grammatologie; Frankfurt a. M., 1983.

Diamond, Jared: Der dritte Schimpanse. Evolution und Zukunft des Menschen; Frankfurt a. M., 2006.

Dickens, Charles: Oliver Twist; Frankfurt a. M., 1979.

Diemer, Alwin; Frenzel, Ivo (Hg.): Philosophie. Das Fischer Lexikon; Frankfurt a. M., 1974.

Dostojewski, Fjodor M.: Die Brüder Karamasoff; München, Zürich, 1987.

Düweke, Peter: Kleine Geschichte der Hirnforschung. Von Descartes bis Eccles; München, 2001.

Durkheim, Emile: Über die Teilung der sozialen Arbeit; Frankfurt a. M., 1977.

Dutschke, Rudi: Geschichte ist machbar. Texte über das herrschende Falsche und die Radikalität des Friedens. Herausgegeben von Jürgen Miermeister; Berlin, 1980.

Elias, Norbert: Über den Prozeß der Zivilisation. Soziogenetische und psychogenetische Untersuchungen; 2 Bde., Frankfurt a. M., 1980.

Engels, Friedrich: Dialektik der Natur; Berlin(DDR) 1978(MEW, 20권).

Foucault, Michel:
- Die Ordnung des Diskurses. Inauguralvorlesung am Collège de France 2. Dezember 1970; Frankfurt a. M., Berlin, Wien, 1977
- Die Ordnung der Dinge. Eine Archäologie der Humanwissenschaften; Frankfurt a. M., 1980.

Frank, Anne: Tagebuch. Fassung von Otto H. Frank und Mirjam Pressler [Übersetzerin]; Frankfurt a. M., 1991.

Freud, Sigmund:
- Unbehagen in der Kultur; in: ders.: Abriss der Psychoanalyse. Das Unbehagen in der Kultur; Frankfurt a. M., 1974.
- Die Zukunft einer Illusion; in: ders.: Massenpsychologie und Ich-Analyse. Die Zukunft einer Illusion; Frankfurt a. M., 1979.

Friedman, Milton: Kapitalismus und Freiheit; München, 1976.

Fukuyama, Francis:
- Das Ende der Geschichte. Wo stehen wir?; München, 1992.
- Konfuzius und Marktwirtschaft. Der Konflikt der Kulturen; München, 1995.

Gadamer, Hans-Georg: Wahrheit und Methode. Grundzüge einer philosophischen Hermeneutik; Tübingen, 1975.

Galiani, Ferdinando: Nachrichten vom Vesuv. Briefe, Blitze, Lästereien. Eingeleitet und mit Zwischentexten versehen von Wolfgang Hörner; Köln, 2009.

Garve, Christian: Über die Moden. Herausgegeben von Thomas Pittrof; Frankfurt a. M., 1987.

Gehlen, Arnold: Die Seele im technischen Zeitalter. Sozialpsychologische Probleme in der industriellen Gesellschaft; Hamburg, 1960.

Glucksmann, André: Die Meisterdenker; Reinbek, 1978.

Gracián, Baltasar: Handorakel und Kunst der Weltklugheit. Aus dessen Werken gezogen von D. Vincencio Juan de Lastanosa und aus dem spanischen Original treu und sorgfältig übersetzt von Arthur Schopenhauer. Mit einem Nachwort herausgegeben von Arthur Hübscher; Stuttgart, 1980.

Grimm, Brüder: Kinder- und Hausmärchen. Einmalige Sonderausgabe; München, 1993.

Habermas, Jürgen:
- Erkenntnis und Interesse. Mit einem neuen Nachwort; Frankfurt a. M., 1979.
- Theorie und Praxis. Sozialphilosophische Studien; Frankfurt a. M., 1982.
- Zur Logik der Sozialwissenschaften. Erweiterte Ausgabe; Frankfurt a. M., 1985.

Haeckel, Ernst: Natürliche Schöpfungsgeschichte. Gemeinverständliche wissenschaftliche Vorträge über die Entwicklungslehre im Allgemeinen und diejenige von Darwin, Goethe und Lamarck im Besonderen; Berlin, 1868.

Hank, Rainer: Das Ende der Gleichheit oder Warum der Kapitalismus mehr Wettbewerb braucht; Frankfurt a. M., 2000.

Hauser, Arnold: Sozialgeschichte der Kunst und Literatur; München, 1978.

Hegel, Georg Wilhelm Friedrich:

- Grundlinien der Philosophie des Rechts; Frankfurt a. M., 1980(총 20권, 7편).

- Vorlesungen über die Geschichte der Philosophie I-III; Frankfurt a. M., 1971(총 20권, 18 편~20편).

Heine, Heinrich: Zur Geschichte der Religion und Philosophie in Deutschland; in: Heines Werke in Fünf Bänden; 5. Bd., Berlin, Weimar, 1978.

Herder, Johann Gottfried: Ideen zur Philosophie der Geschichte der Menschheit. Mit einem Vorwort von Gerhart Schmidt; Frankfurt a. M., 1995.

Hildebrandt, Dieter: Saulus/Paulus. Ein Doppelleben; München, Wien, 1989.

Hirschman, Albert O.:

- Leidenschaften und Interessen. Politische Begründungen des Kapitalismus vor seinem Sieg; Frankfurt a. M., 1987.

- Selbstbefragung und Erkenntnis; München, Wien, 1996.

Hofmannsthal, Hugo von: Der Brief des Lord Chandos. Schriften zur Literatur, Kultur und Geschichte; Stuttgart, 2000.

Horkheimer, Max; Adorno, Theodor W.: Dialektik der Aufklärung. Philosophische Fragmente; Frankfurt a. M., 1977.

Hume, David: Von der Regel des Geschmacks. Of the Standard of Taste. Übersetzt und eingeleitet von Martin Köhler; Norden, 2016.

Jacob, François: Die Maus, die Fliege und der Mensch. Über moderne Genforschung; Berlin, 1998.

Jaspers, Karl: Die großen Philosophen. Erster Band; München, 1992.

Kaiser, Jochen-Christoph; Nowak, Kurt; Schwartz, Michael (Hg.): Eugenik, Sterilisation, >Euthanasie<. Politische Biologie in Deutschland 1895 - 1945. Eine Dokumentation; Berlin, 1992.

Karamsin, Nikolai: Briefe eines russischen Reisenden; Berlin, 1981.

Kaube, Jürgen: Hegels Welt; Berlin, 2020.

Keller, Gottfried: Der grüne Heinrich(Erste Fasssung); München, 1993.

Kenny, Anthony: Geschichte der abendländischen Philosophie. Band 1 - Antike; Darmstadt, 2012.

Klaus, Georg; Buhr, Manfred(Hg.): Philosophisches Wörterbuch; 2 Bde., Leipzig, 1975.

Kondylis, Panajotis(Hg.): Der Philosoph und die Macht. Eine Anthologie; Hamburg, 1992.

Koran. Einleitung und Anmerkungen von Annemarie Schimmel; Stuttgart, 1991.

Koselleck, Reinhart: Kritik und Krise. Eine Studie zur Pathogenese der bürgerlichen Welt; Frankfurt a. M., 1973.

Koyré, Alexandre:

- Galilei. Die Anfänge der neuzeitlichen Wissenschaft; Berlin, 1988.

- Vergnügen bei Platon; Berlin, 1997.

Kronauer, Ulrich(Hg.): Vom Nutzen und Nachteil des Mitleids; Frankfurt a. M., 1990.

Kuckenburg, Martin: Der Neandertaler. Auf den Spuren des ersten Europäers; Stuttgart, 2005,

Kuhn, Thomas S.: Die Struktur wissenschaftlicher Revolutionen; Frankfurt a. M., 1979.

Leibniz, Gottfried Wilhelm; Kurfürstin Sophie von Hannover: Briefwechsel. Herausgegeben von Wenchao Li; Göttingen, 2017.

Lenin, W. I.: Materialismus und Empiriokritizismus. Kritische Bemerkungen über eine reaktionäre Philosophie; Berlin(DDR), 1975.

Lepape, Pierre: Denis Diderot. Eine Biographie; Frankfurt a. M., New York, 1994.

Lévi-Strauss, Claude: Traurige Tropen; Frankfurt a. M., 1993.

Lichtenberg, Georg Christoph: Die Aphorismenbücher. Nach den Handschriften herausgegeben von Albert Leitzmann; Frankfurt a. M., 2005.

Liebknecht, Wilhelm: Kleine politische Schriften; Leipzig, 1976.

Löwith, Karl: Von Hegel zu Nietzsche. Der revolutionäre Bruch im Denken des neunzehnten Jahrhunderts; Hamburg, 1981.

Loos, Adolf: Ornament und Verbrechen; in: Sämtliche Schriften in zwei Bänden; Bd. 1, Wien, München, 1962. 인터넷 출처: wikisource.org.

Lukács, Georg: Geschichte und Klassenbewußtsein. Studien über marxistische Dialektik; Neuwied, 1979.

Mandeville, Bernard: Die Bienenfabel oder Private Laster, öffentliche Vorteile; Frankfurt a. M., 1980.

Marcuse, Herbert:
- Vernunft und Revolution. Hegel und die Entstehung der Gesellschaftstheorie; Darmstadt, Neuwied, 1979.
- Der eindimensionale Mensch. Studien zur Ideologie der fortgeschrittenen Industriegesellschaft; Darmstadt, Neuwied, 1980.

Mayr, Ernst: Das ist Evolution; München, 2005.

Mehring, Franz: Die Lessing-Legende. Mit einer Einleitung von Rainer Gruenter; Frankfurt a. M., Berlin, Wien, 1972.

Meier, Christian; Veyne, Paul: Kannten die Griechen die Demokratie? Zwei Studien; Berlin, 1988.

Merton, Robert K.: Auf den Schultern von Riesen. Ein Leitfaden durch das Labyrinth der Gelehrsamkeit; Frankfurt a. M., 1980.

Moleschott, Jac[ob:] Lehre der Nahrungsmittel. Für das Volk; Erlangen, 1858.

Montaigne, Michel de: Essais. Erste moderne Gesamtübersetzung von Hans Stilett; Frankfurt a. M., 1998.

Montesquieu: Vom Geist der Gesetze. Eingeleitet, ausgewählt und übersetzt von Kurt Weigand; Stuttgart, 1984.

Münkler, Herfried: Marx, Wagner, Nietzsche. Welt im Umbruch; Berlin, 2021.

Nette, Herbert: Elisabeth I. mit Selbstzeugnissen und Bilddokumenten; Reinbek 2010.

Oellers, Norbert; Steegers, Robert: Weimar. Literatur und Leben zur Zeit Goethes; Stuttgart, 2009.

Pascal, Blaise: Schriften zur Religion. Übertragen und eingeleitet von Hans Urs von Balthasar; Einsiedeln, 1982.

Ploetz, Alfred: Die Tüchtigkeit unserer Rasse und der Schutz der Schwachen. Ein Versuch über Rassenhygiene und ihr Verhältnis zu den humanen Idealen, besonders zum Socialismus; Berlin, 1895.

Preisendörfer, Bruno:
- Staatsbildung als Königskunst. Ästhetik und Herrschaft im preußischen Absolutismus; Berlin, 2000.
- Hat Gott noch eine Zukunft? Glaube - Alltag - Transzendenz; Stuttgart 2013.
- Als Deutschland erstmals einig wurde. Reise in die Bismarckzeit; Köln, 2021.

Ricoeur, Paul: Die lebendige Metapher; München, 1986.

Rostovtzeff, Michael: Geschichte der Alten Welt. Der Orient und Griechenland; Bremen o. J.

Russell, Bertrand: Philosophie des Abendlandes. Ihr Zusammenhang mit der politischen und der sozialen Entwicklung; München, Wien, 1999.

Safranski, Rüdiger:
- Ein Meister aus Deutschland. Heidegger und seine Zeit; München, Wien, 1994.
- Schopenhauer und Die wilden Jahre der Philosophie. Eine Biographie; Reinbek, 1994.

Sartre, Jean-Paul: Wahrheit und Existenz; Reinbek, 1996.

Schmitz, Rainer: Was geschah mit Schillers Schädel? Alles, was Sie über Literatur nicht wissen; Berlin, 2006.

Schödel, Siegfried: Blumröder?; 인터넷 출처: goethezeitportal.de(디지털 사본)

Schopenhauer, Arthur: Die Welt als Wille und Vorstellung; in: Sämtliche Werke, textkritisch bearbeitet und herausgegeben von Wolfgang Frhr. von Löhneysen; Band I und II, Darmstadt, 1989.

Schröder, Winfried u. a.: Französische Aufklärung. Bürgerliche Emanzipation, Literatur und Bewußtseinsbildung; Leipzig, 1979.

Schumpeter, Joseph A.: Kapitalismus, Sozialismus und Demokratie; Bern, 1950.

Schwanitz, Dietrich: Bildung. Alles, was man wissen muß; Frankfurt a. M., 1999.

Sen, Amartya: Die Idee der Gerechtigkeit; München, 2010.

Shakespeare, William: Hamlet, Prinz von Dänne[!]mark. Ein Trauerspiel. Übersetzt von Christoph Martin Wieland(Theatralische Werke in 21 Einzelbänden. Herausgegeben von Hans und Johanna Radspieler, 20편); Zürich, 1993.

Shklar, Judith N.: Über Ungerechtigkeit. Erkundungen zu einem moralischen Gefühl; Frankfurt a. M., 1997.

Simmel, Georg:
- Philosophische Kultur. Über das Abenteuer der Geschlechter und die Krise der Moderne. Gesammelte Essais; Berlin, 1998.
- Soziologische Ästhetik. Herausgegeben und eingeleitet von Klaus Lichtblau; Bodenheim, 1998.

Sloterdijk, Peter; Heinrichs, Hans-Jürgen: Die Sonne und der Tod. Dialogische Untersuchungen; Frankfurt a. M., 2001.

Spengler, Oswald: Der Untergang des Abendlandes. Umrisse einer Morphologie der Weltgeschichte; München, 1979.

Spenninger, Claus: Stoff für Konflikt. Fortschrittsdenken und Religionskritik im naturwissenschaftlichen Materialismus des 19. Jahrhunderts, 1847 - 1881; Göttingen, 2021.

Suerbaum, Ulrich: Das elisabethanische Zeitalter; Stuttgart, 2014.

Taylor, Charles: Hegel; Frankfurt a. M., 1978.

Valéry, Paul: Cahiers/Hefte 1; Frankfurt a. M., 1987.

Virchow, Rudolf: Menschen- und Affenschädel. 1869년 2월 18일 강연, Saale des Berliner Handwerker-Vereins; Berlin, 1870.

Vogl, Joseph: Das Gespenst des Kapitals; Zürich, 2010/11.

Voltaire: Candide oder Der Optimismus; Frankfurt a. M., 1978.

Weber, Max:
- Soziologie. Universalgeschichtliche Analysen. Politik. Mit einer Einleitung von Eduard Baumgarten. Herausgegeben und erläutert von Johannes Winckelmann; Stuttgart, 1973.
- Die protestantische Ethik I. Eine Aufsatzsammlung. Herausgegeben von Professor Dr. Johannes Winckelmann; Tübingen, 1981.

Weischedel, Wilhelm: 34 große Philosophen in Alltag und Denken. Die philosophische Hintertreppe; München, 1989.

Wilson, Eward O.: Die soziale Eroberung der Erde. Eine biologische Geschichte des Menschen; München, 2013.

Windelband, Wilhelm: Lehrbuch der Geschichte der Philosophie; Tübingen, 1993.

Young-Bruehl, Elisabeth: Hannah Arendt. Leben, Werk und Zeit; Frankfurt a. M., 1986.

Zaremba, Michael: Johann Gottfried Herder. Prediger der Humanität. Eine Biografie; Köln, Weimar, Wien, 2002.

옮긴이 **이은미**

대구대학교에서 재활심리학과 언어치료학을, 대구가톨릭대학교 일반대학원에서 사회복지학을 전공했다. 이후 독일 프라이부르크대학교에서 가톨릭사회복지학을 전공하고 박사 학위를 받았다. 같은 대학교에서 박사 후 연구원을 지냈으며 한국과 독일을 오가며 수년간 연구원으로 활동했다. 현재 바른번역 소속으로, 기회가 될 때마다 독일의 양서를 한국에 번역 및 소개하고 있다. 옮긴 책으로 『나는 왜 이런 사람이 됐을까?』, 『평생 써먹는 기적의 운동 20』, 『냄새의 심리학』, 『미안하지만 스트레스가 아니라 겁이 난 겁니다』, 『만들어진 제국, 로마』, 『지혜를 읽는 시간』, 『아이디어가 없는 나에게』 등이 있다.

세상을 바꾼 문장들

초판 1쇄 발행 2025년 1월 27일

지은이 브루노 프라이젠되르퍼
옮긴이 이은미
펴낸이 김선준

편집이사 서선행
책임편집 배윤주 **편집2팀** 문주영 **디자인** 김세민
마케팅팀 권두리, 이진규, 신동빈
홍보팀 조아란, 장태수, 이은정, 권희, 박미정, 이건희, 박지훈, 송수연
경영관리팀 송현주, 권송이, 윤이경, 정수연

펴낸곳 ㈜콘텐츠그룹 포레스트
출판 등록 2021년 4월 16일 제2021-000079호
주소 서울 영등포구 여의대로 108 파크원타워1, 28층
전화 02) 332-5855 **팩스** 02) 332-5856
홈페이지 www.forestbooks.co.kr
종이 ㈜월드페이퍼 **출력·인쇄·후가공** 더블비 **제본** 책공감

ISBN 979-11-94530-03-9 (03160)

㈜콘텐츠그룹 포레스트는 독자 여러분의 책에 관한 아이디어와 원고 투고를 기다리고 있습니다. 책 출간을 원하시는 분은 이메일 writer@forestbooks.co.kr로 간단한 개요와 취지, 연락처 등을 보내주세요. '독자의 꿈이 이루어지는 숲, 포레스트'에서 작가의 꿈을 이루세요.

Sätze, die die Welt verändern